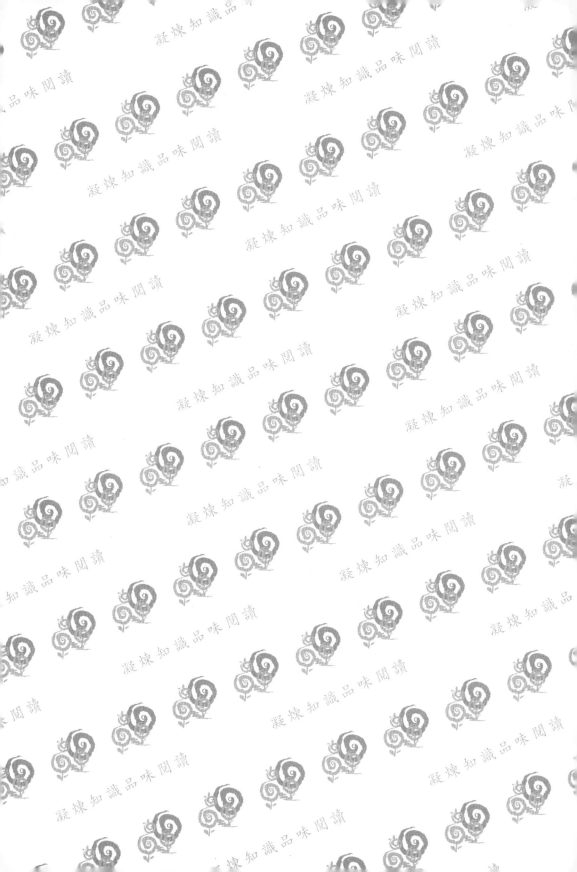

五南圖書出版公司 印行

圖解

心理學

閱讀文字

理解內容

觀看圖表

圖解讓
心理學
更簡單

第5章　心理測驗

第6章　發展心理學

第7章　動機與成就

第8章　情緒與壓力

第9章　人格心理學

第10章　變態心理學

第11章　心理疾患的治療

第12章　社會心理學

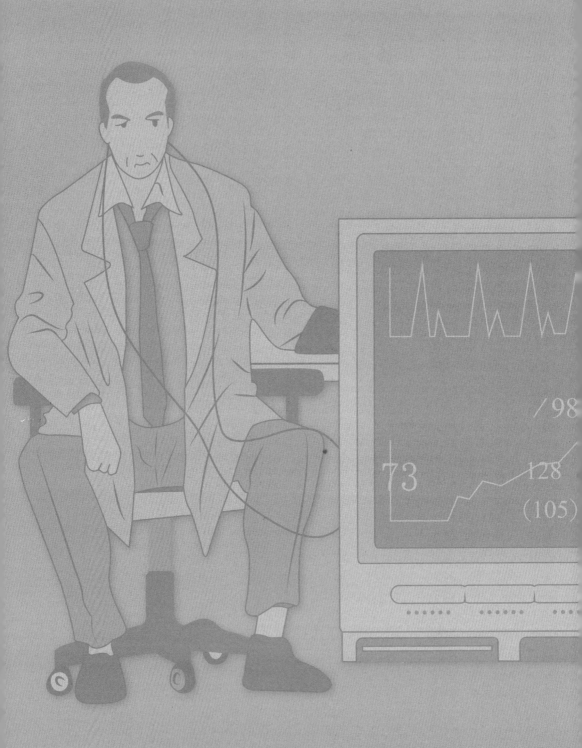

第1章
心理學的基本概念

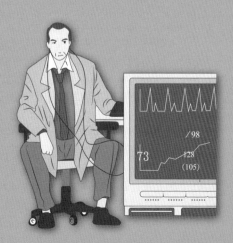

1-1 心理學小測驗

　　從坊間的書報雜誌和個人的生活經驗中，我們已獲得大量的心理學知識。事實上，我們每個人都是一位業餘的心理學家，我們知道如何察言觀色和推斷他人行為的起因。但是，這樣的認識是否具有科學的基礎？是否經得起科學的嚴格考驗？你不妨先回答下列的問題：

1. 你的大腦製造一種類似海洛因（heroin）的止痛物質。
2. 有些人的意志特別堅強，他們不需要擔心會成為酗酒者。
3. 許多發生在我們身上的事情在記憶中毫不留痕跡。
4. 你出生時就擁有你一生中所有的腦細胞。
5. 幾乎每個人每晚都會做夢好幾次。
6. 智力是一種純粹遺傳的特質，終其一生都維持在固定的水準上。
7. 不論是採用尼古丁貼片、藥物媒介、社會支持團體或認知－行為的治療，戒菸的成功率普遍不高。
8. IQ是多種心智能力之總括性的指標，預測個人的成就。
9. 心理疾患不是少數人的特權，它發生在幾近半數的人口身上。
10. 測謊器相當準確，它所偵測的生理反應能夠辨別說謊的嫌疑犯。

　　關於上述問題，所有單數題的答案是對，偶數題則是錯。我們以下稍作說明。

1. 對：這些化學物質被稱為內啡肽（endorphins）。
2. 錯：酒精是有誘惑性的，它能夠削弱甚至「最堅強意志」的抵抗力。
3. 對：記憶並未登錄我們生活的所有細節。事實上，我們周遭的大部分信息從不曾抵達記憶，所被記憶的內容經常也是經過編造及扭曲。
4. 錯：頭腦的一些部位終其一生繼續製造新的神經細胞。
5. 對：人們每晚平均做夢4到6次，雖然他們通常不記得自己的夢境。
6. 錯：智力是遺傳和環境二者的結果。因此，智力水準（如IQ測驗所測得的）在一生中會發生變動。
7. 對：大部分戒菸方案平均而言只有20～25%的成功率。最高的戒菸率發生在因為癌症（63%）、因為心血管疾病（57%）或因為肺部疾病（46%）而住院的病人。顯然，癮君子最終還是在重大疾病面前低頭了。
8. 錯：IQ測驗所評鑑的是相對上窄頻的一些心智能力，它們很少涉及創造力、直覺、音樂才能、運動技能及情緒智力等。此外，像是幽默、誠實、端莊、復原力及憐憫等特性在過著幸福生活上也很重要，但這是IQ測驗補捉不到的。
9. 對：研究已指出，美國18歲以上的人們中，46.4%的人曾經在他們一生中受擾於正式診斷的心理疾患。
10. 錯：至今還沒有客觀證據支持測謊器的準確性。

　　無論你答對或答錯幾題，你都沒必要沾沾自喜或自怨自艾。在接下來的論述中，我們將探求人類行為的How、What、When及Why，也將質問我們在自己、他人和動物身上所觀察之行為的因與果。最主要的，我們想知道自己為什麼會有當前的思考、感受及行為？什麼因素使得我們每個人成為不同於他人的獨立個體？

測試器（lie detector）建立在這樣的假設：人們當說謊時會展現激動狀態的生理徵兆。

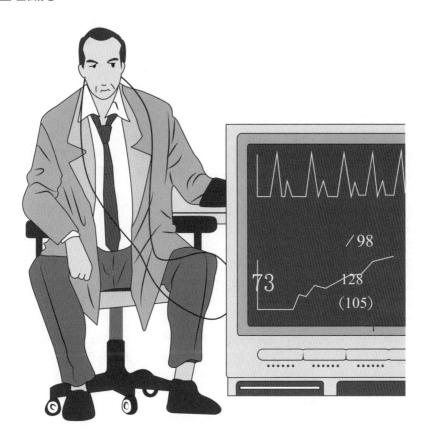

+ 知識補充站

如何擊敗測謊器

　　測謊器的正式名稱是「多功能記錄器」（polygraph），它是在1930年代所發明。測謊器測量自律神經系統的活動，它是經由把感應器（sensors）貼附在身體的不同部位上：胸部、胃部、手指等。這些感應器偵測呼吸（深度和速率）、心臟活動（心跳和血壓）及流汗的變化。它也可能測量腦部的電活動。事實上，測謊器偵查的不是謊言，而是隨著一些特定情緒（恐懼、憤怒、罪疚）而發生的生理變化。

　　你能否擊敗測謊器？這涉及「身體」和「心理」兩種基本對策。在身體的手段上，你可以自我施加一些疼痛，像是咬舌頭；把大頭針藏在鞋子中；拉緊及放鬆肌肉。在心理的手段上，你可以倒數數字，或甚至抱持色情的思想或幻想。這些手段的作用是在提供真實、誇大，但卻是誤導的生理讀數。

1-2 心理學的定義

　　心理學家最想發問的問題是：人類本質（human nature）是什麼？爲了解答這個問題，他們基本上從兩方面著手，一是經由檢視發生在個體之內的歷程，另一是經由分析源自外界環境的影響力。

（一）心理學的定義

　　心理學（psychology）被界定爲「對於個體之行爲及其心智歷程的科學研究」。

1. 科學

　　心理學的研究結論必須建立在根據「科學方法」（scientific method）的原則所蒐集的證據上。科學方法是指科學家在研究現象或解決問題時，所採用之整套客觀、有系統及精密的方法－包括在進行觀察、蒐集資料及陳述結論等步驟中。

2. 行爲

　　「行爲」（behavior）是個體適應所處環境的工具或手段。心理學觀察個體如何展現行爲和發揮功能，也觀察個體在特定情境下如何自處和回應。

3. 個體

　　心理學探討的對象通常是關於「個體」（individual），如一個新生兒、一位自閉症幼童。但是，研究對象也可能是在迷津中尋找出路的一隻白老鼠、或在學習啄鍵以取得食物的一隻鴿子。

4. 心智歷程

　　「心智歷程」（mental processes）是指人類心智的運作。人類有大量活動是屬於內在而隱蔽的事件，像是知覺、想像、推理、記憶、判斷、創作及作夢等。儘管不是外顯而可被觀察的活動，心理學家已設計許多巧妙技術來探索這類心理事件和歷程。

（二）心理學的目標

1. 描述（describing）：心理學的第一項任務是準確地觀察行爲，對之作客觀的描述。這樣的行爲資料是作爲進一步研究的基石。
2. 詮釋（explaining）：詮釋需要超越原先的觀察，從行爲歷程和心智歷程中找出有規律的型態。心理學家把可被測量的特定行爲稱爲反應（response），至於引發該反應的環境條件則稱爲刺激（stimuli）。他們試著在刺激與反應之間尋找一致而可靠的關係。
3. 預測（predicting）：預測是指陳述某特定行爲將會發生，或某特定關係將會呈現的可能性。科學的預測必須作精確的表達，以使它們能夠被檢驗。
4. 控制（controlling）：許多心理學家認爲控制行爲是很重要的層面，不僅因爲它可以驗證科學解釋的眞僞，也是因爲這些改變行爲的方法有助於改善生活品質。這種控制的意圖已促成各式各樣的心理治療計畫。

　　對於從事應用研究的心理學家來說，他們增添第五個目標，即增進人類生活的品質。

心理學定義的四大要素

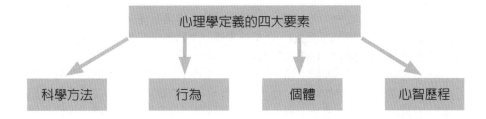

問題與回答〈心理學家知道你正在想什麼？〉

Q：當人們面對心理學家時，經常會好奇地發問：「那麼，你知道我正在想什麼？」
人們總是認為，心理學家應該能透視當事人的心理活動，就如算命先生那般。
「心理學」就是在揣摩別人的所思所想嗎？

A：心理活動具有廣泛的意涵，像是人們的感覺、知覺、記憶、思維、情緒及慾望
等。心理學家的任務是探索這些心理活動的規律，即它們如何產生、發展、受到
哪些因素的影響，以及相互間的關聯等。心理學家或許可以根據你的外在特徵
（如外顯行為和情緒表現等）或測驗結果來推測你的內心世界，但他們無法一眼
就看穿你的內心──這樣的讀心術（mind reading）是屬於超感知能力（ESP）
的範圍。

✛ 知識補充站

心理學的初期演進

　　雖然在古印度的瑜珈傳統中，早已提出一些心理學的先驅觀念。但是關於西方心理學的起
源，一般認為可以溯之於古希臘的一些偉大思想家。早在紀元前第四、五世紀時，蘇格拉底
（Socrates）、柏拉圖（Plato）和亞里斯多德（Aristotle）等哲學家就已針對「心靈如何運
作」、「自由意志的本質」及「心身二元論」等問題展開理性的對話。直到19世紀尾聲時，研
究人員借用像是生理學和物理學的一些實驗技術以探討源自哲學的這些基本問題時，心理學才
開始被確立為一門獨立的學科。

　　1879年，馮德（Wilhelm Wundt）在德國萊比錫創立第一所正式的實驗室，探討感覺
（sensation）和知覺（perception）的基本歷程。馮德被譽為實驗心理學之父，他使得心理學
脫離了哲學範疇，開創了現代科學心理學的新紀元。

1-3 心理學家做些什麼？

　　心理學研究不僅涵括許多不同觀點，它也牽涉許多專業領域，你幾乎在各種學術和實用場所都能找到心理學家的蹤跡，包括教育界、運動界、企業界、法庭、教會、政府機構、醫院診所及各級學校等。我們以下只列舉一些主要類型：

1. 臨床心理師、諮商心理師、精神科醫師：他們探討心理失常的起源、為心理疾患（及其他生活適應的問題）提供診斷及治療。但臨床心理師受的是心理學訓練，只能從事心理診斷及心理治療。精神科醫師受的是醫學訓練，他們可進一步採用處方的藥物治療。

2. 生理心理學家、心理藥物學家：他們探討行為、感受及心理歷程的生物－化學基礎。他們研究各種感官、神經系統及腺體的功能與心智及行為的關係。

3. 人格心理學家、行為遺傳學家：他們編製測驗和發展理論以理解人們在性格及行為上的個別差異，探討遺傳和環境如何影響這些差異。

4. 社會心理學家：他們探討人們在團體及組織中如何產生作用，社會情境對於行為的影響，以及人們如何有選擇性地解讀及記憶社會資訊。

5. 實驗心理學家、行為分析師：他們探討（在人類和動物身上）學習、感覺、知覺、情緒及動機的基本歷程。實驗心理學的主要特徵是在特別設計的實驗室內，首先控制有關的自變項，然後觀察依變項，藉以發現兩者之間的因果關係。

6. 認知心理學家：他們探討像是記憶、推理判斷、創造、問題解決、決策及語言使用等心理歷程。

7. 發展心理學家：探討個體一生中在身體、智能及社交互動上所發生的變化。其目的在於分析遺傳、環境、成熟及學習等因素對於各種行為發展的影響。

8. 工業－組織心理學家、人因心理學家：他們在普通的工作場所或特殊作業上，探討各種影響工作表現及士氣的因素。他們也應用在知覺及認知方面的基礎研究，以便所設計的工具儀器和工作環境最便利於操作，或最適合人們的身心需求，進而增高生產效率。

9. 教育心理學家、學校心理學家：探討如何改進學習過程，協助設計教學課程，著手行為問題的診斷及矯治。

10. 健康心理學家：探討不同生活風格如何影響身心健康，設計及評估預防方案，協助人們因應生活壓力。

11. 司法心理學家：在法律施行的領域內，運用心理學的理論和方法於行為問題上，如目擊者證詞的可信度和精神錯亂的認定。

12. 運動心理學家：評估運動選手的表現；運用動機、認知及行為的原理以協助選手獲致尖峰成績。

　　當然，無論是在學術或實務的場合中，針對更為複雜的議題，各個領域的心理學家可能組成跨學科的團隊以發揮各自所長。

心理學家職場的比例分布（根據2009年的資料）

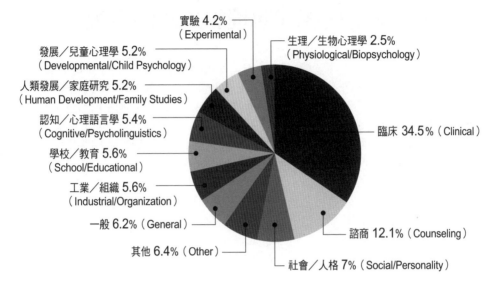

實驗 4.2%（Experimental）

生理／生物心理學 2.5%（Physiological/Biopsychology）

發展／兒童心理學 5.2%（Developmental/Child Psychology）

人類發展／家庭研究 5.2%（Human Development/Family Studies）

認知／心理語言學 5.4%（Cognitive/Psycholinguistics）

學校／教育 5.6%（School/Educational）

工業／組織 5.6%（Industrial/Organization）

一般 6.2%（General）

其他 6.4%（Other）

臨床 34.5%（Clinical）

諮商 12.1%（Counseling）

社會／人格 7%（Social/Personality）

問題與回答〈心理學家只研究變態的人們？〉

Q：許多人在尋求心理治療之前，往往經過很大的心理掙扎，他們擔心：人們會不會認為我是精神病？我是不是「心理有問題」的人？我這樣算是「變態」嗎？

這種看法的形成，一方面跟我們的文化傳統有關，中國人較為內斂，一向諱疾忌醫，為了面子問題，他們不願意承認自己有問題。另一方面，為了滿足人們的獵奇心理，媒體喜歡炒作「變態心理」的題材。許多人是從電視、電影、小說及報紙上認識心理學，這容易形成片面的誤解，認為心理學只關注變態的人，因而為心理學打上了帶有偏見的烙印。

A：大多數心理學研究都是以正常人們為對象。有些人把心理學家和「精神病學家」混淆了。精神病學是醫學的分支之一，主要從事精神疾病和心理失常的診斷及治療。精神科醫生在治療精神疾病時可以使用藥物，當然他們也必須接受心理學的專業培訓。臨床心理學家也關注病人，但他們採取心理治療，而不是藥物治療。除此之外，大多數心理學研究是探討正常人的心理現象，如兒童的情緒發展、性別差異、智力、青少年叛逆、老年人心理，及跨文化比較等。

最後，有些人尋求心理諮詢不是因為他們認為自己「有問題」，而是他們想要更深切了解自己，或是為了更充分開發自己的潛能。

1-4 心理學的七大門派（一）：
生物論的透視和心理動力論的透視

　　在現代心理學的演進上，許多人嘗試提出「大規模理論」，以之作爲架構，引導他們在人類行爲及心理歷程的複雜現象中理出頭緒。經過時間的淬鍊，幾種透視（perspective）或概念模式顯然居於優勢地位，在心理學研究中開拓了自己的一片天地。心理學家所持的透視決定了他們如何檢視行爲和心理歷程，也決定他們採用的研究方法，以及他們如何界定行爲的因與果。你不妨稱之爲心理學的七大門派：

（一）生物論的透視（biological perspective）

　　這種透視引導心理學家從基因、大腦、神經系統及內分泌系統等運作上尋找行爲的起因。它的前提是，行爲和心智歷程可以透過理解人類的生理功能和解剖結構加以解釋。個體的經驗和行爲大體上被視爲是發生在神經細胞之內及之間的化學活動和電活動的結果。認知神經心理學（cognitive neuropsychology）是一個不斷進展的領域，主要是研究人類認知心理和認知行爲與腦部神經生理之間的關係。它採取還原論（reductionism）的觀點，認爲即使最複雜的現象也能透過分解（還原）爲更小、更特定的單位加以理解。認知神經心理學試圖以腦神經生理運作爲基礎，探求人類複雜的高級心理歷程產生的始源。

　　新近腦部造影科技（如fMRI）的進展已導致認知神經科學領域的重大突破，它使得生物論的透視能夠延伸到廣泛的人類經驗。

（二）心理動力論的透視（psychodynamic）

　　佛洛依德（Sigmund Freud, 1856-1939）創立了精神分析（psychoanalysis），他主張個體行動是起源於先天本能、生物性驅力，以及個人試圖解決自己需求與社會要求之間的衝突。他強調童年經驗和潛意識心理歷程（起因於個人對不愉快經驗和不被接受衝動的壓抑）的重要性。自佛洛依德以降，數以百計理論家已擴展他的觀點。這些較新式的理論典型地被稱爲「心理動力論」，因爲它們強調人格的各種成分之間動態的交互作用，而且把發生在個體一生中（除了人格塑成的童年早期外）之各種影響力和互動都考慮進去。

　　佛洛依德的精神分析論可被視爲首度的系統化探討，以便說明人類心理歷程如何可能導致心理疾患。就如同生物論的透視（視器質病理爲心理疾患的起因）取代了迷信，心理動力論的透視（視精神內在衝突和誇大的自我防衛爲一些心理疾患的起因）也取代了大腦病變。換句話說，這種透視是從動機、欲望、情緒及防衛機制等內在歷程來解釋個人的心理和行爲。

生物論的透視

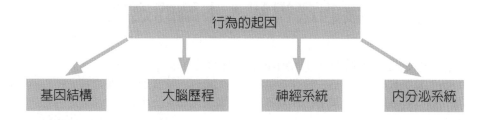

心理現象和社會現象最終能夠從生化歷程（biochemical processess）的角度加以理解。

佛洛依德（1856-1939）
奧地利心理學家和精神病學家，他是精神分析學派的創始者。

＋知識補充站

心理學家小故事：人類的敗家子－佛洛依德

十六世紀中葉，波蘭人哥白尼（Nicholas Copernicus）對古代地球為宇宙中心的說法表示質疑，提出太陽為天體運行中心的看法－他的觀點，到十七世紀初受到德國科學家克卜勒（Johannes Kepler）和義大利學者伽立略（Galileo Galilei）進一步的確認。達爾文（Charles Darwin）在1859年出版《物種原始》，指出高等動物（如人類）係由低等動物（如猿猴）進化而來，大悖於上帝創造人類的傳統觀念。最後，佛洛依德在1900年發表《夢的解析》，指出人類根本不是理性的動物，人類行為決定於個體不自覺的潛意識（unconsciousness）和童年經驗，所謂自由意志的說法是不存在的。這三位人物的觀念使得人類在地球上的地位節節敗退，幾至不堪的地步，被戲稱為人類思想史的三大敗家子。

1-5 心理學的七大門派（二）：
　　行為主義的透視和人本論的透視

（三）行為主義的透視（behavioristic）

行為主義者強調先前學習經驗在塑造行為上的角色。他們認為心理歷程太難以進行客觀地觀察及測量，因此不應該作為研究的主題。反而，行為主義者試圖理解特定的環境刺激如何控制特定性質的行為。華生（John Watson, 1878-1958）率先提倡行為主義的透視，史基納（B. F. Skinner, 1904-1990）接著擴展其影響力，這使得行為主義的探討模式在二十世紀的大部分時間中一直是美國心理學界的第一大勢力。他們在理論上接受達爾文進化論的觀念，即人類與動物的行為有相似之處。他們因此大多以動物為實驗對象，試圖以動物行為的變化法則來解釋人類的行為。

關於心理學應該研究什麼，華生的答案是外顯行為（overt beharior），即那些可以被觀察、測量及記錄到的活動。至於感覺、知覺、意識、情緒及思維（華生認為思維只是言語行為的一種變體）等內在心理歷程，因為不能直接觀察，應該被摒除於心理學領域之外。

為了進行客觀的實驗研究，華生把行為和引起行為的環境影響分為兩個要素：刺激（S）和反應（R）。至於個體內在的心理活動則被視為黑箱（black box）。行為主義主張，我們只需關心刺激（輸入）與反應（輸出）之間呈現的因果關係，完全不用理會黑箱（心智運作）的性質和功能。

根據行為主義的模式，行為完全是由環境中的條件所決定。人類既非善，也非惡，只是對所處環境從事反應而已。因此，透過對環境條件的適當安排，我們可以改變或矯正人們的行為。

（四）人本論的透視（humanistic）

人本主義心理學興起於1950年代，它也被稱為是心理學界的「第三勢力」，以有別於心理動力論的悲觀論調和行為主義的決定論。根據人本論的透視，人們既不是受到本能力量所驅使的小丑，也不是被他們環境所操弄的傀儡。反而，人們是積極、主動的生物體、本性善良，且擁有抉擇的能力；人們會致力於他們潛能的開發和成長，積極尋求改變，且能夠規劃與重建自己的生活。

人本論思想的代表人物主要是馬斯洛（Abraham Maslow, 1908-1970）和羅傑斯（Carl Rogers, 1902-1987），他們堅持人的整體性與不可分割性，強調個體擁有朝向心理成長及健康的自然傾向。他們新創自我實現（self-actualization）的字眼以指稱每個人的先天傾向，以便朝向自己潛能的最充分發揮。

人本論的心理學家主張以正常人為研究對象，探討人們的經驗、價值、希望、情感、生命意義等重要問題。這種透視認為人們的潛能是內在因素，也是價值的基礎，環境則是外在限制因素，也是促進潛能發展的條件，只有良好的環境，才能協助人們實現自己的潛能。

心理學的演化

十九世紀的哲學心理學 → 二十世紀的科學心理學 → 二十一世紀的後現代心理學

二十世紀美國心理學研究的四大勢力

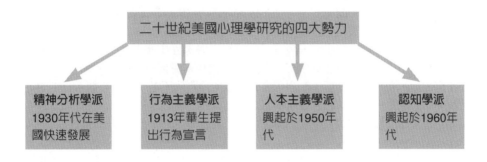

二十世紀美國心理學研究的四大勢力

| 精神分析學派 1930年代在美國快速發展 | 行為主義學派 1913年華生提出行為宣言 | 人本主義學派 興起於1950年代 | 認知學派 興起於1960年代 |

黑箱理論

刺激 → 黑箱 → 反應

✚ 知識補充站

心理學家簡介：羅傑斯（Carl Rogers, 1902-1987）

羅傑斯是人本心理學的創始人之一，他在1942年發表《諮商與心理治療》一書，首度提出他著名的非指導性治療法－也稱案主中心或當事人中心治療法（client-centered or person-centered therapy）。他不同意傳統心理治療把心理困擾者視作病人。反而，他的治療法以接受治療的當事人為中心，重視對方的人格尊嚴。在實施心理治療時，心理師應該具備三個條件：一是真摯（congruence）的態度；二是同理心（empathy）的傾聽；三是無條件的積極關注（unconditional positive regard）。案主在這樣的氛圍下，他將會被激發個人價值感，從而開始面對自己的潛在能力。

1-6 心理學的七大門派（三）： 認知論的透視和進化論的透視

（五）認知論的透視（cognitive）

自1970年代以來，心理學界掀起一場「認知革命」，它是對於行為主義狹窄視野的一種直接挑戰。認知論的核心題材是思維和所有的認識（knowing）歷程，主要包括注意、記憶、想像、辨識、推理、判斷、解決問題及意識本身。根據認知論取向，人們思考是因為他們是獨特地擁有這種天賦的人類，這是基於我們大腦的天然設計。

根據認知論的模式，居先的環境事件和過去的行為結果只是部份地決定個人當前的行為（如行為主義者所認為的）。許多最具意義行為的浮現是來自全新的思考方式，不是源自過去所使用之可預測的方式。以兒童為研究對象，瑞士學者皮亞傑（Jean Piaget）採用一系列心智作業，證實了在認知發展過程中發生質的變化（qualitative changes）。為了解釋兒童的成長精巧性，皮亞傑探求兒童的內在認知狀態。

在認知論的觀點中，當個人應對現實時，他所應對的不是現實在客觀世界中的實際狀況，而是應對他的思想和想像所構築之內心世界的主觀現實（subjective reality）。認知心理學家不僅視思想為外顯行動的結果（results），也視思想為外顯行動的起因（causes）。

認知心理學家探討高級心理歷程，他們可能研究正常人的認知心理歷程（實驗認知心理學）；研究電腦設計、人工智慧和心理語言學（認知科學）；研究腦部傷害對於認知的影響，從而理解腦神經生理運作與認知功能的關係（認知神經心理學）；研究認知能力與年齡的關係（認知發展心理學）；以及運用認知心理學的理論和方法於實際生活情境（實用認知心理學）。認知取向的研究在當今的心理學界已成為主流之一。

（六）進化論的透視（evolutionary）

這種透視試圖在現代心理學與達爾文（Charles Darwin, 1809-1882）進化論的天然淘汰之間建立起關聯。天然淘汰（natural selection）的基本原理是「物競天擇，適者生存」，也就是那些有助於有機體生存的特徵，將會是最可能傳給下一代的特徵。這不是隨機的，傳遞下來的特徵是經過自然過程的「選擇」。

在心理學上，進化論的透視意指，就如身體能力那樣，人類的心理能力也是歷經好幾百萬年的演化以達成特定的適應用途。動物的大腦就像其他器官一樣，天然淘汰塑造了它們的內部結構，因而產生較多適應行為的大腦獲得挑選及繁衍的機會，產生不良適應行為的大腦會逐漸消失。

進化心理學採取以極度漫長的進化過程作為主要的解釋原則。例如，進化心理學家試圖理解男性和女性身為進化的產物（而不是視為當代社會壓力的產物）所採取的不同性別角色。因為進化心理學家無從變更進化過程以執行實驗，他們在尋求證據以支持自己的理論上必須特別具有創意。

認知心理學家探索高級心理功能，特別是關於人們如何獲得知識和使用知識

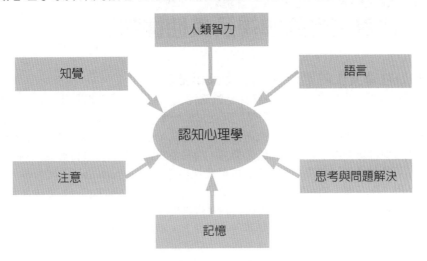

自然選擇（天然淘汰）的運作方式

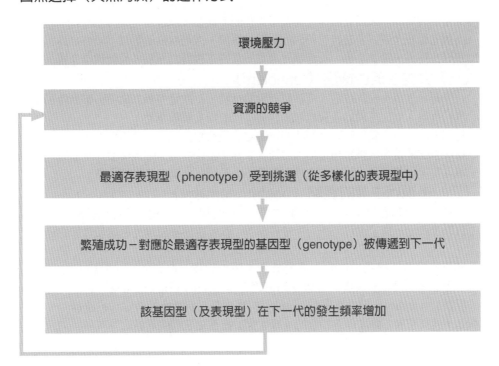

1-7 心理學的七大門派（四）：
　　社會文化的透視及其他觀點

（七）社會文化的透視（sociocultural）

　　這種透視把焦點放在文化的多樣性及豐富性上，探討行為之起因及結果方面的跨文化（cross-cultural）差異。心理學研究經常被抨擊為是建立在關於人性的西方觀念上，主要以中產階級的美國白人為研究對象。因此，社會文化的透視是針對這樣批評的一項重要回應。為了考慮文化的影響力，這將需要對不同族群進行比較。例如，研究人員可能檢視不同種族之年輕女性的飲食性疾患（eating disorders）盛行率，或是比較美國人跟日本人的道德判斷。他們試圖決定心理學所發展出的一些理論是否適用於所有人類，像是佛洛依德的心理動力論是否適用於一些以母權為中心的社會（在新幾內亞的一些部落中，家庭權威是落在母親身上，不歸於父親）。

　　跨文化的透視跟心理學研究的幾乎任何主題都可能產生關聯，像是人們對世界的知覺是否受到文化的影響？人們所說的語言是否影響他們如何體驗這世界？文化如何影響兒童的成長方式？文化是否影響個體表達情感的方式？文化是否影響人們在一些心理疾病上的發生率？因此，社會文化的透視對於人類經驗的一些泛論和通規則提出持續而重要的質問，因為它們往往忽視了文化的多樣性及豐富性。

　　上述七種概念模式各有自己不同的觀點和假設，因而導致他們以不同方式為行為的問題尋找解答。除此之外，心理學界還有一些特定視野的見解，我們稍作介紹：

（一）女性主義的觀點（feminism）

　　這種觀點強調女性的政治、經濟及社會的權利，以及這些勢力如何影響男性和女性二者的行為。女性主義的透視起源於1960年代的婦女解放運動。

　　特別引起女性主義研究人員關注的議題之一是飲食性疾患。她們認為年輕女性的飲食性疾患主要是大眾媒體和文化大力鼓吹女性「苗條身材」的過度壓力所造成。女性主義者要求我們注意流行文化中時尚雜誌和女模特兒之推波助瀾的角色。

（二）後現代主義的觀點（postmodernism）

　　質疑心理科學的真正核心，挑戰它對於真相的探求和它對於個體的強調。後現代主義學者表示，為了理解人類的思維和理智，我們需要檢視涉及思維和理智的社會歷程。

　　他們認為居於權勢地位的人們對於心理學中何謂「真實」及「真相」說了太多話。因此，他們主張現實的社會建構主義者（social constructionist）觀點，這表示「現實」（reality）和「真相」（truth）的概念是受到社會的界定（或建構）。這些概念不具有意義，除了社會和它的「專家們」指派給它們的意義之外。

一、當代心理學的七種透視的比較

理論透視	對人性的看法	行為的主要決定因素	研究的重點
生物論	被動、機械性的	遺傳和生化歷程	大腦、神經系統、內分泌系統的歷程
心理動力論	受本能的驅策	遺傳和童年經驗	潛意識的動機、衝突
行為主義	對外在刺激的回應，可變動的	環境、刺激條件、獎懲史	特定的外顯反應
人本論	主動積極的，具有無限潛能	自我概念、人際關係、個人成長的需求	人類經驗和潛能
認知論	創造而主動地回應刺激	刺激條件和心理歷程	心理歷程，包括感覺、知覺、記憶及語言等
進化論	為解決古代人類面對的問題所產生的適應	為了生存而適應	演化出來的心理適應
社會文化	社會文化能夠加以變動	文化規範和社會學習	態度和行為的跨文化模式

二、人在操縱動物的行為，抑或動物在猜測人的心理？

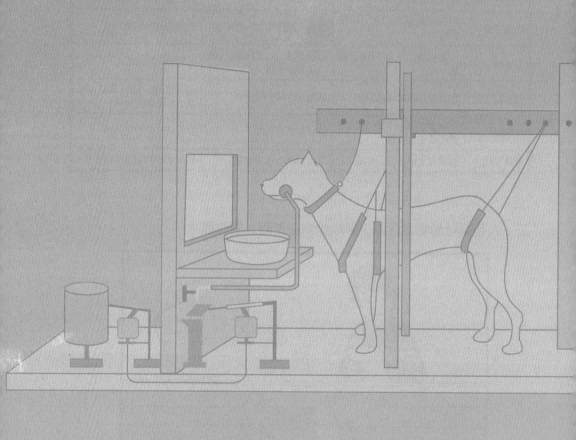

第2章
學習心理學

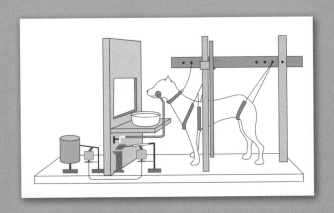

2-1 學習的基本概念

　　動物的大部分行為是天生的，也就是出於遺傳設計的本能（instincts），不需經由學習。但是，人類的行為則大部分是經由學習，很少出於本能，除了一些類似本能的基本反射動作外（reflexes）。

（一）學習的定義

　　學習（learning）是指一種歷程，它是建立在練習或經驗上，使得行為或行為潛能產生相當一致而持久的變化。

1. 行為或行為潛能的變化：你無法直接觀察學習本身，但是從你的表現（performance）的進步上，你知道學習發生了。另外，兒童從觀看暴力節目中可能已學得暴力行為，但需要等到他與人發生衝突或憤怒時才會展現出來。因此，他學得的是行為變化的潛在性。

2. 相當一致而持久的變化：你學得的行為必須是在不同場合中相當一致，或在不同時間中相當持久的。例如，一旦你學會騎單車，你日後跨上單車將總是能夠維持平衡。

3. 建立在練習或經驗上：學習是透過練習或經驗而發生，但像是藥物、疲倦、身體或腦部發育（成熟因素）等產生的變化，都不能算是學習。

（二）行為主義的發展

1. 行為主義的誕生

　　華生（John Watson, 1878-1958）是行為主義心理學的創始人。現代心理學領域的大部分學習觀點，都可在華生的研究工作中尋覓到其根源。

　　在19世紀末和20世紀初，心理學家主要憑藉對感覺和情感的內省（introspection）以了解人們的意識活動。華生（1919）反對這種做法。在他看來，就像物理學或動物學，心理學也必須成為「一門純粹客觀的自然科學」。如果把意識作為心理學的研究對象，心理學就永遠不能躋身科學之列。華生認為，心理、意識和靈魂一樣，只是一種假設，屬於主觀的東西，本身既不可捉摸，又不能加以觀察、測量及證實，以之作為研究對象，只是一種自欺欺人的做法。反而，華生界定心理學的主要目標為「行為的預測和控制」。

2. 急進的行為主義

　　史基納（B. F. Skinner, 1904-1990）除了質疑把內在狀態和心理事件視為研究資料的正當性外，他也懷疑把它們視為行為起因的正當性。根據史基納的觀點，心理事件（如思想和想像）並不引起行為。反而，它們是環境刺激所引起行為的樣例。

　　史基納強調行為分析（behavior analysis），也就是把重點放在探索學習和行為的環境決定因素。行為分析技術試圖在學習中尋找規律性，這樣的規律性是普遍一致的，發生在所有物種的動物身上，包括人類。這也就是為什麼這個領域的進展相當倚賴動物方面的研究。人類較複雜形式的學習代表的是較簡易歷程的結合和精巧化，而不是「性質」上不同的現象。

學習的類型

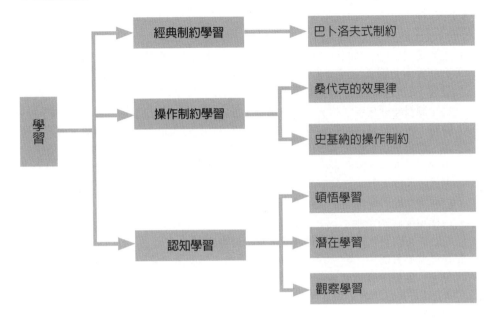

學習

經典制約學習 → 巴卜洛夫式制約

操作制約學習 → 桑代克的效果律

操作制約學習 → 史基納的操作制約

認知學習 → 頓悟學習

認知學習 → 潛在學習

認知學習 → 觀察學習

➕ 知識補充站

心理學家簡介：華生（John Watson, 1878-1958）

　　華生是20世紀初的美國心理學家，有「行為主義之父」的美譽。他關於動物行為的研究是取法於巴卜洛夫的制約反射實驗。1913年，他在心理學期刊發表行為主義的五大主張，被視為是行為主義的正式濫觴。這五大主張是：(1)心理學應該研究行為，而不是意識；(2)研究方法是對行為的客觀測量，而不是主觀內省；(3)心理學的目標是在於預測及控制行為；(4)環境是影響行為的主要因素，控制環境因素就可改造人們行為；(5)研究動物所得的原理，可被用來解釋人類的行為。

　　顯然，華生把人性的變化視同物性的變化。這些主張符合當時高漲的「科學即真理」的氛圍，迅速獲得廣大的支持，從而成為此後美國心理學界的第一大勢力，甚至蔚為所謂的「行為革命」。

　　在他最著知的《行為主義》（1925）這本書中，華生提出這樣的論點：給我一打健康的嬰兒，體能狀況良好，在我設計的環境中養育他們長大。我保證隨意挑選一個，我都能把他訓練成為任何一種專家（醫生、律師、藝術家、商人、領袖，且甚至是乞丐或小偷），不論他的天資、嗜好、性向、能力，或他父母的職業及種族為何（J. Watsonm 1930, P.104）。

2-2 經典制約（一）

（一）巴卜洛夫的實驗

1. 巴卜洛夫（Ivan Pavlov, 1849-1936）是一位蘇俄的生理學家，他原本在從事一系列關於消化腺和唾液分泌的研究（他還因此獲得1904年的諾貝爾獎），卻意外發現了經典制約的原理。

   為了測量唾液在各種狀況下的分泌量，巴卜洛夫把一根小管子直接插入狗的唾液腺體，再連接到外頭的容器。他的助手把食物送進狗的嘴中，唾液就會流進容器中。但是在餵食幾次後，巴卜洛夫注意到一種現象，也就是在食物被實際送入嘴中之前，狗就已經開始分泌唾液。狗後來只要看到食物，看到餵食助手，聽到助手走近的腳步聲，或甚至助手開門的聲音，都會引起牠的唾液分泌。事實上，任何有規律地出現在餵食之前的刺激都可以引發唾液分泌。

   這種現象起初干擾了巴卜洛夫的研究設計，但後來在他50歲那年，他決定轉移他的研究方向，專注於探討這種現象的背後原因。

2. 在典型的實驗中，巴卜洛夫使用鈴聲作為中性刺激，它原本不會引起狗的唾液分泌。但是鈴聲伴隨食物多次呈現之後，單獨呈現鈴聲也能引狗的反射性反應（reflex response），即分泌唾液。以這種方式，狗被「制約」了，牠學會聽鈴聲而流口水。

   在巴卜洛夫的實驗中，不需要學習就能引起反應的刺激稱為非制約刺激（unconditioned stimulus，UCS），而非制約刺激所引發的行為便稱為非制約反應（unconditioned response，UCR），這二者就比如食物引起唾液分泌，它是一種不必學習的反應。

   然後，當狗被制約後，原來的中性刺激現在稱為制約刺激（conditioned stimulus，CS），而制約刺激所單獨引起的反應稱為制約反應（conditioned response，CR），這二者就比如鈴聲單獨呈現也會引起唾液分泌，它表示學習已經發生了（見右圖）。

（二）經典制約學習的實例

在行為主義發展的初期，華生試圖證明，我們生活中的許多恐懼反應，其實是中性刺激與一些天然引發恐懼的事物伴隨出現所致。他以一位11個月大的嬰兒艾伯特為對象，每次小白鼠出現，華生就在艾伯特背後製造巨大聲響（UCS），巨響引起艾伯特的驚嚇反應和苦惱情緒（UCR）。經過7次的制約嘗試後，艾伯特原先喜歡小白鼠，牠現在卻成為制約刺激（CS），引起艾伯特的驚嚇及哭泣反應（CR）。後來，艾伯特學得的恐懼類化到另一些毛茸茸的物件上，諸如兔子、狗及聖誕老人的面具。

我們不知道艾伯特後來的情況。他會不會因為害怕聖誕老人的大鬍子，進而變得痛恨聖誕節？華生和其助理曾經討論如何實施反制約（counterconditioning），以便消除艾伯特不當的害怕行為。但艾伯特已被他母親帶走。無論如何，這是一件頗引起心理學界非議的研究倫理問題。

巴卜洛夫使用各種刺激作為中性刺激，如鈴聲、燈光或節拍器的滴答聲。研究人員首先呈現中性刺激，隨即呈現食物。狗的唾液則通過管子加以收集。

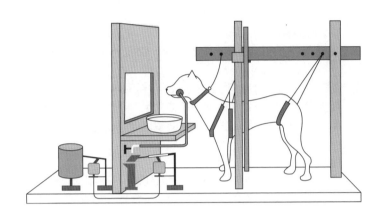

經典制約歷程的示意圖

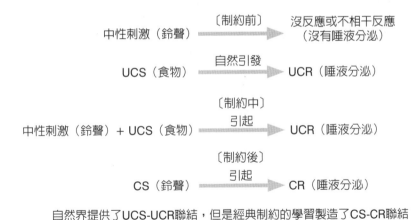

中性刺激（鈴聲）　〔制約前〕⟹　沒反應或不相干反應（沒有唾液分泌）

UCS（食物）　自然引發⟹　UCR（唾液分泌）

中性刺激（鈴聲）＋ UCS（食物）　〔制約中〕引起⟹　UCR（唾液分泌）

CS（鈴聲）　〔制約後〕引起⟹　CR（唾液分泌）

自然界提供了UCS-UCR聯結，但是經典制約的學習製造了CS-CR聯結

2-3 經典制約（二）

（三）經典制約學習的歷程

自巴卜洛夫以來，研究人員陸續發現制約學習的一些特有現象，我們在此列舉一些重要原理。

1. 消弱作用（extinction）

在制約學習中，隨著CS－UCS重複地配對呈現，CS能夠可靠地引發CR時，我們就說制約反應已被「獲得」（acquisition）。

在制約反應形成之後，假如UCS（食物）不再伴隨CS（鈴聲）呈現，重複幾次後，制約反應（唾液分泌）將會逐漸減弱，最後甚至停止出現，這種歷程稱爲「消弱作用」。因此，爲了避免制約反應的消失，你必須偶爾再引進UCS，以便維持制約反應。

2. 自發恢復（spontaneous recovery）

當消弱作用似乎已抹消制約反應後，休息一段時間，再單獨呈現CS，這時本已停止的制約反應可能又恢復出現，稱爲「自發恢復」。當然，如果消弱作用持續進行，制約反應最終還是會消失。

3. 類化作用（generalization）

隨著制約學習的形成，CS將會引發CR的產生。然而，另一些類似於CS的刺激也可能引發相同的反應，即使它們從不曾與原先的UCS配對呈現過，這種現象稱爲「刺激類化」。俗諺所云「一朝被蛇咬，十年怕草繩」，便是刺激類化在發揮作用。此外，先後兩刺激在性質上愈爲相似的話，所引發的CR就愈強。

4. 區辨作用（discrimination）

在制約學習過程中，有機體辨別相似刺激的能力可以透過訓練使之敏銳化，譬如在所呈現之1,000、1,200及1,500cps三種頻率的鈴聲中，只有一種頻率（如1,200cps）的鈴聲呈現時才會有食物（UCS），另兩種鈴聲呈現則沒有食物。經過充分的練習，有機體將學會只針對與食物配對的那種頻率的鈴聲（1,200cps）產生反應，另兩種不同頻率鈴聲的呈現則不會引起反應，這稱爲「刺激區辨」。

5. 高級制約（higher order conditioning）

在制約學習形成之後，這時候的CS可以充當UCS，當它與另一刺激伴隨出現時，新的刺激也將會引發CR，也就是衍生出另一層次的經典制約，這稱之爲「高級制約」，也稱「次級制約」（second order conditioning）。

這種從具體到抽象的學習方式在人類學習中尋常可見。例如，食物→金錢→存摺→提款卡等串連關係，就是經由次級制約歷程而學到。實際上，制約作用的延伸不限於二級，人們的複雜行爲中遍存著更高級的制約作用。

廣告中性感的主角（UCS）引起你性興奮的感受（UCR）。廣告商然後把產品（牛仔褲、跑車及飲料，作為CS）擺在主角身旁，經由經典制約作用，他們希望產品本身也將可引起你性興奮的感受，進而購買他們的產品。

＋知識補充站

史基納（B. F. Skinner, 1904-1990）

　　史基納是幾十年來在心理學界最具影響力的人物，他也是新行為主義中極端行為主義的代表，他試圖把心理科學的發現推展為實際生活的應用。

　　史基納原本渴望成為一名作家，但大量閱讀使他偶然接觸到巴卜洛夫和華生的著作，他決心放棄文學，而以心理學為他的終生志業。他長期留在哈佛大學從事研究工作。

　　為了使心理學理念普及化，史基納在1948年和1971年分別發表了《桃源二村》和《自由與尊嚴之外》兩本小說式著作，使他在美國成為家喻戶曉的心理學家。

　　史基納始終堅信，行為科學可以改造社會。他一生致力於把操作制約作用和後效強化原理推廣於日常應用。因此，學校教育方面的「編序教學」和「電腦輔助教學」，以及心理治療方面的「行為矯正」都是基於他的理念而設計出來。

2-4 操作制約（一）

　　在經典制約中，CS和UCS產生聯結，使得CS取代UCS，進而CS也能引起個體非自主的反射性反應，建立起新的S－R聯結。但是，個體的很多行為是自主性的，這些行為是否會被重複展現是取決於它們帶來的結果。操作制約是另一種聯結式學習。

（一）桑代克的效果律

　　正當巴卜洛夫在研究蘇俄的狗如何分泌唾液的同時，桑代克（Edward L. Thorndike, 1874-1949）則正在觀察美國的貓如何逃脫迷籠（puzzle box）。桑代克提出聯結論（connectionism），他表示「學習就是在刺激與反應之間形成聯結的歷程」，他的研究奠定了史基納操作制約理論的基礎。

　　桑代克把一隻餓貓關進迷籠中（右頁圖形），然後觀察牠如何學會拉起門閂以取得籠外的食物。當被關進籠子裡，餓貓起初只是亂抓亂咬迷籠中的任何東西，意圖逃離被監禁的狀態。在所有一團混亂的動作中，牠偶然地踩到踏板，門閂拉起，他於是脫身而取得食物。當這樣的程序重複幾次之後，貓在籠內的混亂動作逐漸減少，踩踏板的頻率則增加。最後，貓一進到籠子中，牠就以一種很明確的方式踩踏板。

　　根據桑代克的說法，個體在環境中起先是嘗試錯誤（trial and error）。然後，假使某項反應（踩踏板）跟隨可帶來「滿足」的一些酬賞的話，這項反應就會被重複，它受到強化。至於那些沒有獲得酬賞的反應（亂抓亂咬）將會逐漸減弱。

　　桑代克稱這個學習原則為「效果律」（law of effect），它指出個體反應後，如果能夠獲得滿意的效果，該反應將被強化，隨後同樣情境出現時，個體將會重複該反應，這就表示學習已經發生。這種學習模式也被稱為工具制約學習（instrumental conditioning）。

（二）史基納的操作制約

　　史基納（B. F. Skinner, 1904-1990）贊同桑代克的觀點，即環境結果對於行為產生強大的影響。但他反對桑代克使用「滿足」、「意圖」等解釋所觀察的行為。他認為我們所需要做的首先是分析「環境因素」和有機體的「外顯行為」，然後檢定它們之間可預測的關係。但我們不需要知道有機體的內在活動或狀態，這不符合科學心理學所堅持的客觀研究取向。史基納的分析是以實驗為依據的，而不是從理論推衍出來。

　　為了實驗上分析行為，史基納開發了操作制約（operant conditioning）的程序。他操弄有機體行為的後果，然後觀察這對隨後行為產生的效應。所謂的「操作」意指對環境起作用以產生強化。

　　史基納設計了一套儀器，稱之為操作箱（operant chamber），以使得他能夠控制動物環境中的所有刺激。如右頁圖形所示，當展現實驗人員所認定的特定行為後（如自轉一圈），老鼠前往壓桿，這套裝置便會遞送食物。有時候，實驗人員感興趣的是動物在某一期間執行特定行為的頻率，這時候便會另外連接儀器以記錄老鼠壓桿的次數。這些設計（包括稍加修改以訓練鴿子啄鍵）容許實驗人員探討什麼變項使得老鼠學會特定行為，進一步探討後效強化對動物行為的影響。

為了逃脫迷籠以取得食物，桑代克的貓必須從嘗試錯誤中學得正確的反應。

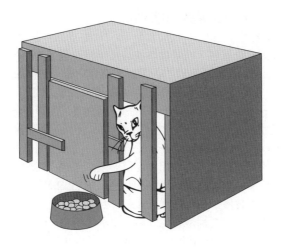

操作箱示意圖

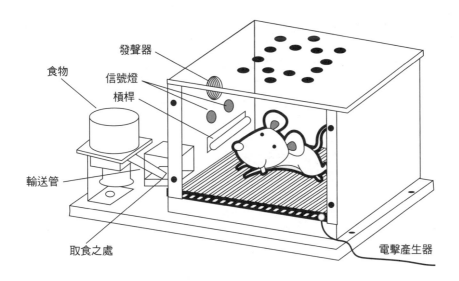

2-5 操作制約（二）

（三）操作制約的主要現象和原則

1. 正強化和負強化

任何刺激當在反應之後呈現，它將會增加該反應再度發生的機率，這樣的過程稱爲強化（reinforcement）。至於所呈現的刺激就稱爲強化物（reinforcer）。

強化物是依據「它們在改變反應機率上的效果」而被認定。強化物可概分爲兩種：(1)正強化物（positive reinforcer），它的呈現提高了反應將會繼續發生的機率。個體喜歡的刺激通常都可充當正強化物，如食物、水、金錢及贊許等。(2)負強化物（negative reinforcer），它的撤除或停止使得反應再度發生的機率增加。它通常是一些不愉快的刺激，如電擊或噪音。例如，老鼠必須不停地在轉輪上跑動，才能切斷電源而不被電到，電擊便是負強化物。另外，有些汽車加裝蜂鳴器，直至駕駛人扣上安全帶後，惱人的噪音才會停止，噪音就是在起負強化的功能。

不論正強化或負強化，二者都是在提高居先反應再度發生的機率，但正強化是在個體反應之後呈現欲求刺激（appetitive stimulus），負強化則是在個體反應之後撤除嫌惡刺激（aversive stimulus）。

2. 消弱作用和自發恢復

在經典制約中，假使CS持續呈現，但UCS卻不再出現，重複幾次後，已建立的CR將會消退下來。同樣原理也適用於操作制約，假使個體反應後，強化物卻不再出現，重複幾次後，個體的反應率將會逐漸降低，最終回復到操作制約之前的水準－它被消除了。

「自發恢復」的情形也會發生在操作制約中。例如，你首先對鴿子施加強化，每當綠燈亮起而鴿子啄鍵時，你就給予食物。然後，你不再施加強化，啄鍵行爲將會消除。但是，假使你偶爾把鴿子放進操作箱中，再打開綠燈，鴿子仍有可能會自發地再度啄鍵，這就是自發恢復。

3. 行為塑造

爲了訓練動物更複雜的行爲，如海豚投球或老鼠滑水，我們無法靜待這些行爲出現，然後再施加強化。這時候，實驗人員需要採用行爲塑造（shaping）的技術，也就是運用操作制約的原理以連續漸進的方式（successive approximation method）強化實驗對象的行爲，最終建立起想要達成的行爲。

當實施這項技術時，首先把所要訓練的行爲做更進一步的劃分，依序排定各個小步驟（如海豚游向球的方向、海豚直接游向球、碰觸球、頂起球……）。然後通過差別強化（differential reinforcement），對於動物切題的行爲施加強化，對於不切題的行爲加以消弱，就這樣連續而漸進地，最後建立起一連串複雜的行爲反應。

一、強化的種類

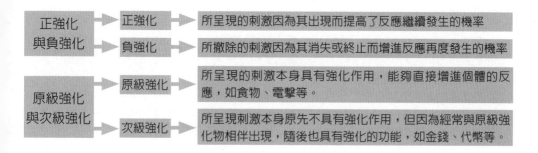

| 正強化與負強化 | 正強化 | 所呈現的刺激因為其出現而提高了反應繼續發生的機率 |
| 負強化 | 所撤除的刺激因為其消失或終止而增進反應再度發生的機率 |

| 原級強化與次級強化 | 原級強化 | 所呈現的刺激本身具有強化作用，能夠直接增進個體的反應，如食物、電擊等。 |
| 次級強化 | 所呈現刺激本身原先不具有強化作用，但因為經常與原級強化物相伴出現，隨後也具有強化的功能，如金錢、代幣等。 |

二、操作制約的主要現象

操作制約學習的一些現象

消弱作用和自發恢復　類化作用（generalization）和區辨作用（discrimination）　行為塑造

✚ 知識補充站

懲罰與體罰

當還是孩童時，你應該就很熟悉懲罰（punishment）。懲罰物（punisher）是指任何刺激，當它附隨於某一反應之後出現，將會降低該反應再度發生的機率。

正如正強化和負強化，懲罰也可被概分為兩種：(1)積極懲罰（positive punishment），這是指個體行為之後附隨嫌惡刺激的呈現，像是兒童做錯事而遭受父母的責罵或挨打，便是屬於積極懲罰。(2)消極懲罰（negative punishment），這是指個體行為之後附隨欲求刺激的剝奪，像是兒童做錯事，父母剝奪零用錢或看電視的權利，便是屬於消極懲罰。

如何辨別強化和懲罰？我們可從它們各自對行為的效應加以考慮，即強化總是提高居先反應繼續發生的機率，懲罰則總是降低居先反應再度發生的機率。

專家學者們一再提醒，為了消除不良行為，最佳途徑始終是教導良好行為並強化之，而不是懲罰不良行為。當懲罰是迫不得已的措施時，你應該注意下列事項，以避免它的不良副作用。

1. 懲罰應該迅速而簡短。
2. 懲罰最好在不良行為發生時立即施加（立即性）。
3. 施加處罰時最好態度平靜，避免盛怒之下處罰過重，造成兒童不當的恐懼心理。
4. 懲罰應該前後一致，父母之間也應一致，避免兒童無所適從，甚至投機取巧（一致性）。
5. 懲罰應該針對不良行為本身，不要推拖到受罰者的人格。設法讓兒童了解處罰是對事，不對人。
6. 懲罰最好訂定各種罰則，不要直接訴諸體罰。

2-6 操作制約（三）

（四）強化物的特性

在操作制約學習中，強化物具有影響、改變或維持行為的作用。此外，強化物不一定是生物上決定的，它們可以通過經驗而學得。最後，強化物也可以是一些活動。

1. 原級強化和次級強化

假使刺激本身就具有強化作用，它們能直接增進個體的反應率，便稱為原級強化物（primary reinforcer），如食物之於飢餓，水之於渴，或電擊等均屬之。至於原級強化物的呈現使得個體反應率提高的過程，便稱為原級強化。

原本中性的刺激，因為逐漸與原級強化物聯結起來，後來也具有強化行為的效果，這稱為次級強化物（secondary reinforcer），如金錢、代幣等。

實際上，人類的大部分行為較不是受到生物性原級強化物的影響，較是受到各式各樣的次級強化物的影響。例如，人們追求金錢、贊美、成績、獎狀、錦標、名譽及各種地位象徵，這些次級強化物支配了人們的大量行為。

2. 普雷馬克原則（Premack principle）

這是指個體較喜歡的活動（較強的反應，或較頻繁發生的行為）可被用來強化較不喜歡的活動。例如，兒童不喜歡參加團體活動，但發現他喜歡唱歌，我們可以運用普雷馬克原則，讓兒童參加以他喜歡的唱歌為主的團體活動。長期下來，即使團體活動不再以唱歌為主，兒童也會繼續參加團體活動。因此，強化物不一定是指環境中的基本物質，它們也可以是個體所重視的任何事件或活動。

（五）強化時制（schedules of reinforcement）

1. 連續強化（continuous reinforcement）

這是指每次正確反應都得到酬賞的強化方式。連續強化能快速建立新行為，但在強化物不再呈現後，行為無法維持很久。

2. 部分強化（partial reinforcement，或間歇強化）

這是指個體的部分正確反應得到強化，但不是全部反應都會得到強化。

(1) 固定時距（fixed interval）：從上一次給予強化物後，經過固定的時間，才會針對反應再給予強化。在實際生活中，按月或按週發薪便是屬於固定時距。

(2) 不定時距（variable interval）：不按照固定時間施加強化，個體無從預測何時獲得酬賞。例如，釣魚和打獵便是屬於不定時距。

(3) 固定比率（fixed ratio）：當個體完成固定次數的反應後，才會得到強化。按件計酬的方式便是屬於固定比率。

(4) 不定比率（variable ratio）：不按照固定次數施加強化，個體不知道幾次反應後才會得到強化。各種賭博行為（如玩吃角子老虎）的報酬便是屬於不定比率。

當需要快速學習新行為時，最好採用連續強化，但想要維持行為的話，最好採用不定時距或不定比率的強化方式。特別是不定比率，當強化物不再呈現時，它最能抗拒消弱作用，這正是賭博行為不容易戒除的原因。

連續強化對於「訓練」動物相當有用處，但是間歇強化（intermittent）對於「維持」所學得的行為有較佳效果。

怎樣的強化時制激勵這位男子購買樂透彩？

> **✚ 知識補充站**
>
> **迷信行為**
>
> 　　一次週末，實驗助理返家，但他忘記關掉一排鴿舍的定時餵食器。所以半小時後，餵食器發送一份美味的飼料。在鴿子看來，牠們是因為自己當時的舉動而被頒發獎賞。從而每隔30分鐘，牠們就重複該舉動，結果獎賞（飼料）也都出現了。你可以想像實驗助理星期一上班時，他看到什麼景況。例如，有一隻鴿子不斷轉圈，另一隻舉起雙翅，再一隻則不斷搖頭。牠們都認為這些動作招致了自己的獎賞。這就是迷信行為（superstitious behavior）。
>
> 　　人們的許多迷信行為也是經由操作制約學得的。例如，有些棒球選手因為戴了一件佩飾或做了一些動作而打擊出色，他們會認為這是佩飾或動作帶來了好運，他們將會重複這樣的行為。當然，他們偶爾還是會有出色的打擊，這就形成不定比率的強化。因此，迷信行為不容易戒除。

2-7 認知學習

根據認知心理學，學習不一定會引起行為的變化，但它確實造成心智活動的變化。這表示有些形式的學習必須以心智歷程的變化加以解釋，而不能只以行為變化本身解釋之，但我們仍可以對之作科學的研究。

（一）頓悟學習（insight learning）

柯勒（Wolfgang Kohler, 1887-1959）是認知心理學的先驅（也是完形心理學派創始人之一）。他反對學習只是刺激－反應的聯結，他認為個體對整個情境的認識才是關鍵所在。

1920年代，他在南非Canary海島上執行一系列以黑猩猩為對象的實驗，觀察黑猩猩如何解決問題。在典型的實驗中，香蕉掛在猩猩抓不到的高處或擺在籠外遠處，牠們必須利用現存的工具拿到香蕉。猩猩很快就會用棍子把掛在高處的香蕉打下。隨著香蕉的高度增加，牠們會豎起棍子，在傾倒之前很快爬上去，還會把木箱堆疊起來以拿到香蕉，或把細竿塞到粗竿中連成一根長竿。

當遇到挫折時，猩猩會丟掉棍子、腳踢牆壁，找個地方坐下來。根據柯勒的報告，猩猩然後會搔頭，開始凝視附近的木箱。突然間，猩猩跳起身來，拿起棍把木箱拖到香蕉底下。柯勒認為，就像人類，猩猩學會解決問題是經由突然領悟或知覺到事物之間（或刺激之間）的關係。這絕對是心智歷程，不只是行為層次，他稱之為「頓悟學習」。

當桑代克以實驗說明貓的學習只是嘗試錯誤時，柯勒則指出，動物的學習也牽涉到認知變化。

（二）方位學習（place learning）

心理學家托爾曼（Edward C. Tolman, 1886-1959）也相信認知歷程在學習上的重要性。他主張學習應該包括兩個成分：(1)認知地圖（cognitive map），也就是對整個學習情境的一種心理表徵（mental representation）；(2)對於行動結果的一種預期。

在托爾曼的迷津實驗中，老鼠首先走遍迷津中的每一條通道（參考右頁圖形）。經過幾次練習後，老鼠總是選擇通道1來抵達食物箱，因為它的距離最近。這時候，如果在A處把通道1堵塞，老鼠很快就學會選擇通道2。然後，如果在B處把通道2封鎖起來，老鼠只好選擇路途最長的通道3。

休息一陣子後，老鼠被放在起點，首先在A處堵塞，老鼠進入通道1，發現不能通行，牠會改走通道2以抵達食物箱。這時候把堵塞處從A移到B，再把老鼠放回起點。實驗卻發現，老鼠當選擇通道2而在B處被阻擋，因而退回起點後，他們會直接選擇偏好度最低的通道3，完全不會嘗試通道2。這顯示老鼠知道B處被封鎖後，通道2同時也無法通行，所以只好選擇最不喜歡的通道3。

根據托爾曼的說法，老鼠所學得的絕不是只把機械式左轉右轉的活動連在一起，牠們在最初的「自由活動」中已對整個迷津產生了全盤性認識，也就是對迷津的方位建立了認知地圖，稱之為「方位學習」。老鼠隨後就彷彿對照這份認知地圖在採取行動，而不是以嘗試錯誤的方式摸索迷津的各個位置。

自托爾曼之後，許多研究已一致地發現，鳥類、蜜蜂、老鼠及另一些動物擁有驚人的空間記憶能力。

黑猩猩以「頓悟」方式解決問題。牠們突然洞悉學習情境中各種刺激線索之間的關係。

老鼠的行為似乎顯示牠們擁有認知地圖,以便以最佳方式取得食物。

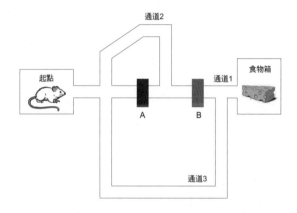

第3章
記　憶

3-1 記憶的結構（一）

　　記憶（memory）被普遍界定為貯存訊息和提取訊息的能力，它是一種訊息處理（information processing）的歷程。

　　自1960年代認知心理學興起後，記憶已成為最重要的研究主題之一。在記憶的探討上，一般把記憶分為記憶結構和記憶歷程兩大方面，在記憶結構方面，最常被採用的是「三階段貯存的記憶模式」，它把記憶分為感官記憶、短期記憶及長期記憶三個階段。

（一）感官記憶（sensory memory）

　　外界訊息被你的感官（視覺、聽覺、嗅覺、味覺）所接收，作短暫的停留，假使你不加以注意，它們很快就會消失。每種感官記憶保存了對感覺刺激之物理特性的準確表徵，雖然不到幾秒的時間，但它們擴展了你從外界獲致訊息的效能。

　　視覺的短暫貯存稱為映像記憶（iconic memory），它不超過1秒鐘，電影和卡通影片就是利用這視覺暫留的原理設計而成。

　　聽覺的短暫貯存稱為餘音記憶（echoic memory），也就是聲音消失後，你還保持的殘餘感覺記憶，它維持較長時間，大約2至4秒鐘，這可能跟聲音隨著時間延展的方式有關。

　　總之，各種感官記憶延長了感覺刺激的存留，以供你進一步處理稍縱即逝的訊息。

（二）短期記憶（short-term memory，STM）

　　假使你想撥一家陌生公司的電話號碼，你首先會查閱電話簿，然後你會記住這個電話號碼到你撥完電話後。但如果對方正在忙線中，你通常需要再去翻一次電話簿。如果你有過這樣的經驗，你不難理解，為什麼有一種記憶稱為「短期記憶」。

　　隨著感官記憶中訊息獲得你的注意，它們就被轉至短期記憶，訊息在這裡被維持的時間稍微長些，以供你集中認知資源於一些特定的心理表徵上。

1. STM的容量

　　短期記憶的容量有所限制，一般人能夠記得的項目是從5個到9個之間。米勒（George Miller, 1956）曾提出，7（±2）是一個「魔術數字」。一般而言，當呈現一些隨機排列的熟悉項目時（如J.M.R.S.O.F.L.P.T.Z.B），人們的平均記憶容量大約是7個單位。這些項目包括字母、單字及數字等。這也是為什麼電話號碼大都是七碼。

2. 複誦

　　儘管短期記憶的容量限制，為什麼你在生活中仍有良好的運作呢？你首先是運用複誦（rehearsal）。以先前的撥電話號碼為例，你想要記住電話號碼的一個良好方法，就是不斷在腦海中重複背誦它的數字，這種記憶技巧稱為「維持性複誦」。當訊息未被複誦時，它們很快就從短期記憶中流失。

外界訊息最初在感官記憶和工作記憶中編碼，然後被轉移到長期記憶中以供貯存，而訊息也從長期記憶被提取到工作記憶中以供運作。

感官記憶保留訊息的原始形式，稱為「感官訊息貯存」。

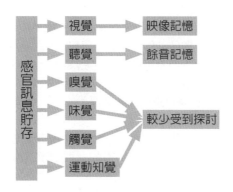

➕ 知識補充站

序列位置效應（serial position effect）

　　假使你被要求學習一些不相干單字所組成的列表，然後你嘗試回憶這些單字。不論是採用依序回憶法（serial recall）或自由回憶法（free recall），也不論單字列表有多長（由6、10或15個單字所組成），你幾乎總是對列表最前面幾個單字記得很好（初始效應－primacy effect），也對列表最後幾個單字記得很好（時近效應－recency effect），但對於列表中間部分的單字卻記得很差，這稱為「序列位置效應」。

　　在日常生活中，你也不難發現這種現象。例如，當回答「今天是星期幾？」或「今天是這個月幾號？」的問題時，如果你在該星期開頭和結尾的日子發問，對方很快就給你正確答案；但如果你在中間的天數發問，所需考慮時間就相對長了。同樣的，兒童在學習英文字母（或中文注音符號）方面，最常犯錯的就是中間那些字母（從I到M）。

3-2 記憶的結構（二）

3. 意元集組

　　當你希望記住的訊息過於龐大而很難複誦時，你可以採取意元集組的策略。意元（chunk）是指有意義的訊息單位。例如，以1-9-9-7這個數字排列而言，如果你視之為四個意元，就幾乎佔去大半STM容量。但是，如果你視之為一個年份，即香港回歸大陸的年份，那麼這四個數字只形成一個意元，你就可以空出大部分記憶容量以接納其他訊息。同樣的，「CATKICKRAT」看似複雜（十個意元），但也可以視為「CAT KICK RAT」三個單字（三個意元）。

　　意元集組（chunking）就是指根據一些組織法則或貯存在長期記憶中的資料，以之把訊息組合為有意義的單元。意元集組有助於減輕記憶的負荷或擴充短期記憶的容量。

　　最後，即使你已找不到方法以使新刺激與你長期記憶中的各種法則、意義或符碼（codes）形成配對關係時，你仍可以利用意元集組。你能運用簡易的「律動型態」或「時間分組」方式來組織所要記憶的項目。例如，「120379753116」可以組成「120，中頓，379，中頓，753，中頓，116」，這樣的效果應該勝過整體依序記憶的方式。你不難發現，許多人就是以這種組合原理記住一長串的電話號碼。

4. 工作記憶（working memory）

　　除了在新記憶的獲得上扮演重要角色外，STM在現存記憶的提取上也有同等重要角色。實際上，STM不應被視為記憶通過的一個處所（place），它是一種歷程（process），以供你集中認知資源於一些小組的心理表徵上。

　　在STM中，不論是來自感官記憶或長期記憶的訊息都可以在這裡被運作、處理、思考及組織。因此，短期記憶經常也被稱為「工作記憶」，它就是你用來完成像是語言理解和推理等任務的記憶資源。

（三）長期記憶（long-term memory）

　　我們一般所謂的記憶就是指「長期記憶」，它是你從感官記憶和短期記憶所獲得之所有經驗、事件、訊息、技巧、文字、分類及規則等的貯藏室。

1. 登碼形式（coding formats）

　　不論是從感官記憶進入短期記憶，或從短期記憶進入長期記憶，訊息要貯存於記憶中，就必須經過編碼（encoding）。編碼是把外界物理刺激轉化為內在的抽象形式，也就是形成「心理表徵」，以便於處理及運作。

　　心理表徵可以是形碼（visual code）、聲碼（acoustic code）、意碼（semantic code），或味覺、嗅覺、觸覺等各種代表外在刺激的心理形式。例如，短期記憶的主要登碼形式是聲碼，長期記憶則主要為意碼。根據雙碼理論（a dual-code theory），具體事物（如「狗」）是以語言和視覺兩種方式貯存，至於抽象的資料（如「自由」、「道德」）則只以語言方式貯存。

長期記憶類型

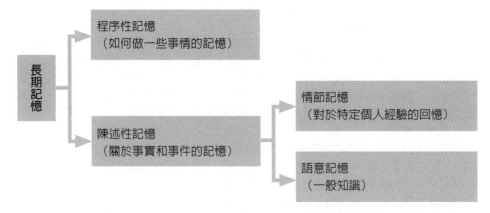

程序性記憶使得專業人士（像是大聯盟的投手）能夠自動地執行複雜的任務，不用意識上回想整套動作的細節。

＋知識補充站

失憶性症候群

　　DSM－IV－TR檢定出一種跟記憶有關的疾患，稱為失憶性症候群（amnestic syndrome）。病人的立即性回憶通常沒有受損，對於遙遠過去事件的記憶也保存良好。但是，病人無法將訊息轉移至長期記憶；或者可以轉移，但卻無法提取。總之，病人失去學習新訊息的能力，或無法記起先前學得的訊息。

　　腦傷是失憶性疾患的根本原因，它可能是長期酗酒和維生素B₁缺乏所引起。此外，頭部創傷、中風、腦部顳葉手術、腦部感染（腦膜炎）及氧氣剝奪也可能導致失憶性疾患。

　　幸好，失憶性症候群可以完全或局部地復原。再者，因為程序性記憶（學習例行工作、技巧及動作的能力）通常被保存下來，即使失憶病人缺乏對特定個人經驗的記憶，他們仍然能夠被教導執行一些工作，以協助他們重新加入勞動人口。

3-3 記憶的結構（三）

2. 訊息的轉移及維持

在短期記憶中，「複誦」是維持訊息的有效方式。但為了把訊息轉移到長期記憶，並作有效的維持，這就需要利用「精密化」（elaboration）。精密化是對訊息作較深層次的處理，不僅對之作有意義的思考，也設法在新生記憶與既存記憶之間製造較多連結。例如，你如果能夠以心理畫面（視覺意象）來輔佐所呈現訊息的話，通常對你的回憶會有相得益彰的效果，因為這同時提供你語文和視覺二者的編碼。

3. 記憶的組織

如前面所述，短期記憶的容量有限（7±2個項目），長期記憶則沒有容量受限的問題。但在長期記憶中，訊息的組織仍然很重要，以有利於事後的提取。至於訊息在長期記憶中如何被組織及貯存，研究學者已提出「網絡模式」（network model）和「擴散激發模式」（spreading activation model）等加以解釋。大致而言，我們的知識是按照意義的類別而不是按照屬性進行組織。例如，我們會把所有的鳥都歸在鳥類這一分支下，而不會將所有紅色的東西歸為一類存放，紅色只是用於描述物體的屬性。

4. 記憶的類型

根據記憶的特性，研究學者一般把長期記憶分為程序性記憶（procedural memory）和陳述性記憶（declarative）兩大類。程序性記憶是關於「知道如何做」（knowing how）的記憶，諸如騎自行車、打領帶、彈吉他、打字及烹飪等。雖然程序性記憶初始是按照程序逐步學習所得，但是一旦掌握而熟練後，記憶的提取自動展現，不再需要刻意注重程序，否則反而表現不佳。程序性記憶一旦建立，也不容易忘記。

當牽涉到對一些事實和事件的回憶時，稱為陳述性記憶。它是關於「知道些什麼」（knowing what）的記憶。例如，閱讀物理學，你就知道關於運動定律的一些知識。

陳述性記憶可再被分為情節記憶（episodic memory）和語意記憶（semantic）兩類。情節記憶是你個人所經歷之特定事件的記憶，它是關於何時、何地、何事的記憶。情節記憶所貯存的不是普遍性概念，而是具體的事實，如你的畢業旅行。

另一方面，有些訊息無條件供應你的提取，不需要你訴諸它們發生的時間和地點。這些記憶是普遍通用的，無涉於你個人的經驗，稱之為語意記憶。各種概念和文字的意義便是屬於語意記憶，像是法國的首都、9的平方根及 $E = MC^2$ 的公式等均屬之。你不妨把語意記憶看作是一本「百科辭典」，而情節記憶則是一本「自傳」。

5. 舌尖現象

儘管長期記憶的容量很大，一旦記住就可能一輩子也不會忘記。不過現實生活似乎不是這樣，你應該有過這樣的體驗：你偶遇一位熟識的人，你想跟他打招呼，卻突然說不出他的名字，好像就在嘴邊，卻怎麼也想不起來。你知道你沒有忘記他的名字，如果把他的名字擺在幾個名字中間，你一定能夠指認出來。

這在心理學上稱為「舌尖現象」，主要是因為你找不到回憶的線索。研究已顯示，在所調查的51種語言中，有45種使用「舌頭」的字眼來描述這樣狀態。其次，舌尖現象的發生頗為頻繁，普遍是每星期一次，但隨著年齡而增加。最後，我們在50%的次數中打開了謎團。

呼之欲出的舌尖現象（the tip-of-tongue phenomenon, TOT）

記憶貯存的雙碼理論

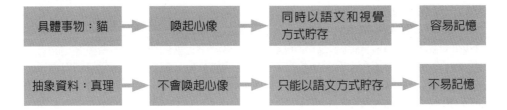

3-4 記憶的歷程（一）

　　記憶的歷程可分為編碼（encoding）、貯存（storage）及提取（retrieval）。編碼是初始的訊息處理，把外在的物理刺激轉為內在的心理表徵。貯存是把經過編碼的訊息保留一段時間，以便需要時加以提取。提取則是把貯存在記憶中的訊息提出以供應用。簡言之，編碼使得訊息流入記憶系統，貯存是保留訊息到你需要的時候，提取則是使得訊息流出。這樣的劃分看似簡易，但其實這三個歷程之間有相當複雜的交互作用。

（一）訊息的處理層次

　　有些學者不贊同短期記憶和長期記憶的劃分方式，他們認為可以從處理的層次來探討記憶。處理層次論（levels-of-processing theory）指出，隨著訊息在愈深的層次接受處理，該訊息就愈可能被交付記憶。例如，感官層次屬於淺層分析，記憶痕跡較弱，訊息不易維持於記憶中；語意層次屬於深層處理，痕跡較強，訊息才易於被記住。這表示訊息處理涉及較多的分析、解讀、對照及精密化（精心處理）的話，它將會導致較良好的記憶。

（二）編碼特定原理（encoding specificity principle）

　　你在編碼階段組織訊息的方式不僅會直接影響貯存的方式，它也會影響你提取時所運用的線索。這表示當提取的背景符合編碼的背景時，你想要提取的記憶將會很有效率地浮現出來，稱之為「編碼特定原理」。

　　你接到小學同學的邀請函，你努力回想當年的一些情景，卻發現時間的賊已偷走你不少的回憶。不過一旦你踏入當年的教室，往事說不定就像波濤洶湧般撞擊你的每一根神經，每一個角落在你腦海裡都對應一個深埋的故事。你登錄訊息的情境與你嘗試提取該訊息的情境彼此相似或相符的話，你的記憶能力將會大為增進，這稱為情境依賴記憶（context-dependent memory）。

　　情境依賴記憶僅是編碼特定原理的實例之一。當你學習新資料時，你也會登錄那時候相關的物理環境和心理環境的特性，諸如生理狀態、心情、噪音水準或氣味等。當你後來嘗試回憶所研讀過的資料時，這些背景學習將可提供你額外的提取線索，因而有助於增進你的表現，你不妨稱之為狀態依賴、心情依賴……等。

（三）閃光燈式記憶（flashbulb effect）

　　這個術語所指的是對個人生活中特殊而重大事件的記憶，通常伴隨強烈的情緒激發狀態。這種記憶的特徵是極為鮮明而生動的意像，包括事件發生時自己在哪裡，當時正在做些什麼，還有什麼人在場等等。這個術語是在1977年引進，當時是為了探討人們對於約翰・甘迺迪在1963年遭到暗殺事件的記憶。幾十年過去了，許多人對這個事件仍彷彿歷歷在目。

　　較為近期，許多事件已被檢定出來，它們容易令人產生閃光燈式記憶。這些震撼性事件包括紐約世貿中心（雙子星大廈）遭受恐怖攻擊、黛安娜王妃的意外身故及挑戰者太空梭的高空爆炸等──顯然，它們的衝擊性視不同文化而異。

圖書館進了一批新書，需要先經過編目，然後是送上書架貯存，等到需要時再檢索出來。這過程類似於訊息的編碼、貯存及提取，以便你能夠從記憶貯藏室浩瀚的訊息中，提取你所需要的一小片段的訊息。

你先注視左邊圖案，將之放在你記憶中，然後注視右邊圖案，試著把兩幅圖案結合起來。如果你擁有全現心像，你可以看到第三幅圖案中63的數字。

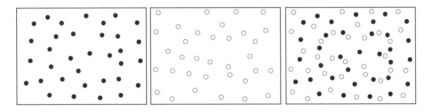

＋知識補充站

全現心像（eidetic imagery）

有些人宣稱擁有照相記憶（photographic memory），它的正式術語是「全現心像」。這表示實體刺激雖然不復存在，但彷彿仍在面前一樣，當事人可以清晰地「看見」該刺激的表象，也能回憶圖畫的各個細節。

全現心像不同於後像（afterimage），也不同於映像記憶，它的保留期間遠為長久。根據估計，大約8%的兒童（在青少年期之前）擁有這樣的能力，但是成年人則絕無僅有。為什麼全現心像的能力會隨著時間消退，至今仍沒有令人滿意的理論被提出。

3-5 記憶的歷程（二）

（四）記憶是一種再建構的歷程

當我們聽到一則不熟悉的故事時，在編碼階段，我們可能根據自己的期望或所貯存知識來解讀故事的情節，這稱爲建構的記憶，而同樣情形發生在提取階段，就稱爲再建構的記憶（reconstructive memory）。這表示當我們自以爲對事件記得很正確時，其實完全不是那麼一回事。

1. 證人記憶（eyewitness memory）

當記憶是經過建構和再建構的歷程時，那就避免不了會發生記憶的扭曲。關於證人記憶，羅芙特（Elizabeth Loftus）是這方面研究的權威。在她的一項實驗中，受試者先觀看一段汽車相撞的影片，然後被要求估計當時的車速。第一組受試者被發問：「當汽車撞毀（smashed）在一起時，車速有多快？」，第二組則使用強度較低的動詞：碰觸（contacted）。實驗結果發現，第一組受試者對車速的估計快多了。經過一個星期後，所有受試者被發問：「你有看到任何玻璃碎片嗎？」事實上，影片中並未出現玻璃碎片。但是「撞毀」組有35%受試者表示看到，「碰觸」組則只有14%。

顯然，發問所使用的動詞改變了受試者對目擊事件的記憶，使得受試者利用合理的推斷來填充情節中間的空隙。因此，證人對所看到事件的記憶，很容易受到「事件後訊息」（post-event information）的扭曲。

2. 誘導性提問（leading questions）

假使你身爲車禍或犯罪行爲的目擊者，你被要求在法庭上接受質問，那麼律師可能設法說些事情（措辭的方式）就很容易改變你對事件的回憶。

在羅芙特的另一項實驗中，受試者先觀看車禍的短片，在關鍵的問題上，第一組受試者被發問：「你有沒有看到那個破掉的車燈」（「Did you see the broken headlight?」）；第二組則被發問：「你有沒有看到一個破掉的車燈？」（「Did you see a broken headlight?」），結果第一組有較多人答「有」。在英文中，「the」是定冠詞，它使得問句變得具有誘導性，意思成爲「那裡眞的是有個破掉的車燈，問題是你看見了沒有？」但是「a」就沒有先行的假設，因爲「a」是個不定冠詞。

這些實驗說明，我們的記憶是一種再建構的歷程，我們往往無法辨別記憶表徵的原始來源。我們的記憶就像是一幅美術拼貼，根據你過去經驗的不同成分再建構起來。

（五）長期記憶的提取

探討長期記憶的提取，最常用的兩種方式是回憶法和再認法。

1. 回憶法（recall）：在回憶法中，受試者只能根據少許的線索回憶出長期記憶中的訊息。一般考試中，所謂的填充題、問答題及名詞解釋就是屬於回憶法。

2. 再認法（recognition）：在再認法中，受試者必須從一些選項中挑選正確的訊息，或者指認所呈現訊息是否在先前出現過。一般考試中，選擇題、是非題及配合題在性質上都是屬於再認法。一般來說，學生在再認法上的表現優於回憶法，這是因爲再認法提供較多的提取線索。

在法庭詰問中，律師深知如何以不同字眼描述汽車事故，這將會影響目擊者對事件的回憶。

記憶的測量方法

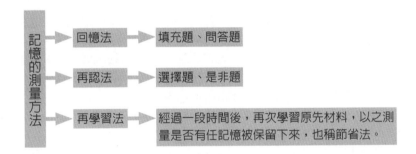

記憶的測量方法
- 回憶法 → 填充題、問答題
- 再認法 → 選擇題、是非題
- 再學習法 → 經過一段時間後，再次學習原先材料，以之測量是否有任記憶被保留下來，也稱節省法。

✛ 知識補充站

復活的記憶

「多重人格疾患」經常被認為起源於童年虐待，特別是性虐待。病人往往在接受催眠治療時，「恢復」他們童年受虐的記憶，許多人進而控告他們父母。在一些案例上，父母被判定有罪而入獄服刑。但在另一些案例上，父母洗刷清白（經由當年的檔案資料，如他們當時在國外任職），他們反過來控告治療師，因為對方誘發及灌輸不實的記憶在他們成年子女身上。催眠下的記憶是真實的、編造的，抑或受到治療師的誘導？這方面的爭辯至今莫衷一是。

記憶的「錄影機理論」指出，大腦就像是一台錄影機，它把我們所有聽過、看過、感受過的訊息統統記錄下來，永久加以保存。唯一的問題是如何倒帶，找出我們想要的那一段。但研究已顯示，記憶倒帶的說法（主要是採用催眠）不符合實際情形。有些訊息從來就未進入，有些半途流失了，還有些則被變更以配合新進來的訊息。

3-6 遺忘的原因

為什麼我們會忘記一些事情？為什麼訊息已被移進長期記憶中，但還是會遺忘？

（一）消退論（decay theory）

我們所學習的內容會在大腦裡留下記憶痕跡（memory trace），隨著時間的延長，這些痕跡會逐漸衰退，如果長時間不再復習，就可能完全消失，這稱為記憶的消退論。這種說法似乎合情合理，我們對生活中一些事情或人物的記憶，隨著時間一久就淡忘了。

從適應的角度來看，這有點像是「用進廢退」的原理，即我們長時間不用的技能將會退化。一般認為，消退論可以解釋感官記憶和短期記憶迅速而被動的消失，但不能充分說明長期記憶的遺忘原因。

（二）干擾論（interference theory）

這種觀點指出，遺忘不是純粹時間因素所致，它是因為訊息的互相干擾，使得訊息無法被提取出來所致。當訊息愈為相似的話，產生的干擾愈大。

干擾可分為兩種情況：一種是新學習干擾個人對原先學習的保留或回憶，這稱為逆向干擾（retroactive interference）。但如果是先前學習的內容干擾了個人對新材料的學習和回憶時，這稱為順向干擾（proactive）。

如果你更改過你的電話號碼，你應該經歷過順向干擾和逆向干擾二者。起先，你發現很難記住新的電話號碼，因為原先號碼不時地浮現心頭（順向干擾）。然後，當你終於可靠地記住新號碼後，你發現自己已無法記起原先號碼，即使你曾經那般熟悉該號碼（逆向干擾）。

（三）提取失敗論（retrieval failure theory）

這種觀點指出，記憶並未隨著時間而消退，而是隨著時間的延長，提取線索變得不足或不當；或者原先記憶隨著新訊息的進入而變更，使得提取發生困難。

前面所提的「舌尖現象」就是提取線索不足或不當所造成。對於記憶的內容而言，記憶過程發生的時間、地點及你當時的心情等都構成了日後回憶這些內容的線索。你在回憶的時候，如果一時想不起來，你不妨依循這些線索來進行記憶搜索。

（四）動機性遺忘（motivated forgetting）

這是精神分析論創始人佛洛依德提出的解釋，遺忘的發生是因為當事人有意地壓抑過去不愉快的經驗所致。這表示遺忘的背後隱藏了個人不願意記憶的動機，因此稱之為動機性遺忘。

在一項研究中，受試者被要求學習一些東西，而實驗人員對待他們的態度很惡劣（相較於親切）。研究結果顯示，當學習經驗是負面時（相較於正面），受試者稍後記得較少。另一項研究則發現，剛分娩過的母親被要求報告她們所承受之疼痛的性質和數量。幾個月後，她們被要求再度評估一次，她們這一次都報告較不疼痛。

關於遺忘的原因，前述的所有觀點不一定是自相矛盾的，它們反映的是不同心理學家的不同視角，有助於我們理解發生在自己心理最深層次的神祕現象。

你過去的學習可能使你較難以登錄新訊息，稱為順向干擾。你現今的學習可能使你較難以提取先前訊息，稱為逆向干擾。

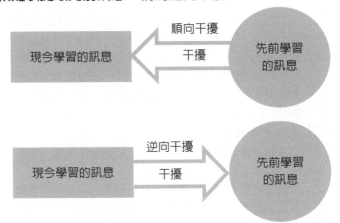

如果你是服務生，你如何運用精心的複誦以使每位顧客拿到正確的餐點。

＋知識補充站

幼年經驗失憶（infantile amnesia）

「幼年經驗失憶」是指大多數人長大後，都不記得幼童時期（5歲之前）的經驗。根據現今認知心理學的解釋，幼童的世界極不同於他15年後的世界。在幼童的世界中，桌子高不可攀，椅子要拼命才爬得上去，成年人更是個個像是巨人。因此，幼童這時的記憶必然是依據他當時的情境來登錄的。等到他長大後，他當然缺乏特定、適合的線索來提取那些記憶。

另一種解釋放在登錄（編碼）的層面上，即幼童貯存記憶的能力不足。這可能是幼童的腦神經系統尚未發育成熟；也可能是他們尚未發展出基模（schema）的認知架構，使得他們的經驗還無法被有組織、有系統地貯存起來。

3-7 增進記憶的方法

　　從前面的討論中，你已知道一些增進記憶的方法。首先，在感官記憶階段，你應該集中注意於所要學習的訊息，否則它們很快就會消失。然後，你應該利用簡單複誦以維持訊息於短期記憶；你也可利用意元集組以擴充短期記憶的容量。最後，在長期記憶方面，你可以利用有組織及有意義的聯結、精密化、深層處理，以及雙碼貯存等策略以增進記憶。除此之外，你還可利用一些視覺和語文的形式來組織訊息，這些增進記憶的方法稱為記憶術（mnemonics）。

（一）位置法（method of loci）

　　位置法最先是由古希臘和羅馬的演說家所採用，以便記住長篇演說的各個段落。後來，它被援用來記住一長串名稱或物件的順序。

　　使用這種方法，你首先把想要記住的事物與你很熟悉的一系列位置聯想在一起，諸如你上學路途中一些突顯的場所，或是你住家從客廳到廚房的一些地點。當需要記起這些事物時，你只要循序想起這些熟悉的位置（你心理上走一遍這條路線），那麼你心像中放在那些位置上的事物就被回憶出來。

（二）字鉤法（peg-word method）

　　在字鉤法中，你首先建立一套自己熟悉的「記憶掛鉤」，它們是你容易記住，不需要再花費心力加以記憶的一連串線索。然後，你把想要記住的事物建立跟這些掛鉤的心像聯結。稍後，當你試圖回憶這些事物時，你的掛鉤就可提供你提取線索。

　　在英語中，經常被使用的一組字鉤是：

one is a bun（小圓麵包）	four is a door（門）	seven is a heaven（天空）
two is a shoe（鞋子）	five is a hive（蜂巢）	eight is a gate（水閘）
three is a tree（樹）	six is a sticks（球棒）	nine is a line（直線）　　ten is a hen（母雞）

你可以注意到它們具有編號和押韻的效果，很容易就朗朗上口。

（三）關鍵詞法（the keyword method）

　　這是用於學習外國語文的方法，它首先找出跟外語單字發音相同或相似的本國詞句（稱為關鍵詞），然後利用心像圖使得二者的意思產生聯結。例如，英語的「restaurant」，你可以想像：「餐廳」沒開冷氣，使得你「熱死腿軟」。這也被稱為諧音法，或右腦圖像法，它結合了聲音、故事及情境等因素。當你初學外國語文時，這對於你記憶陌生單字有不錯的效果。

（四）字詞聯想法（the method of word association）

　　前述三種記憶術是利用心像，字詞聯想法則是利用語言的組織。

1. 字首法（acronym）：這是把想要記憶事項的第一個字母或單字，設法加以聯結為有意義的單字或詞句。例如，記住太陽光譜七種顏色（red、orange、yellow、green、blue、indigo、violet）的方法是把它們組成一個姓名，Roy G Bir。

2. 諧音法：這是利用諧音把無意義的材料轉換成有意義的詞句。例如，記住 $\sqrt{2} = 1.414$（意思意思）；記住 $\sqrt{3} = 1.732$（一妻三兒）。

位置法：假使你上學途中會經過一些地點，你可以把想要記住的事物（如購物清單）與那些地點聯想在一起。

字鉤法：個人先建立一套自己熟悉的「記憶掛鉤」，再把想要記住的事物依序掛在鉤上。這是一種聯結記憶法。

第4章
思　維

4-1 概念形成

　　人類在很多能力上遠不如其他動物。例如，人類跑不快，感官不靈敏、力氣不大、身體也不夠靈活。儘管有這麼多缺失，但是在自然界的殘酷生存競爭中，人類竟然脫穎而出，而且締造了燦爛的文明。我們所憑藉的是什麼？那就是我們的頭腦。更具體而言，就是我們的理性、思考能力及創造能力。

　　早在現代心理學發展之初，心理學家就對思維深感興趣。但是由於行為學派的興起，認知的研究一度式微。直到1960年代後，思維才重新成為心理學的研究主題。

　　思維牽涉到概念形成、推理、判斷、決策及問題解決等心智活動。但事實上，這些活動是高度相關的認知歷程，不易加以區別。

（一）分類（categorization）

　　我們所居住的這個世界充滿了無數的個別事件，你必須從中不斷地抽取訊息，把它們組合為較小、較簡易的樣式，以便你能夠在心理上加以處理。例如，為了獲得「小狗」（doggie）這個字詞的意義，兒童必須能夠貯存這個字詞被使用的每種場合，以及貯存關於該情境的訊息。以這種方式，兒童發現到「小狗」所指稱的共同核心經驗：四隻腳而有皮毛的動物。

　　此外，兒童還必須了解，「小狗」指稱的不僅是特定一隻動物，而是適用於「整個類別」的動物。這種「對一些個別經驗加以分類」的能力是能夠進行思考的有機體的最基本能力之一。

（二）概念（concepts）

　　你所形成對各種分類的心理表徵稱為「概念」。除了具體事物外，概念也可能是表徵一些特性（properties），如「綠色」或「重量」；表徵一些抽象觀念（abstract ideas），如「正義」或「真理」；以及表徵一些關係（relations），如「A比B高」或「A比B聰明」。每個概念代表你對外界經驗的一種簡要、概括的單位。至於命題（proposition）是可以辨別真偽的最小單位，它是由概念所組成，用以表徵許多形式的訊息。

　　形成概念也就是分類。從功能上來看，這有助於我們對事物的認識及預測。當然，我們的分類也不是一成不變的。不同族群對於事物會有不同的分類，有時候這與生存環境有關。例如，愛斯基摩人有很多關於雪的詞彙，用以描述不同狀況的雪；菲律賓的哈努諾人（Hanunoo）對稻米的種類有92種名稱；阿拉伯人對駱駝有許多不同稱呼方式；中國人對親戚的稱呼遠多於西方人。

（三）心像（mental image）

　　語言當然是表達思想的工具之一。但是，思考一定要透過語言來表徵嗎？研究已發現，除了語言外，思考也能以「心像」的形式呈現。

　　視覺思考（心像思考）增進了我們思維的複雜性和豐富性。但其實，我們也能運用另一些感官進行思考，如聽覺、味覺、嗅覺及觸覺等。但是，這些形式的思考很少受到研究。

認知科學嘗試整合認知心理學、哲學、語言學、電腦科學（特別是人工智慧）及神經科學等領域的研究。

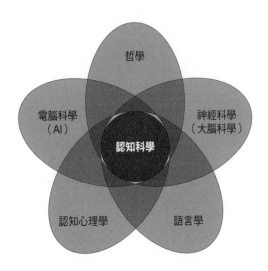

人類使用兩種主要的思考方式：

4-2 推理（一）

我們在日常生活中經常從事推理及決策，只是我們不太自覺而已。例如，「他今天神清氣爽，他一定心情很好」（推理）；「早餐吃些什麼」（決策）等等。考慮一下這樣的推理：

前提1：假使她喜歡我，她會跟我一起出去。　前提2：她答應跟我一起出去。

結論3：因此，她必然喜歡我。

在這個推理中，前提1是錯誤的。「她會跟你一起出去」可能有許多理由，如搭個便車、免費吃頓午餐等，不一定是因為「喜歡你」。許多人容易為情所困，他們就是犯了這樣的邏輯錯誤。

（一）歸納推理

推理（reasoning）又稱邏輯推理，它是指從已知條件推導出未知結論的過程，可被分為歸納推理（inductive）和演繹推理（deductive）兩種。歸納是指從特殊到一般的推理方式，也就是從許多特例中總結出一般性的普遍規律。它是利用現存的證據以提出可能的結論，但不是必然的結論。

前兩個星期的週末假日，高速公路塞車。　前一個星期的週末假日，高速公路塞車。

這一個星期的週末假日，高速公路塞車。　歸納：每逢週末假日，高速公路就會塞車。

你可能覺得不一定如此。例如，遇到下雨天或寒流來襲時，週末假日的高速公路就不會塞車。所以，歸納推理是根據經驗所作的可能性判斷，它的結論不是確定不移的，隨後的經驗可能就加以推翻。

在真實生活中，你解決問題的能力有很大部分是依賴歸納推理，那些在過去奏效的方法應該也能解決現在面對的類似問題。這樣的類推（generalization，或概判）加速了當前的問題解決。但是，歸納推理也容易造成你的「心向」（mental set），使你一味地採用先前成功的解題經驗，卻不管它們是否適用於新問題，或是否已有更具效率的解決方法。

（二）演繹推理

演繹是指從一般到特殊的推理方式，也就是先有一個普遍規律，然後從這個規律推導出特定的事例。演繹推理有許多種形式，三段論法（syllogism）是其中之一，它是由亞里斯多德（Aristotle）在兩千多年前首先提出。考慮下列這個三段論法：

前提1：所有有引擎的設備都需要石油。　前提2：汽車需要石油。

結論3：汽車具有引擎。

這個三段論法儘管在邏輯推理上是不正當的（因為許多沒有引擎的設備也需要石油），但它的結論卻符合事實。心理學家發現，許多人在這樣的推理上容易發生誤判。也就是「結論為真，就判斷關於前提的推論也是正當的」。為什麼呢？

這種現象稱為「信念偏差效應」（belief-bias effect），即人們傾向於把他們認為值得信賴的結論判斷為正當的，至於不符他們信念的結論則易被判斷為是不正當的。

推理範例

> 所有老虎都有四條腿。
> 我有四條腿。
> 所以，我是老虎。

✚ 知識補充站

在進入下一單元之前，你不妨先試做下列的問題：

一、河內之塔（Tower of Hanoi）的問題：A樁上有幾個碟子必須被移至C樁，規則是一次只能移動一個碟子，而且大碟子不能放在小碟子上面。請以最少的步驟完成。

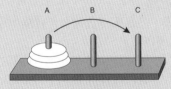

二、把這六根火柴組成四個等邊三角形，不能折斷火柴。

三、傑克以60元美金買一匹馬，然後以70元賣掉。隨後他又以80元買回來，再以90元賣掉。請問在這樣買賣中，他賺了多少？(a)不賺不賠；(b)賺10元；(c)賺20元；(d)賺30元。

＊答案請參考下一單元。

4-3 推理（二）

　　當政治人物大放厥辭時，你不要因爲他的結論（如減稅、綠能）符合你的心意，你就放鬆對它的前提的檢驗，這將是偏袒你預先所持的信念。同樣的，你也不要因爲他的結論不符合你的理念，你就全盤推翻它的邏輯推理，這將是喪失了理性探討問題的機會。

（三）條件推理

1. 在日常生活中，我們經常不自覺地運用推理。例如，「如果明天不下雨，我們就去打籃球」，「如果沒意外的話，我會在30分鐘內到達」，「除非你做完家庭作業，否則不許看電視」。關於先滿足一定的條件才能實現後面目標，這種形式的推理稱爲條件推理（conditional reasoning）。

　　在下圖的四張卡片中，每張卡片的一面是數字，另一面是字母。請以最少次數翻卡片，以便確認這個規定：「如果卡片的正面是母音字，那麼另一面必定是偶數」。

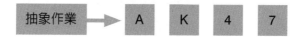

　　你會選擇翻看哪幾張卡片呢？大部分人翻看了A和4兩張卡片，但是正確答案是A和7。A是母音字，如果它背面不是偶數就違反規定，所以應該檢驗。K不是母音字，即使它背面是偶數也不違反規定，所以不必檢驗。4是偶數，就算它的另一面不是母音字，還是不算違反規定。7是奇數，如果它背面是母音字，那就違背了規定，所以應該檢驗。

　　在這項「華森選擇作業」（Wason selection task）的實驗中，只有10%左右的人選擇正確。這使得研究學者大爲懷疑人們有效推理的能力。

2. 後繼的研究發現，人們之所以出現推理錯誤，乃是因爲上述卡片實驗與現實脫節，使得人們不能應用他們眞實世界的知識於這個作業上。

　　心理學家把上面四張卡片換成四張個人資料片，一面寫的是年齡，另一面寫的是所喝的飲料。至於所檢驗的規定則是：「如果一個人喝含有酒精的飲料，他必定已年滿18歲」。

　　現在，你認爲至少應該檢查哪幾張資料卡？這個問題的邏輯同上面問題完全一樣，只是內容更改，結果75%的人都選對了，即「喝啤酒」和「16歲」。

　　這表示人們日常的推理相當受到情境的影響，這些情境是否眞實及具體將會產生不同的結果，至於抽象推理的能力則較爲貧乏。

＋知識補充站

上一單元的解答：

一、完成「河內之塔」問題需要7個步驟，如下所述：

首先，最大的碟子（碟子3）需要移到C樁→次目標

其次，為使碟子3能移動，需要先移開碟子1和2→次目標

接著，一定要先移開碟子1，但移至B樁或C樁→次目標

設定這些次目標，你就可依序完成任務：

1. 碟子1移到C樁→完成第三個次目標

2. 碟子2移到B樁→完成第二個次目標

3. 碟子1移到B樁

4. 碟子3移到C樁→完成第一個次目標

5. 碟子1移到A樁

6. 碟子2移到C樁

7. 碟子1移到C樁→解開謎題

江湖傳說，河內的一群和尚正在解決這樣問題，但是碟子達64個之多。據說謎題破解之際將是世界末日來臨之時。但即使每秒鐘移動一個碟子，也需要一兆年才能完成任務。請你放心，你看不到那一天。

二、這些火柴必須搭成金字塔般的立體形狀。只在平面上擺置，一定無解。

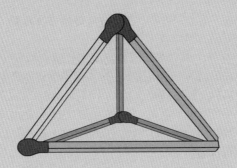

三、正確答案是賺20元，你應該視之為兩筆買賣。許多人當作一筆買賣，很容易選(b)的錯誤答案。

4-4 問題解決（一）

　　所有的認知活動在本質上可說是為了解決問題。事實上，本章所討論的概念形成、推理及決策也都是一種問題解決（problem solving）。問題解決需要你結合當前的訊息和貯存在記憶中的訊息，以便達成一些特定目標。

（一）問題空間（the problem space）

　　什麼是問題？良好的問題應該具備幾個條件：(1)初始狀態（initial state），說明問題的起點是什麼；(2)目標狀態（goal state），說明所要達到的狀態是什麼；(3)操作規則（operations），說明可利用來解決問題的規則。這三個部分界定了所謂的「問題空間」。假使具備這些條件就是定義良好的問題（well-defined problems），否則就是定義不良的問題（ill-defined problems）。例如，數學上的問題大都是定義良好的問題；至於房屋裝潢、景觀設計及寫小說等是屬於定義不良的問題。

（二）問題呈現方式（problem representation）

　　問題表徵的方式往往直接影響問題解決的難易。試看下面的問題：「你有一塊西洋棋盤（參考右頁圖形）。現在，它有兩個角被切掉了，共剩有62個方格。假設你有31個骨牌，每一個正好可以遮蓋棋盤的2個方格。你能否利用這31個骨牌把所有的棋盤方格都遮住呢？」

　　許多人覺得這個問題不太容易回答，他們在心理持著骨牌擺了半天，也擺不出一個所以然來。那麼換作下面的問題呢？

　　「在一個偏遠的小村莊，有32個年輕單身漢和32個未婚少女，村長努力作媒，即將促成32對姻緣。但在婚禮前夕，兩個年輕單身漢不幸意外喪生。請問村長能否就剩下的62個人中，撮合31對美滿婚姻呢？」

　　你很清楚答案是「不可能」。但是，兩個問題的意思完全相同。既然每一個骨牌所能遮蓋的是一黑一白2個方格，如今切掉2個白的方格，自然無法遮滿。

（三）解決問題的策略

1. 算則法（algorithms）

　　算則法也稱「定程式法」，它是一種隨機的尋求方式，即電腦解決問題的方法。它是把所有可能的步驟一一列出，直至找到正確答案為止。例如，你忘記自行車號碼鎖的數字，你如果採用算則法，那麼你可以從「0000」開始，然後「0001」、「0002」、……。這種方法保證你可以找到正確的數字組合，但是這樣太缺乏效率了。

2. 捷思法（heuristics）

　　捷思法是利用從過去經驗中獲得的一些技巧或規則，將之套用於當前的問題。這種認知策略也被稱為經驗法則（rules of thumb）。例如，你如何把ENRLA五個字母組成有意義的單字？如果採用算則法，你就要列出120種可能的組合方式，這太費時了，但如果你運用英文的知識，知道EA經常一起出現，再把R放在EA後面，想起有LEARN這個單字，很快就浮現答案。捷思法較具效率，但不保證一定能找到答案。

一、你是否能夠用31個骨牌（每一個可以蓋住兩個方格）蓋滿62個方格的棋盤呢？

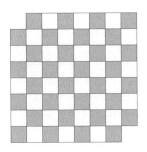

二、放射線─腫瘤問題

Q：病人體內有一個惡性腫瘤，不能開刀，只能以放射線加以消滅，但需要很強的劑量。在這麼強劑量的照射下，放射線一路經過的正常細胞也會被破壞，得不償失。如何加以解決？

A：你可以從體外許多不同角度，同時射入幾股較弱的放射線，使之匯集在腫瘤之處，以達成療效。但是各股較弱的放射線不會破壞正常細胞。

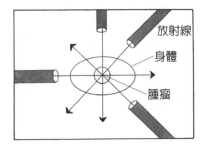

放射線
身體
腫瘤

三、倒推法的問題

Q：桌上擺著15粒開心果，你跟朋友兩人輪流拿取，每個人一次最少要拿一粒，最多只能拿3粒，拿到最後一粒的人算贏。請問：如果你先拿的話，你有必勝的訣竅嗎？

A：面對這個問題，你最好使用倒推法。為了拿到第15粒開心果，你必須先拿到第11粒，就必然穩操勝算。為了拿到第11粒，你就要保證自己先拿到第7粒，依此類推，你一定要先拿到第3粒，再依樣畫葫蘆，擔保你一定是贏家。

4-5 問題解決（二）

捷思法有許多變化形式，諸如手段－目的分析（means-end analysis）、類比法（analogy）、倒推法（working backward）及排除法（exclusion）等。

前面所提「河內之塔」的解題便是屬於手段－目的分析，它是建立許多次目標，然後逐步排除目前狀態與次目標之間差異，最後達到總目標。

類比法是利用舊問題的架構來引導新問題的解決。

在倒推法中，我們是從目標反推到開始點。例如，在走迷津遊戲中，如果從起點出發，你會碰到許多歧路，很容易就走入死巷。但如果你是從終點開始走到起點，你很快就能找到正確的路徑。

排除法是透過排除一些肯定不能達到要求的方案，逐步縮小我們搜索正確答案的範圍，從而達成問題的解決。這種方法特別適用於選擇題。當有一些選項是我們不能確定時，排除法有助於提高我們的命中率。

3. 腦力激盪法（brainstorming）

這是一種發散性思維方式。所謂激盪，就是要求在搜索問題的解決方法時，集思廣益，任何意見都作成記錄，不論是否切題中肯，都加以接納，先不作評價，頭腦完全採取一種開放的狀態。這種方法往往能夠產生一些有創意的解決方案。

4. 頓悟（insight）

有些問題本身不是我們按照常規的分析就能逐步解決。這些問題經常需要我們理解整體情境的各元素之間關係，也要求我們跳脫原來的思維模式，換一個角度來看待問題。

儘管在先前解決問題時，你已浸淫良久，但再怎樣苦思冥想，還是看不到希望。這可能是你的動機太強，就不容易擺脫原有的桎梏。隨著你的思維進入潛伏期（incubation），在一個不經意的時刻，突然靈光一閃，問題答案就像閃電一樣在你眼前劃過，這稱之為頓悟。希臘物理學家阿基米德在泡浴缸時發現比重原理，便是這種現象的最著名例子。這種對問題關鍵因素豁然貫通而得到答案的體驗，也稱為啊哈經驗（aha experience）。

（四）問題解決的阻礙因素

1. 心向（mental set）

人們傾向於重複採用先前成功的經驗來解決新問題，卻沒有注意到它們在當前的情境中是否恰當，或是否有更具效率的新方法。在右圖的容器問題上，當你從前二個問題發現到「B－A－2C＝答案」的概念規則後，你會在第三個問題上也套用相同公式，卻發現行不通了。實際上，你只要簡單地以「A－C」就能取得正確水容量 。這就是心向妨礙了你的問題解決。

2. 功能固著（functional fixedness）

心向主要是指我們在運用問題解決策略和方法上發生的「思考」束縛。至於功能固著則是指我們在運用工具和其他物件上，受到它們原來功能的影響，不能想到它們也有其他用途。如右圖所示，直到你看出螺絲起子也可當作擺錘，問題就能解決。許多創造性問題解決的課程，就是在訓練人們突破這種功能固著的現象。

一、心向的問題：

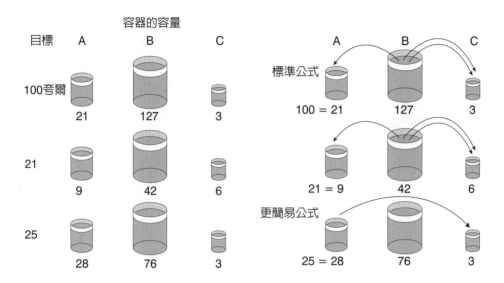

容器的容量

目標　A　B　C

100夸爾　21　127　3

21　9　42　6

25　28　76　3

標準公式　A　B　C
100 = 21　127　3
21 = 9　42　6

更簡易公式
25 = 28　76　3

二、功能固著的問題：

　你如何只利用房間中的物件（1顆乒乓球、5根螺絲、一把螺絲起子、一杯水及一個紙袋）把兩條繩子綁在一起？

4-6 判斷與決策（一）

　　早期經濟學家假設，人們會在充分考慮得失之後，做出符合自己最大利益的決定，也就是說人們在從事決策時是非常理性的。但真的如此嗎？

　　判斷（judgment）是指你基於現存訊息而對一些人、事、物形成意見、從事評價及導致結論的歷程。決策（decision making）則是指在多個選項之間進行選擇的歷程，它跟個人行動有較密切關係。

（一）捷思法與判斷

　　許多判斷任務要求我們付出的認知能力已超過我們訊息處理的容量，在這種情形下，我們會訴諸一些策略，稱為捷思法（heuristics，或直觀推斷）。捷思法是一些心理捷徑，使得我們能夠迅速而有效率地從事判斷。它們是一些非正式的經驗法則，就類似於直覺。

1. 便利性捷思法（availability）

　　我們估計事件發生的可能性，經常受到它的例證是否容易浮上心頭所影響，這稱為便利性捷思法。

　　在英文單字中，以K為首的單字和以K為第三個字母的單字中，何者較多？大部分人認為前者較多，因為人們較容易想起以K為首的單字。事實上，以K為第三個字母的單字數量遠多於前者。這表示人們的判斷是建立在他們從記憶中較為迅速而容易取得的訊息上。這本來是合情合理，但是當記憶歷程所提供的是有偏差的訊息樣本時，我們的判斷便會發生差錯。

　　研究人員要求受試者估計各種死亡原因的或然率，結果發現人們經常高估車禍、凶殺、龍捲風等死亡原因，卻低估像是中風、糖尿病及心臟病等實際致死率。為什麼呢？媒體效應所造成。前者經常受到媒體的大幅報導，加深人們印象，使得人們較容易提取這方面訊息所致。你是不是認為外勞經常聚眾鬧事？精神病患經常無故傷人（就像一顆顆不定時的炸彈）？大致上也是基於媒體效應。

2. 代表性捷思法（representativeness）

　　當估計事件的可能性時，我們經常以該事件在這類事件中的代表性作為估算的基礎，這稱為代表性捷思法。例如，一個人喜歡象棋，你判斷他應該也會喜歡西洋棋，這種依循「相似性」路線進行判斷的做法，正是歸納推理的本質所在。然而，當代表性捷思法使得你疏忽另一些相關訊息時，你的判斷便會發生差錯。考慮這個例子：

　　「傑克被那些認識他的人描述為安靜、勤勉而內向。他很注重細節、不是很果斷，也不特別愛好社交。」現在，你認為他較可能是一位圖書館員？抑或是一位業務員？大部分人根據職業刻板印象會押注在「圖書館員上」。但是，你顯然沒有考慮到，我們社會中，業務員的人數大約是圖書館員人數的100倍。再者，同樣是業務員，有些人推銷的是專門化、高科技的設備，推銷對象是一些科研人員。因此，許多人在這項判斷上犯錯是因為忽視「基本率」（base rate）的訊息，他們沒有認識到全盤的或然率。

定錨捷思法的實例說明：

你先找來5位同學，請他們在5秒鐘內估計下列的乘式，然後寫下他們的答案：

A. 1×2×3×4×5×6×7×8 = _____

你另外再找來5位同學，同樣是5秒鐘，請他們估計第二道題目：

B. 8×7×6×5×4×3×2×1 = _____

　　研究人員要求受試者回答這個相同問題的兩種排列，A組受試者所得估計值的中數（median）是512，B組的中數是2,250，但真正答案是40,320。當時間不夠時，受試者在5秒鐘內只能得到局部答案，他們據以向上調整。隨著局部答案的數值愈大，他們最後的估計值也將愈大，這便是定錨調整捷思法。

代表性捷思法的實例說明：

　　你不妨找來10位同學，問他們這個問題：當拋擲一枚公正無私的硬幣六次時，呈現「正反正反正反」的機率與呈現「正正正正正正」的機率，何者較大？

　　你會發現，大多數同學回答前者的機率較大。但從純數學的角度來看，既然每次拋擲硬幣時，出現正面或反面的機率是相同的，所以上述兩種呈現順序（拋擲六次）的機率也是相同的，即都是二分之一的六次方。

　　這便是「代表性捷思法」在作祟，人們認為前者排序較像是隨機的結果，也就較具代表性．至於連續出現六次正面的情形很少發生，機率應該較小才對。

　　在二戰後的「嬰兒潮」時期，民間有所謂的「七仙女現象」，便是植基於這樣的信念─我已經連生六個女孩，不太可能下一個還是女孩吧！

✚ 知識補充站

建立在謬誤上的城市

　　你站在賭城的輪盤前，輪盤已連續出現七次黑色號碼，你下一把應該押注在黑色或紅色上？大部分人會選擇紅色，他們認為「再繼續出現黑色的機率太低了吧！」，事實上，輪盤賭具沒有記憶，每次出現黑色或紅色的機會是一樣的，即二分之一。每一次的機會是獨立的，不會互相影響。

　　許多賭徒不能認識這個事實，就被稱為賭徒謬誤（gambler's fallacy）。賭徒在連輸了好幾次後，總認為這一次就輪到我翻本了，勝的機會遠大於輸的機會（「不會一直倒楣下去吧！」），因此繼續賭下去，無法自拔。那麼多座賭城的利潤，有很大部分就是建立在這種謬誤上。

4-7 判斷與決策（二）

3. 定錨調整捷思法（the anchoring adjustment）

這是指我們會先對事件的機率值作出初次估計，然後依據這個參照點上下調整以達成最後的估計，這原本合情又合理。

但是，如果你的初始數值偏差太大，而你又太堅定地「定錨」於這個參照點，你經常會調整不足而發生差錯，這稱為定錨偏誤（anchoring bias）。例如，在一項研究中，有些學生被發問：「你認為發生核戰的機率高於或低於1%？」，這些學生所設定機率的平均值是10%。在另一些學生的問題中，1%被換成90%，結果這些學生設定的平均值是26%。

在日常生活中，推銷員就經常利用定錨法。例如，當你在考慮是否買一台立體音響時，推銷員會說：「你可能認為這下子要花上美金1,000元或2,000元，對不對？」，當你被定錨在這個高價位後，他接著表示實際價錢只要美金599元時，你就會覺得似乎很劃算。

第一印象（first impression）也是屬於定錨效應之一。當第一印象不佳時，通常需要日後許多良性的互動才能矯正過來。

（二）決策心理學

1. 決策架構（decision frame）

當從事決策時，你自然是選擇「將可帶來最大獲益」或「只會造成最小損失」的選項。但情況沒有那般簡單。你對獲益或損失的感受通常取決於這個決策被「架構」的方式。

假設你突然被公司加薪1,000元，你感高興嗎？當然高興。再假設公司高層已告訴你好幾次，你很有希望會被加薪8,000元。現在，只加薪1,000元，你的感受呢？你發覺自己好像損失不少錢，你一點也高興不起來。因此，所謂的獲益或損失沒有絕對的標準，它是部分地取決於當事人所設定的參照點（reference point），即他們的預期（expectation）。決策架構的一個經典例子列在右頁中。

2. 架構效應（framing effect）

架構效應在行銷上是一個很重要的領域。它表示同樣的價格變動，但是以不同方式架構起來（呈現出來），將會重大影響消費者的行為。因此，你會看到一些典型的廣告：「如果你在15號之前不簽約購買的話，你將會損失……」，或「第二件半價優待」等。

當選擇涉及可能的獲益時，人們傾向於避免風險，但是當選擇涉及可能的損失時，他們將會承擔風險以便把那些損失減至最低－這便是右頁所提「對抗疾病的方案」的解釋。

研究已顯示，假使你想要人們從事對自己有益的預防行為（像是使用避孕藥和保險套），那麼最好是從獲益的角度呈現訊息。然而，假使你想要讓人們接受檢測醫學（如HIV檢驗或乳房攝影術），那麼強調負面（不利）後果的訊息最能奏效。

架構效應：「對抗疾病的方案」

想像你是一位科研人員，正著手探討一種不尋常疾病的爆發，該疾病預計會奪走600條人命，現在，兩個對抗疾病的方案被提出，第一組受試者被要求在二者之間做個選擇：

> 方案A：如果被採用，有200個人將會獲救。
> 方案B：如果被採用，有三分之一的機會600人都將獲救，而有三分之二的機會沒有人會獲救。

在這種決策架構中，72%受試者選擇方案A，其餘28%則選擇方案B。第二組受試者被呈現下列兩個選項：

> 方案C：如果被採用，有400人會死亡。
> 方案D：如果被採用，有三分之一的機會沒有人會死亡，而有三分之二的機會600人都會死亡。

在這種決策架構中，78%受試者選擇方案D，其餘22%則選擇C。事實上，就機率層面來看，方案A ＝ 方案C，方案B ＝ 方案D。為什麼從「存活」（survival）角度呈現問題，轉為從「死亡」（mortality）角度呈現問題，就導致受試者決策的完全翻轉？

✚ 知識補充站

日常生活中的決策

假使你是一位仲裁者，A飲料公司因為宣導欺瞞性的廣告而被起訴，你認為應該課以多少罰款？在一項實驗中，第一組受試者被提供的資料顯示：「有20%的機會A公司並不知道它的廣告是欺瞞的」。第二組的資料則指出:「有80%的機會A公司知道它的廣告是欺瞞的」。結果第一組建議的罰款是4萬美金，第二組則建議8萬美金。你應該看出，這兩種陳述所傳達的是相同的基本訊息，但是「正面」陳述和「負面」陳述卻造成莫大的差別。

在日常生活中，你應該試著從「獲益架構」和「損失架構」這兩種角度來思考問題。當推銷員說：「78%的A牌冷氣機在三年內不會發生故障」時，你應該把它重述為：「22%的A牌冷氣機在三年內會發生故障」。這樣的重述有助於你更客觀檢視所呈現的資料。選舉時的民意調查也經常玩這套把戲，你豈可不慎哉！

第5章
心理測驗

5-1 心理測驗概論（一）

　　從出生到年老，我們在生活中幾乎每一個轉捩點都會遇到測驗。根據估計，現今各式機構發行的心理測驗超過2,500套，更不用提你在求學生涯中需要承受之數以千計的學術測驗。心理計量學家（psychometrician）的工作就是致力於心理測驗（psychological test）的編製、評鑑、施行及解讀。

（一）心理測驗的定義

　　心理測驗（psychological test）是指運用特殊化的測驗程序以評定人們的各種能力、行為及特質，從而分析「個別差異」的科學工具。這樣的工具通常已經過標準化而建立起常模、信度和效度。

（二）常模參照測驗VS.標準參照測驗

　　常模參照測驗（norm-referenced test）是指解釋測驗結果時主要是根據受試者在團體中相對的位置。現有的標準化心理測驗都是依照這一原理編制而成。

　　標準參照測驗（criterion-referenced test）則是在施測之前就已訂定標準，施測後根據預訂標準來核對所得分數，從而判定是否達到預定標準。這類測驗不用訴諸常模，反映的是受試者的能力高低，通常被使用於教育領域。

（三）個別測驗VS.團體測驗

　　測驗可被概略劃分為個別測驗和團體測驗兩個陣營。個別測驗（individual test）是一對一施行的，通常需要由受過專業訓練的主試者實施，在時間上較為費時。在臨床和心理診斷上，大部分是採用個別測驗，以蒐集深入而詳細的個案資料。

　　團體測驗（group test）適合於同一時間施測於一大群人們，這類測驗以紙筆測驗（paper-pencil test）居多。它的優點是省時方便，可在短時間內收集到許多人的資料，合乎經濟效益。團體測驗大多使用在教育、性向及人事等測驗上。

（四）心理測驗的用途

1. 描述的功能：心理測驗可用來描述（describe）個體或群體的行為。例如，測驗結果可供我們對個人的能力、性格及興趣等特徵加以描述。
2. 預測的功能：心理測驗可供我們進一步預測（predict）個體未來的行為或成就。例如，職業興趣和性向測驗預測受試者是否適合從事某一職業。
3. 診斷與干預的規劃：心理測驗可供臨床和學校心理學家達成對個案的診斷和干預（diagnosis and intervention）。例如，智力測驗有助於「智能不足」的診斷。
4. 分類的功能：分類（classification）包括多種程序，把當事人指派到適合的類別中，主要用於安置（placement）、篩選（screening）、以及認證和甄試（certification and selection）。
5. 方案評估的功能：心理測驗可被用來評估（evaluate）教育或社會方案執行的成效。例如，啟智方案是否改善了貧困兒童的學業表現？
6. 研究的功能：測驗也在行為研究（research）的應用和理論層面上扮演重要角色，它是心理學研究的主要工具之一。

個別測驗VS.團體測驗

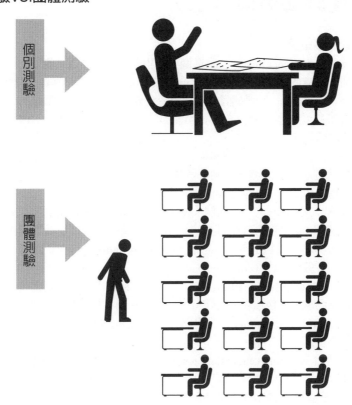

心理測驗的用途

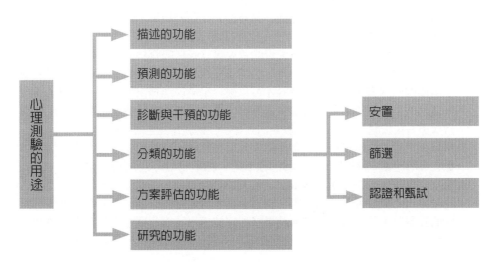

5-2 心理測驗概論（二）

（五）測驗的類型

1. 智力測驗（intelligence test）：測量個人在相對於全面領域上的能力，諸如語文理解、知覺組織或推理等，以便決定個人在學術工作或若干職業上的潛力。

2. 性向測驗（aptitude）：測量個人在相對於特定作業或特定類型技巧上的能力。性向測驗可被看作是一種狹窄形式的能力測驗，諸如文書技巧、機械能力或藝術能力的評估等。

3. 成就測驗（achievement）：測量個人在某一學科或作業上的學習程度、成績或成就。成就測驗與性向測驗的劃分較是在它們的用途上，而不是內容；前者是用來評估過去學習，後者則是預測未來表現。

4. 創造力測驗（creativity）：評估個人從事新奇、原創思考的能力，以及個人找出不尋常或意想不到的解決方法的能力（參考右圖），特別是針對模糊界定的問題。創造力測驗重視的是發散性思維（divergent thinking），而不是一般學業測驗所需要的聚斂性思維（convergent）。

5. 人格測驗（personality）：測量一些特質、特性或行為，以決定當事人的性格或個性。這類測驗包括檢核表、自陳量表（參考右圖）及投射技術等。

6. 興趣量表（interest inventory）：測量個人對一些活動或主題的喜好，因此有助於從事職業選擇。

7. 神經心理測驗（neuropsychological test）：測量個人的認知、感覺、知覺及運動表現，藉以決定腦傷的部位、範圍及行為後果。

（六）心理測驗使用的基本責任

　　長期以來，心理學同業（如「美國心理學會」）已提出一系列透徹而深慮的倫理與專業準則，以便為個別從業人員提供行動指南。

1. 案主的最佳利益：從業人員受到一個最優先問題的指導：什麼是基於案主的最佳利益？這樣的考慮是為了避免不道德的測驗實施。

2. 測驗資料的保密性：心理從業人員的首要義務是保障資料的機密性。他們在諮詢過程中從案主身上取得的資料，包括測驗結果，只有當案主或法定代理人授予明確的同意書後，這樣的資料才可以被合乎倫理地釋出給他人。這項信條的一個例外是，假使案主在測驗中透露出傷害他人或危害社會的企圖時，或施測者被徵召在法庭作證時，可能就無法對保密性條款作完全之承諾。

3. 測驗使用者的專業技術：測驗使用者必須在評鑑和測量理論上受過良好訓練和擁有專門知識，特別是關於測驗的標準化、信度、效度及解讀準確性。

4. 告知同意書（informed consent）：在測驗開始之前，施測者需要從受測者或法定監護人之處取得告知同意書。這表示後者需要被告知施測的原因、所使用測驗的類型、預計的用途、測驗結果將如何被使用，以及哪些人將有權接觸所得資料。最後，受測者應被告知他在施測中有對任何試題拒絕作答的權利。

創造力測驗的一個樣例：

問題：請以一筆畫的方式，用最少直線把9個點串連起來。

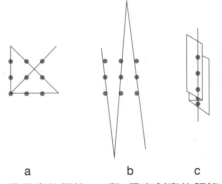

a是尋常的解答，b和c是有創意的解答。

形容詞檢核表

檢核適合描述你的語詞

( ) 競爭的　　　　　( ) 輕鬆的
( ) 拘束的　　　　　( ) 直率的
( ) 急躁的　　　　　( ) 多疑的
( ) 悶悶不樂的　　　( ) 好奇的
( ) 謙恭的　　　　　( ) 衝動的

人格測驗的自陳量表

就每個陳述是否適用於你，圈選「是」或「否」

是　否　有時候，我沒有任何原因就擔憂起來。
是　否　我在睡眠方面很少發生困擾。
是　否　我喜歡翻閱運動雜誌。
是　否　我經常會為錯失一些機會而懊悔不已。
是　否　我喜歡大型舞會，因為又喧嘩又好玩。

5-3 心理測驗的統計基本原理

　　為了理解所蒐集的資料，然後從資料中導出有意義的結論，心理學家依賴兩種統計：描述統計和推論統計。

（一）描述統計（descriptive statistics）

1. 次數分配（frequency distribution）

　　這是把原始分數按照高低排列，經過分組劃記，然後完成分數歸類統計表，從而對整體資料顯現的性質獲得概括的理解。次數分配以直方圖（histogram）作視覺呈現的話，將更易於理解。

2. 集中量數（measure of central tendency）

　　這是指在次數分布表中有一個最典型的分數可以作為整組的指標，這個單一而具代表性的分數就稱為集中量數。最常被使用的集中量數是平均數（mean）。

3. 變異量數（measure of variability）

　　變異量數是描述各個分數圍繞一些集中量數之分散情形的統計數值。它們表示次數分配的分散程度；對照之下，集中量數是表示次數分配的集中趨勢。

　　標準差（standard deviation）是被廣泛使用的一種變異量數，它指出各個分數與平均數之間的平均差距。標準差的計算公式如右：$SD = \sqrt{\Sigma(X-M)^2/N}$

　　公式中SD為標準差，X為個別分數，M為平均數，N為分數的總數。

4. 相關係數（correlation coefficient）

　　在解讀心理學資料上，相關係數是經常被使用的一種工具。它是用以指出兩個變項間相關的性質及強度的一個數值，以r來表示。r介於+1.00與−1.00之間，$r > 0$表示正相關，$r < 0$表示負相關。如果兩個變項間不存在一致的關係，r將是接近於0。

（二）推論統計（inferential statistics）

　　推論統計告訴我們，我們可以從自己的樣本和所得資料合理地導出怎樣的結論。它應用概率理論以決定一組資料的發生有多大可能性是純粹機遇所致。

1. 常態曲線（normal curve）

　　在自然界中，許多生理特徵（如身高或體重）的測量，所得次數分配經常呈現常態分布的現象。這樣的曲線中央隆起而平均延伸到兩端，逐漸下降而形成兩側對稱之類似鐘形的曲線，稱為常態分配（參考右圖）。至於偏態分配（skewed distribution）則是分數集中在左側或右側，而不是集中在中間部分。

　　在心理學方面，人們的心理特質和行為的測量結果也符合常態曲線的分布形態，特別是當常模樣本很大而又深具代表性時。常態分配是心理計量學上一個重要的概念，大多數關於測驗評分、解讀和統計分析的方法都是建立在這種次數分配的模式上。

2. 統計顯著性（statistical significance）

　　當兩個樣本的平均數之間存在差異時，我們如何知道這是「真正」差異，或只是機率（隨機因素）所造成。傳統上，當這個差異是機率所致的可能性少於5/100時，才被接受為「真正」差異，即達到顯著差異（significant difference）水準。

各種範例的相關關係

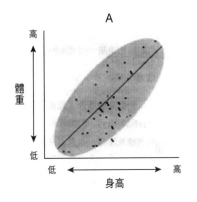

A

體重（低←→高）
身高（低←→高）

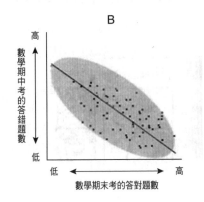

B

數學期中考的答錯題數（低←→高）
數學期末考的答對題數（低←→高）

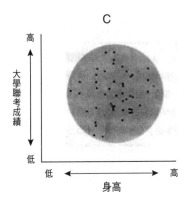

C

大學聯考成績（低←→高）
身高（低←→高）

A 為正相關
B 為負相關
C 為零相關

常態曲線與各個間距內個案的百分比

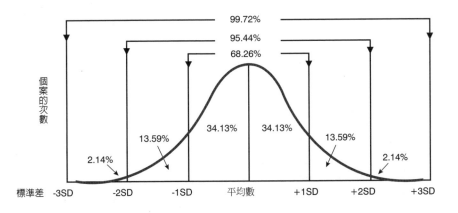

99.72%
95.44%
68.26%

個案的次數

2.14%　13.59%　34.13%　34.13%　13.59%　2.14%

標準差　-3SD　-2SD　-1SD　平均數　+1SD　+2SD　+3SD

5-4 測驗的信度與效度（一）

　　為了對人們做正確的安置和篩選，評鑑工具應該符合三個條件，即它們必須是：(1)可信賴的；(2)有效力的；及(3)標準化的。

（一）信度（reliability）

　　信度是指測量工具在產生一致的分數上的可靠程度，也就是測驗所得分數的一致性或穩定性。如果你在相隔半小時中站上體重計兩次，指針的讀數卻相差很大，這種測量工具就不具信度，你將不會信賴它。

　　各種測驗的信度都是以兩個變項分數之間的相關係數加以表示。最常用來求取測驗信度的方法有下列四種：

　　1. 重測信度（test-retest reliability）：同一測驗在前後兩次不同時間中對同一群受試者施測，然後求取兩次測驗分數間的相關係數，所得即為重測信度係數。

　　2. 複本信度（alternate form reliability）：在最初編製測驗時，就同時編製具有類似性質和內容的兩份測驗，然後以這兩個複本交替施測，再求取受試者在兩個複本測驗上的分數之間相關，所得即為複本信度係數。複本測驗可連續實施，也可相隔一段時間分兩次實施。

　　3. 折半信度（split-half reliability）：這是把受試者的測驗結果以特定的方法劃分為相等的兩半（如依據題號將之分為奇數和偶數兩組）分別計算分數，然後根據個人在兩半測驗上的得分求取相關，所得即為折半信度係數。折半信度因為是在測量測驗題目的一致性，而不是測量分數的時間穩定性，所以又被稱為內部一致性係數（coefficient of internal consistency）。

　　4. 評分者間信度（interscorer reliability）：這是先選定適宜的測驗，施行於抽樣選出的受試者們，然後由兩組（或以上）的評分者以獨立作業的方式進行評分，最後計算兩組分數間的相關係數，所得即為評分者間信度。在客觀測驗上，計分不受評分者的主觀影響，自然沒有評者間信度的問題。但是在像是投射技術、創造力測驗、行為評定表及作文等測驗上，評分涉及主觀判斷，特別應該注意評分者間信度是否合乎標準。

（二）效度（validity）

　　效度是指一份測驗能夠測量到它所聲稱在測量之特質的程度。一份測驗的效度愈高，就表示該測驗愈能達到它測量的目的。評定測驗效度的方法，通常是以一群人在某一測驗上的得分與另一個效度標準（validity criterion，簡稱效標）求取相關，所得係數即為該測驗的效度係數。至於效標則是指能夠代表該測驗所想測量之特質的一些東西。傳統上，我們把效度概分為三種：

1. 內容效度（content validity）

　　這是指對測驗內容執行系統化的審查，以決定該測驗是否涵蓋了所想測量之行為領域中的代表性樣本。就理論而言，內容效度其實不過是取樣（sampling）所具代表性程度的議題。內容效度主要用於成就測驗上。

估計測驗信度之方法的簡明圖表

方法	測驗數目	施測次數	誤差變異數的來源
重測法	1	2	隨著時間發生變動
複本（立即）	2	1	題目取樣
複本（延後）	2	2	題目取樣，隨著時間發生變動
折半法	1	1	題目取樣，折半的性質
評分者間	1	1	評分者差異

如果你以成年的身高來決定一個人的智力，這樣的測量是可靠的，但卻是無效的。

＋知識補充站

相關不等於因果

當心理學家想要知道兩個變項、特質或屬性之間關聯的程度時，他們會採用相關法。但是我們始終要記住：相關並不表示因果（causality）。無論兩變項間的相關係數有多高（即使是完全正相關），這也不表示它們其中一者引起另一者的發生。因為它們的關係也可能是受到第三個變項的影響才產生。

例如，我們不難設計實驗而求得3歲到8歲兒童的身高與智力間存在正相關，但這並不表示身高引致智力，或智力引致身高。它們之間的正相關是它們共同受到「生理年齡」（另一個變項）的影響之故。最後再提醒一次：相關並不表示因果關係的存在。

5-5 測驗的信度與效度（二）

2. 效標關聯效度（criterion-related validity）

當一份測驗顯示能夠有效推估受試者在一些成果量數（outcome measure，即效標）上的表現時，它便被證實具有效標關聯效度。

(1) 同時效度（concurrent validity）：這是指測驗分數與現有效標之間相關的程度。例如，以一份數學成就測驗施測於具有代表性的一群學生，然後所得分數被拿來與這群學生的在校數學成績（現有的效標）求取相關，所得相關係數即為該測驗的同時效度－因為效標和測驗分數是同時獲得的。同時效度特別適用於成就測驗、授予執照或認定資格的測驗，以及診斷用途的臨床測驗。

(2) 預測效度（predictive validity）：這是先對受試者實施一份測驗，然後把所得分數拿來與他們日後在學業或職業等方面的表現進行比較，兩者之間相關的程度便稱為預測效度。例如，假使大學聯考分數愈高的學生，他們進入大學後的學業成績（作為效標）也愈高的話，就表示大學聯考測驗擁有良好的預測效度。

(3) 構念效度（construct validity）：構念效度是指測驗題目的選擇具有理論上依據的程度。這種效度的驗證就是在決定測驗分數所代表的意義是否與所想要測量的構念互相符合。因此，構念效度也是內容效度的形式之一，只是內容是以理論為依據而已。構念效度的檢驗是依循「假設－檢驗」的基本科學法則，即依靠實徵資料的累積。

3. 標準化與常模（standardization and norm）

(1) 測驗想要成為可靠及有效的工具，就必須先經過「標準化」。所謂標準化是指測驗的施測過程、施測情境、計分技術、評估方法及分數解讀等方面都必須維持一致，才能獲得真實的測驗結果。在標準化的測驗中，施測材料、程序及答題時間等都有一定的規格和限制。因此，主試者每次施測時應該維持完全一致的測驗實施，避免無意中產生的暗示作用會干擾了測驗的準確性。

(2) 在心理測驗上，「常模」是標準化測驗的必備條件之一。心理測驗不像一般學校考試都以100分為滿分。因此，個人在心理測驗上拿到的原始分數（raw score）本身不具任何實際意義，你只有把它拿來與其他受試者的分數互相比較，才能顯現意義。

常模就是作為比較的基礎。建立常模的第一個步驟是先選定一個母群（根據測驗在未來所適用對象的一些特性，如年齡、性別、種族、社經地位或教育水準等），再從具有這些特性的母群中，依據隨機抽樣（random sampling）的原則，選出一群受試者作為樣本（稱為常模樣本或標準化樣本），接著讓他們接受測驗，所得分數的平均數和標準差就可作為該母群在這份測驗上的常模。最後，你拿個別受試者的分數（先轉換為標準分數）跟常模進行比較，就可以看出該受試者的分數所代表的意義。

在採集常模樣本時，測驗編製者應該注意四個要素，以確保所建立的常模能夠適用於母群。這四個要素是：(1)常模樣本的代表性；(2)常模樣本的大小；(3)常模樣本的適合度；以及(4)常模樣本的新近性。

測驗的信度

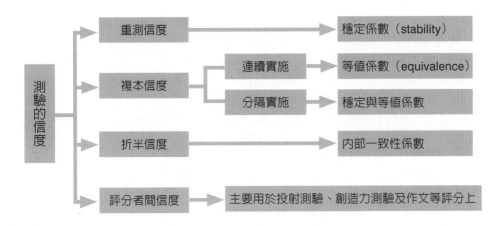

測驗的效度

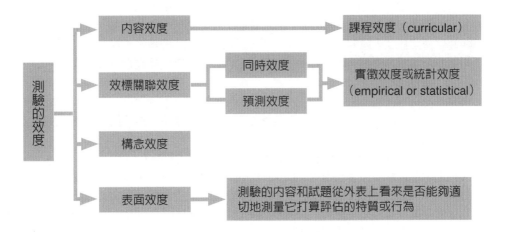

5-6 智力評鑑（一）

　　智力是非常廣泛的一種心理能力，特別是包括了推理、策劃、解決問題、抽象思考、理解複雜觀念、迅速學習，以及從經驗中學習的能力。

（一）智力測驗的簡史

　　1904年，法國公共教育部所任命的委員會決定，有些學童顯然不適合一般教學法，他們應該從正規班級被移走。爲了挑選這些需要特殊安置的學童，在教育部的徵召下，比奈（Alfred Binet, 1857-1911）及其同事西蒙（T. Simon）在1905年編製了第一份現代智力測驗，稱爲比西量表（Binet-Simon scales）。兒童在作答時需要運用判斷和推理的能力，而不只是依賴機械式記憶（rote memory）。

　　在1908年的修訂版中，比西量表引進心智水準（mental level）的概念。當一位兒童的分數相等於6歲組兒童的平均分數時，他就被認爲擁有6歲的心智年齡（mental age, MA），而不論他眞正的實足年齡（chronological age, CA）是多少。

　　比西量表傳到美國後，帶來了極大的衝擊。二十世紀初，大量移民湧入美國，這顯然需要有一套評鑑方法以對他們進行檢核及分類。再者，隨著第一次世界大戰的爆發，「美國心理學會」受託編製一份團體智力測驗，包括語文和非語文的測驗，以便對湧向徵兵站的大量新兵施測，再把他們分發到適當的訓練單位。

　　隨著這些測驗的普及化，美國大眾逐漸接受「智力測驗可以鑑別人們的一些重要特質」的觀念。評鑑（assessment）被認爲是在混亂世界中建立起秩序的一種民主方式，以之決定什麼人能夠進入高中及大學，或適合擔任什麼職務。智力測驗的結果已不只被用來鑑別有學習障礙的兒童，也被用來作爲組織整個社會的一把「量尺」。

（二）智商測驗

　　美國心理學家們發揚「量化」（quantify）的精神，他們很快就提出智力商數（intelligence quotient, IQ）的概念，以之作爲智力之數量化、標準化的數值。我們以下介紹今日最爲盛行的兩種IQ測驗。

1. 斯比智力量表（the Stanford-Binet Intelligence Scale）

　　美國斯坦福大學心理學家推孟（Lewis Terman, 1877-1956）在1916年發表比西量表的修訂版，稱之爲「斯比智力量表」。推孟在斯比量表中採用「智商」的概念，也就是以心智年齡除以實足年齡，所得商數再乘以100，即爲個人的IQ（推孟是第一位採用縮寫IQ的人士）。其數學公式如下：

$$智商（IQ）＝〔心智年齡（MA）／實足年齡（CA）〕×100$$

　　如果一位兒童的實足年齡是8歲，但他的測驗分數等於10歲年齡兒童的表現水準，那麼他的智商是125（10/8×100）。如果一位8歲兒童表現出6歲的智力水準，他的智商則是75（6/8×100）。智商100被認爲是平均智商，表示心智年齡等於實足年齡。

　　隨後幾十年中，斯比量表（經過好幾次的修訂）是智力測驗的標竿。現行的斯比量表（從SB4起）已捨棄原先年齡量表的傳統，它測量個人在流動推理、知識、數量推理、視覺空間處理及工作記憶這五大因素上的能力，包括語文和非語文的領域。

斯比智力量表－第四版（SB4）的測驗材料

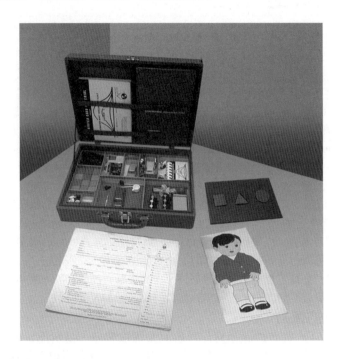

斯比量表的演進

年度	測驗名稱	重大變動
1905	比西量表	簡單之30個題目的測驗
1908	比西量表	引進心智年齡的概念
1911	比西量表	擴展到成年人的測試
1916	斯比量表	引進智商（IQ）的概念
1937	斯比量表-2	首度採用複本（L和M）
1960	斯比量表-3	現代化題目分析法的使用
1972	斯比量表-3	以2,100人為對象重新標準化
1986	斯比量表-4	完成15個分測驗的重新建構
2003	斯比量表-5	測量智力的五大因素

5-7 智力評鑑（二）

2. 魏氏智力量表（the Wechsler Intelligence Scales）

魏克斯勒（David Wechsler）界定智力為「個人有目的地行動、合理地思考，以及有效地應付所處環境的綜合能力」。他認為斯比量表的主要用途是在教育和能力分類上。因此，為了臨床和診斷方面的功能，他從1930年代起編製一系列智力測驗，受到廣泛使用，它們的聲勢迄今不墜，毫不亞於比西量表之開拓性的貢獻。

1955年，魏氏修訂原先量表，以供成年人使用，稱為「魏氏成人智力量表」（WAIS）。WAIS包含語文（verbal）和作業（performance）兩個量表：

語文量表：詞彙、類同、算術、記憶廣度、常識、理解。

作業量表：圖畫完成、數符代換、積木造形、連環圖系、物件裝配。

個人的測驗結果可被求得三種分數：語文智商、作業智商及全量表智商。最新的WAIS-III（1997）適用於滿16歲以上的人們。除此之外，適用於6歲到16歲兒童的「魏氏兒童智力量表」（WISC-IV, 2003），以及適用於2歲半到7歲半幼童的「魏氏學前兒童智力量表」（WPPSI-III, 2003）也被陸續推出，它們形成了三套測驗組合，可供我們追蹤一些特定智能的長期發展情形。魏氏智力測驗在許多應用上已取代斯比量表的地位，新近的智力測驗也經常以魏氏測驗作為編製的模型。

（三）偏常的智力

我們提過以「心智年齡除以實足年齡」來求取智商，這稱為比率智商（ratio IQ），它反映一個人智力發展的速率。但是隨後的智力測驗大多採取離差智商（deviation IQ）的做法。離差智商不是一種商數，而是一種標準分數，它的建立有賴於測驗的標準化和常態分配的觀念。離差智商的平均數訂為100，標準差為15或16（依個別測驗而定），它指出同一年齡的人們各有50%高於及低於這個平均數，90到110之間分數屬於正常智力。至於130分以上算是資賦優異，低於70分表示智能不足。

1. 智能不足（mental retardation）

較為早期，智能不足被劃分為四種水平：(1)輕度（mild），IQ在50-69之間，需要間歇的支援；(2)中度（moderate），IQ 35-49之間，需要適度的支援；(3)重度（severe），IQ 20-34之間，需要廣泛的支援，及(4)深度（profound），IQ在20以下，需要全面的支援。這是為了引導外界把注意力放在案主的復健需求（rehabilitation needs）上。然而，為了符合智能不足的診斷標準（美國智能不足學會，2002），個人還必須在跟生活運作有關聯的幾種適應技巧（adaptive skills）上發生顯著失能情況（參考右圖）。

2. 資賦優異（giftedness）

一般認為，當智力超過同一年齡人們的平均水準，而在智力分布曲線上居最高2%至3%的人們，就被稱為資賦優異，通常是指IQ在130-135以上。但是，有些學者認為不應以IQ作為界定資賦優異的唯一變項。例如，雷抒利（Renzulli, 2005）提出資賦優異的「三環」概念：高於平均數的智商、創造力及工作投入（task commitment）。

魏氏兒童智力量表之連環圖系的示範題目

智能不足的定義

智能不足的定義

條件1

↓

顯著低於平均數的智力運作

條件2：在下列10項適應技巧領域中，至少有2項發生重大失能情形

↓

〈溝通〉〈自我照顧〉〈居家生活〉〈社交技能〉〈社區使用〉
〈自我指導〉〈衛生與安全〉〈功能性知識〉〈休閒〉〈工作〉

條件3

↓

初發於18歲之前

5-8 智力理論（一）

關於智力理論的研究，傳統上主要以因素分析法爲基礎。但許多心理學家擴展智力的概念，他們根據大腦－行爲的關係，指出人類存在多種相對上獨立的智力。

（一）智力的心理計量理論

1. 史畢爾曼的g因素

根據個人在各種智力測驗之間相關型態的廣泛研究，史畢爾曼（Charles Spearman）指出智力是由兩種因素所組成，一是單一的普通因素，稱爲g因素，另一是許多的特殊因素，如S_1、S_2及S_3等。他認爲普通智力代表個人的一般能力，也是一切心智活動的主體，智力的高低就是取決於普通能力。特殊因素則與個別的特殊能力有關，如空間關係、運動協調及音樂能力等。每個人在智力測驗上的表現就是普通智力因素和特殊因素二者作用的結果－這被稱爲智力的二因論（two-factor theory）。

2. 賽斯通的基本心理能力

賽斯通（Louis Thurstone）的智力理論也是建立在因素分析的研究上，通常被稱爲群因論（group factor theory）。他分析不同性質之智力測驗的分數間相關的型態，推定有七個廣泛的群組因素（而不是單一的普通因素）最能適切解釋實徵結果，他稱之爲基本心理能力（primary mental abilities），它們包括語文理解、語詞流暢、數字運算、空間關係、聯想記憶、知覺速度及歸納推理。

3. 卡特爾的智力分類法

採用更先進的因素分析技術，卡特爾（Raymond Cattell）發現所謂g因素可再被解析爲兩個相對上獨立的成分。一爲流動智力（fluid），這類智力主要表現在洞察複雜關係、迅速推理、思維及解決問題等心智活動中。另一爲結晶智力（crystallized），這是個人所獲得文化知識和他存取該知識的能力，主要是由詞彙、算術及常識等測驗加以衡量。流動智力協助你處理新奇及抽象的問題，結晶智力則是協助你應付生活中重複出現的實際要求。

4. 基爾福的智能結構模型

基爾福（J. P. Guiford）也認爲智力是由多種因素群所組成。他對於智力結構採取動態的觀點，進而提出一個三度空間的理論模型，提出智力測驗的題目不僅「思維內容」（contents）不同，所要求的「思維運作」（operation）不同，而且所獲致的「思維產物」（products）也不同，可被視爲思維活動的三大要素。

更具體而言，「內容」是指呈現給受試者之材料的性質，「運作」是指測驗所要求之智能運思的性質，「產物」則是指訊息被表徵的形式。

基爾福（1985）總共檢定出五種運作、五種內容及六種產物，合計爲$5 \times 5 \times 6 = 150$種智能因素（參考右圖）。每一種「內容－運作－產物」的組合（模型中的每一個小立方塊）就代表一種不同的心智能力。例如，學習舞蹈的步伐需要你對「行爲」的「系統」的「記憶」。基爾福的智力結構論擴寬了傳統的智力概念。至今，研究學者根據這個模型已清楚交代100種以上的智力。

基爾福的智力結構模型

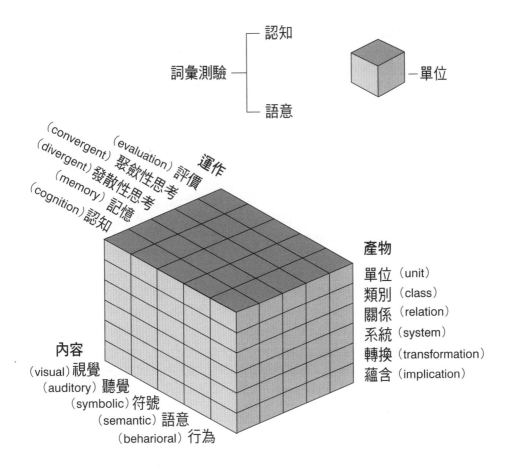

（convergent）聚斂性思考　（evaluation）評價　**運作**
（divergent）發散性思考
（memory）記憶
（cognition）認知

產物

單位（unit）
類別（class）
關係（relation）
系統（system）
轉換（transformation）
蘊含（implication）

內容

（visual）視覺
（auditory）聽覺
（symbolic）符號
（semantic）語意
（beharioral）行為

＋知識補充站

因素分析的簡介

　　因素分析（factor analysis）是指從較大數目的一組自變項中，找出較小數目的維度、群集或因素之許多統計程序的統稱。因素分析技術是從數據資料中（像是得自人格問卷或智力測驗的數據，數據的數目可能很大）所有初始變項之間的一組相關係數著手，抽出少數幾個基本成分，這些成分被認為可以解釋數據中所呈現之相關的根源變項。彼此高度相關的變項被認作是代表一個單一的因素；彼此不相關的變項被認為是代表正交（或獨立）的因素。最理想的因素分析是鑑別出少數幾個彼此都正交的因素。當然，統計程序只在檢定統計的規律性。至於對這些規律性作怎樣的解讀則是心理學家的工作。

5-9 智力理論（二）

（二）葛德納的智力多元論

葛德納（Howard Gardner）是美國的認知、發展及神經心理學家，他認為傳統的智商觀念以語文能力、數理能力和空間知覺能力三者為主要因素，但這不能代表人類的真正智力。他主張我們應從人類腦神經組織、兒童發展及傑出人士的實際表現中審視智力的組成。

葛德納的智力多元論（theory of multiple intelligence）檢定出八種智力，它們是：(1)語文智力；(2)數學邏輯智力；(3)空間智力；(4)音樂智力；(5)社交智力（或人際智力）；(6)身體動感智力；(7)自我認識智力；及(8)自然界智力。

關於每種智力的價值，這是隨不同人類社會而異，取決於哪種智力在既存社會中具有用途和受到獎勵。在衡鑑這些性質的智力上，所需要的不只是紙筆測驗和簡單的量化數值，也需要在一系列生活情境中對當事人進行觀察及評估。

近些年來，情緒智力（emotional intelligence）開始受到廣泛探討，它與葛德納的「人際智力」和「自我認識智力」的概念有關。情緒智力被界定為具有四種主要成分：(1)準確而適當地感受情緒、評估情緒及表達情緒的能力；(2)利用情緒以促進思維的能力；(3)理解及分析情緒的能力，有效地應用情緒知識的能力；(4)管理個人情緒以促進情緒成長和智能成長的能力。研究學者已據以編製測驗（MSCEIT）來測量人們的情緒智商。

（三）史騰柏格的智力三元論

史騰柏格（Robert Sternberg）也揚棄傳統之心理計量取向的因素分析法，他的智力三元論（triarchic theory of intelligence）強調認知歷程在問題解決上的重要性。他認為人類智力應該包括三種能力：

1. 分析性智力（analytical）

這提供了基本的訊息處理技能，以便人們應用於生活中的許多熟悉任務上。史騰柏格檢定出作為訊息處理之核心的三種智力成分（或心智歷程）：(1)知識獲得的成分（例如，獲得語彙的能力）；(2)執行的成分（例如，三段論法的推理）；(3)後設認知（metacognitive）的成分（例如，挑選策略和監督進展情形）。

2. 創造性智力（creative）

這捕捉的是人們處理新奇問題的能力；另一個層面是使得重複遇到的作業自動化或「常規化」的能力（例如，閱讀或演奏音樂）。富有創造性智力的人們善於運用觀察及建立起新觀念、處理新事務能夠很快進入情況，而且展現高度的工作效率。

3. 實務性智力（practical）

這牽涉到你「適應」新的環境、「選擇」適宜的環境及有效地「塑造」你的環境以符合你的需求的能力。實務性智力也包括通常所謂的生活智慧（street smarts）或生意頭腦（business sense）。研究已顯示，有些人可能擁有高度的IQ，卻未必擁有高度的實務性智力。

葛德納的多元智力

智力形式	適合工作	核心成分
數學邏輯 （logical-mathematical）	科學 電腦程式設計	操弄抽象符號的能力
語文 （linguistic）	法律 新聞報導	良好使用語言的能力
自然界 （naturalist）	森林保育 環境維護	認識及適應自然環境的能力
音樂 （musical）	音響工程 音樂演奏	創作及理解音樂的能力
空間 （spatial）	建築 外科手術	對空間關係的良好推理能力
身體動感 （bodily-kinesthetic）	舞蹈 運動	策劃及理解動作次序的能力
社交 （interpersonal）	政治活動 教學	理解他人和社交互動的能力
自我認識 （intrapersonal）	聖職 心靈淨化	理解自己的能力

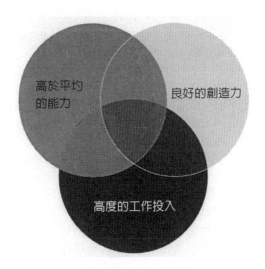

高於平均
的能力

良好的創造力

高度的工作投入

資賦優異的三環概念

愛因斯坦（Albert Einstein）是被公認的天才。他無疑是聰明的，但他也富有好奇心、幽默感、不受約束，及願意傾注於研究工作。

5-10 IQ的先天與後天因素

IQ受到遺傳和環境二者的影響，但它們是以怎樣的程度和方式產生影響呢？

（一）IQ的遺傳促成

幾十年來的領養研究、家族研究及雙胞胎研究早已證實，智力具有實質的遺傳成分。如你從右頁圖表可看到，遺傳關聯性愈高的話，IQ的相似性也愈高。從領養的兄弟（姊妹）到親兄弟到異卵雙胞胎再到同卵雙胞胎，隨著共同的基因愈多，他們之間IQ的相關也跟著升高。再者，親生父母與親生子女間的相關也要高於養父母與養子女間的相關。但是，你也應該從資料中看到，被共同養大的親兄弟之間有較高的IQ相似性，這也揭露了環境的影響力。

在一項經典研究中，當被領養兒童以斯比量表重複測試時，他們的智力與他們生身父母的教育成就有漸進的密切相關；到了8歲後，相關穩定在大約.35的數值上。在另一項研究中，發現被領養兒童的智力近似於生身父母的智力（儘管生身父母在兒童成長過程中缺席），卻顯示跟養父母智力的相關很低（儘管養父母一直陪伴在身旁）。我們知道生身父母為他們子女的智力提供基因藍圖，至於養父母則是提供環境。這說明了遺傳在智力上具有堅定的（但不是排外的）貢獻。

無疑地，就像其他許多的特質和能力，遺傳在影響個人的IQ分數上也扮演重大角色。但我們可以說，遺傳在IQ的表現上是必要的角色，卻不是充分的角色。

（二）IQ的環境效應

在一項大規模的縱貫研究中，超過26,000名兒童接受調查。研究結果顯示，兒童4歲時IQ的最佳預測指標是家庭的社經地位（socioeconomic status）和母親的教育水準－對黑人和白人兒童皆是如此。

為什麼社經地位會影響智商？財富和貧窮會以許多方式影響智能發展，健康狀況和教育資源就是最明顯的兩項。懷孕期間健康不佳和偏低的出生體重是兒童較低智力的穩定指標。首先，貧窮家庭兒童經常有營養不良問題，許多人餓著肚子上學，當然無法專注於課業。其次，貧窮家庭也較常缺乏書籍、文字媒體、電腦，以及其他啟智性的學習材料。貧窮父母（特別是在單親家庭中）忙於維持生計，他們往往沒有時間或精力陪伴子女，也較少在知性上激發他們子女。最後，對那些生活在貧乏條件下的人們而言，他們可能蒙受不良的社會烙印（stigmatized），這可能損害兒童的自我勝任感，進而不利影響他們在測驗和學業上的表現。

幸好，當這些處境不良的黑人兒童被經濟上和教育上占優勢的白人家庭收養之後，他們在斯比量表或WISC的全量表IQ上平均拿到106分（高於全國平均值的100分）。黑人兒童在生活更早期（早於1歲之前）就被領養的話，他們的IQ進展就更好－達到110分的平均IQ。

因此，當被提供機會接觸豐富的知性刺激時，這些先前來自貧窮家庭的黑人兒童在IQ測驗上的表現毫不遜色。這似乎說明IQ差距（好幾十年前，黑人兒童的平均IQ低於白人兒童大約15分，但長期下來雙方的IQ分數逐漸趨同，近期的研究指出這項差距是在6分到9分之間）的起源不是「種族」本身，而是跟種族相關的經濟、健康及教育資源等因素所致。

IQ與遺傳的關係

關係	共同基因的比例	相關係數
同卵雙胞胎，共同養大	100%	.86
同卵雙胞胎，分開養大	100%	.76
異卵雙胞胎，共同養大	50%	.60
親兄弟或親姊妹，共同養大	50%	.47
親兄弟或親姊妹，分開養大	50%	.23

IQ分數在大型樣本中的分布情形

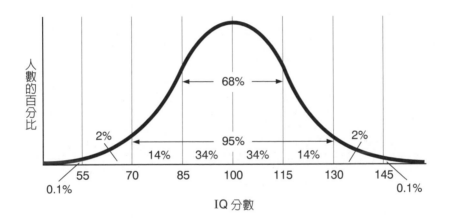

第6章
發展心理學

6-1 基本概念

發展心理學（developmental psychology）主要是探討個人在成長的各個過程和階段中，所發生之身體功能和心理功能上的變化，從懷孕以迄於死亡。發展是持續一生的歷程，也就是個人特徵隨著年齡在「量」與「質」兩方面所產生的變化。

（一）發展心理學的研究方法

1. 縱貫設計（longitudinal design）

同一組人們的表現在不同時間中重複地接受觀察及評估，通常長達許多年。縱貫法提供的是關於年齡變化（age changes）的訊息，而不是年齡差異。

一般而言，縱貫法的優點是可以分析個別受試者的發展，也可以確認成熟與經驗之間關係。但是，它的缺點是研究結論只能適用於同一世代的人們。它的另一些缺點包括研究時間拉得太長、花費龐大，以及研究對象容易流失等。

2. 橫斷設計（cross-sectional design）

這是指在同一時間點，對不同年齡組人們的表現進行觀察及比較。橫斷法所獲致的是關於年齡差異（age differences）的訊息。

一般而言，橫斷法的優點是迅速而簡易。但是，它的缺點是不容易檢定行為發展的前後因果關係，不能用來分析同一年齡組受試者之間的個別差異。

3. 序列設計（sequential design）

這是指在單一研究中結合了橫斷法和縱貫法二者，也就是同時找來幾群不同年齡的受試者，然後每隔一段時期就追蹤他們的發展情形。這種設計兼備上述兩種方法的一些優點，不僅可以比較不同組受試者在相同年齡時的發展狀況，也可以追蹤每一組在不同時期的發展狀況。

（二）性本善或性本惡

人類天性本善、天性本惡、抑或不善也不惡呢？

1. 霍布斯（Thomas Hobbes, 1588-1679）：早在十七世紀，哲學家們已對人類本性表明了立場。霍布斯描述兒童是天生自我中心而卑鄙的，社會的任務就是控制他們自私和攻擊的衝動，教導他們善良的舉止。

2. 盧梭（Jean-Jacques Rousseau, 1712-1778）：盧梭相信兒童生來是善良的，他們先天擁有關於「對與錯」的直覺式理解。兒童善良的本性是在與社會接觸的過程中被寵壞和腐化了。

3. 洛克（John Locke, 1632-1704）：洛克的立場是中立的，他主張嬰兒像是一塊無字的畫板（tabula rasa，或白板），有待他們的經驗加以塗寫。兒童的本性無關善與惡，私人的經驗決定了他們是誰、他們成為什麼及他們相信什麼。

（三）先天遺傳與後天教養的爭議（nature/nurture issue）

我們現在已經清楚，人們的特質（如智力和性格）是生物影響力與環境影響力二者複雜交互作用的產物。遺傳設定了潛能的反應範圍（reaction range），經驗則決定個人在這個範圍內可以逼近上限的程度。

動物行為學家勞倫茲以實例說明，如果他是幼鵝在銘印的關鍵期所遇到的第一個移動對象的話，幼鵝將會對他產生銘印作用，而不是對牠們的母親。

➕ 知識補充站

銘印與關鍵期（imprinting and critical period）

　　勞倫茲（Konrad Lorenz, 1937）最先提出「銘印」一詞，它是指個體出生後不久的一種本能性的特殊學習形式，通常在出生後很短的時間完成，學得後持久保存，不易消失。勞倫茲在研究中發現，剛孵化的幼鵝（或灰雁）將會追隨牠們所看到第一個活動對象，如母雞、人類、紅色氣球及自動玩具等，就像幼鵝跟隨母鵝一樣。但是如果孵化後，超過一定時間才接觸到外界活動對象，幼鵝就不會出現銘印現象，這一期間就是動物銘印行為形成的「關鍵期」。對幼鵝而言，關鍵期是從孵化後直到24－48小時。

　　蝌蚪出生後就會游泳，但如果蝌蚪一出生時就被放在麻醉液中，8天之內取出放到水中，蝌蚪仍會游泳，但超過10天的話，蝌蚪將永久喪失游泳能力。8天就是蝌蚪學得游泳行為的關鍵期。同樣的，小狗自出生後與人類隔離10星期以上，隨後就很難與人類建立親密關係。

　　研究證據指出，人類關於第二種語言的學習（特別是發音方面），似乎存在所謂的關鍵期，這個時期是從出生直到5歲。

　　銘印是本能與學習之間的交接地帶。雖然關鍵期的設定主要是受到遺傳因素的影響，但是缺乏適切環境的配合，依然無法促成行為的適當發展。

6-2 認知發展理論（一）

關於人類認知系統的本質，心理學家採取兩種主要的透視。第一種是訊息處理（information-processing）的模式，它以電腦爲模型，探討人們如何思考和處理訊息。第二種是瑞士心理學家皮亞傑（Jean Piaget, 1896-1980）的認知發展階段論。

（一）皮亞傑的認知發展歷程

認知是指認識事物的活動，包括透過這樣的活動而獲得知識和解決問題的歷程。爲了描述認知發展的歷程，皮亞傑提出促成人類智力發展的三個主要因素：

1. 基模（schema）

基模是認知架構，也就是我們建構來統整或解釋自己經驗之有組織的動作模式或思維模式。例如，嬰兒的抓握動作和吸吮反應是早期的基模，因爲它們二者都是用來「適應」或處理不同物體的動作模式。隨著年紀大些，兒童發展出符號基模，即概念。兒童使用內在的心理符號來表徵各個層面的經驗。隨著個人的發展，基模更加複雜化，而且逐漸從外顯的動作朝向內在化。

2. 平衡（equilibrium）

如果個人的基模與環境條件互相吻合，或是基模有助於適應環境要求，個人這時就處於平衡狀態。然而，當實際發生的狀況與兒童依據基模所預期的結果產生衝突時，個人就處於失衡狀態，他必須進行順應。

3. 順應（adaptation）

順應是調整自己以適應環境要求的歷程，它是透過兩種互補的歷程而發生，即同化和調適。

同化（assimilation）是指我們根據現存的基模來解釋新經驗的歷程。透過同化作用，我們以自己的方式處理環境，有時候扭曲了世界，使之硬被塞進我們現存的範疇中。在整個生命全程中，我們依賴自己現存的認知架構來理解新的事件。

調適（accommodation）是指修正現存的基模，使之更爲適合新的經驗的歷程。當原有的認知架構不能同化新經驗時，個人就會改變現存基模，以便符合新情境的要求，進而獲得平衡。這便是認知成長，它促進了更適當理解的形成。

認知發展的過程並不會隨著成年而結束，它在個人有生之年持續地進行。

（二）認知發展的階段

皮亞傑認爲兒童通過四個不同的認知發展階段而進展，這些階段代表「質」方面不同的思維方式，而且以固定的順序發生。再者，視兒童的經驗而定，他們可能在這些階段的進展上快一些或慢一些。

1. 感覺運動期（sensorimotor stage）

從嬰兒出生到大約2歲之間，嬰兒多半依靠身體動作和從動作獲得的感覺以認識周遭的世界。初生嬰兒主要依賴反射基模，像是抓握、吸吮、轉向聲響或新奇刺激等。再大一些，嬰兒會重複執行一些帶來愉悅的動作。到了12到18個月大，嬰兒已會主動尋找操弄物體的新方式，而且積極促使有趣事物的出現。

皮亞傑觀察到，6個月大嬰兒一般會注意有趣的玩具（左圖），但是用隔板擋住對玩具的視線後，嬰兒很快就失去興趣（右圖）。嬰兒這時候尚未發展出「物體永存性」的概念。

6-3 認知發展理論（二）

　　根據皮亞傑的觀點，嬰兒生來並不具備物體永存性（object permanence）的概念。物體永存性是一種知覺心理現象，也就是當物體不再被看到時，個人理解該物體依然繼續存在。嬰兒在8個月大之前還不具備這種概念。但是9個月大後，你在嬰兒面前把玩具遮蓋起來，他們會推開遮蓋物尋找玩具，這表示他們已知道物體仍然存在，他們已開始使用「心理表徵」進行思考。到了這個時期結束前，他們已能在心理上使用符號以解決問題。

2. 前運思期（preoperational stage）

　　從2歲到大約7歲，幼童的符號思考能力（表徵思維）逐漸鞏固下來，他們現在能夠使用字詞來指稱不存在於眼前的物體、人物及事件。幼童也不再拘泥於當前，他們能夠談論過去和未來。

　　在這個時期，幼童傾向於完全從他自己的角度來看待世界，他們還沒有能力認識及採取其他的觀點。這種傾向被稱為自我中心（egocentrism，自我本位），幼童假定所有人看待世界的方式都跟自己一樣；如果他們知道某件事情，別人應該也知道才對。

　　幼童在這個階段的另一項特徵是集中化（centration）的思考。他們過度依賴知覺，因此容易被事物的外觀所愚弄。幼童還無法同時考慮兩個以上的物理維度，等量的兩杯水，一杯被倒進另一個較高、較細的杯子時，他們認為後者水量較多。這表示幼童只考慮到以高度（知覺上較為突顯的維度）作為判斷多或少的標準，他們未能同時考慮杯子的寬度。

3. 具體運思期（concrete operational stage）

　　大約從7歲到11歲，兒童已有能力從事心理運作，以產生邏輯思考。例如，兒童看到傑克比約翰高，稍後又看到約翰比保羅高，他們能夠推理出傑克在三人之中最高，不用訴諸物理上實際操作，也就是以心理動作取代物理動作。

　　這個階段的重大認知進展就是守恆（conservation，或保留）概念的形成。兒童了解儘管物體的外觀（形式上或量度上）有所改變，但只要沒有被增添或取走什麼，物體的物理特性保持不變。前述水杯的例子顯示的是容積守恆，兒童在這個時期還會發展出另一些守恆概念，如面積、數量、質量及形狀等（參考右圖）。

　　學齡兒童克服了前運思期大部分的自我中心傾向，他們現在已能採取他人的觀點；他們的思考也更具邏輯。儘管如此，這種模式的思考只適用於真實或容易想像的物體、情境和事件（因此稱為具體運思），但是對於抽象的觀念和假設性的命題還是窒礙難行－因為它們不具有現實的基礎。

4. 形式運思期（formal operational stage）

　　從11或12歲開始，青少年的邏輯運作不再局限於具體問題上，他們現在已能處理一些抽象的觀念，他們也開始沈思真理、正義及存在等問題。

　　在這個認知成長的最後階段中，青少年不僅可以思考世界的實際狀況，還能想像可能發生的狀況。當遇到問題時，他們能夠自己提出假設，也能夠從事假設的檢驗，也就是以更為系統化和科學化的方式進行問題解決。

液體容量守恆

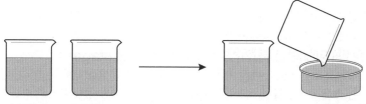

兩個相同的燒杯
被注入等量的
水。

其中一個燒杯中
的水被注入另一
不同形狀的燒杯
中。

「現在，水的容量是否相同？」

固體質量守恆

呈現兩個相同大
小的球狀麵團

其中一個被搓成
香腸的形狀

「現在，麵團的容量是否相同？」

數量守恆

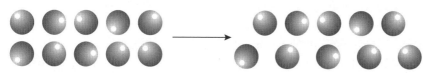

呈現兩排相同數量
的玻璃球

把其中一排玻璃
球排得較長些

「現在，哪排的玻璃球較多？」

✛ 知識補充站

個人神話（personal fable）

　　進入形式運思後，青少年容易陷入另一種形式的自我本位中，即個人傾向於認為他和他的思想及情感是獨特而唯一無二的，稱為個人神話。因此，對於第一次跌入愛河的青少年來說，他可能認為人類歷史上再也沒有人曾經感受這般極致的情感。當然，當關係破裂時，也沒有人（尤其父母）可能領會這般肝腸欲斷的苦楚。個人神話也可能導致青少年認為，適用於別人的規則並不適用於自己。因此，飆車（或酒醉駕車）發生事故是別人的事情，自己不會發生這樣的事情－也被稱為青少年「不死的神話」。再者，青少年也不認為懷孕的事情會發生在自己身上，他們經常不願意採取避孕措施。

6-4 社會發展（一）

　　許多研究學者認為，發展是持續一生的歷程，從懷孕開始以迄於生命的終結。在生命的不同時期，我們會面對新的課題和新的挑戰。

（一）艾立克遜的心理社會階段（psychosocial stages）

　　艾立克遜（Erik Erikson, 1902-1994）根據臨床觀察（而不是實驗室的研究）描述了八個階段的心理社會發展，從嬰兒期一直延伸到老年期。在生命過程中，個人必然會跟社會不斷接觸，而且經歷一系列衝突，他稱之為「社會心理危機」（crisis）。各個階段會有一種最主要的衝突，所謂成長就是克服衝突的過程。

1. 從出生到1歲－信任對不信任（trust VS. mistrust）：嬰兒必須學習信賴他們的照顧者，以滿足自身的需求。父母有感應的養育是關鍵所在。
2. 1歲到3歲－自律對羞愧懷疑（autonomy VS. shame and doubt）：兒童必須學習自律和自治，否則他們將會懷疑自己的能力。
3. 3歲到6歲－創新對罪惡（initiative VS. guilt）：學前兒童經由主動設想和執行一些計畫，以開發創新、進取的精神。但他們必須學習不要侵犯他人的權利。
4. 6歲到12歲－勤勉對自卑（industry VS. inferiority）：兒童必須掌握重要的社交技巧和學業技能，不落後於同伴，否則他們將會感到自卑。
5. 12歲到20歲－自我認同對角色混淆（identity VS. role confusion）：青少年必須解決「我是誰？」的問題，他們經由探索自己的可能性而建立起社會和職業的認同，否則他們將會對自己身為成年人應該扮演的角色感到混淆。
6. 20歲到40歲－親密對孤立（intimacy VS. isolation）：年輕人尋求與另一個人形成親密關係，但發展不順利的話，他們可能感到孤單和疏離。
7. 40歲到45歲－生產對停滯（generativity VS. stagnation）：中年人必須感到他們已留存一些有價值的東西，不論是在養育子女或貢獻社會方面。
8. 65歲之後－自我整合對絕望（integrity VS. despair）：老年人必須在回顧中看到自己生命的意義，以便坦然面對死亡，不用憂懼，也沒有遺憾。

（二）依附關係（attachment）

　　社會發展起源於幼兒與照顧者間建立起一種親密的關係，這種強烈而持久的感情連結稱為依附。因為嬰兒沒有能力餵食自己和保護自己，依附的最初功能是確保生存。

　　John Bowlby（1973）是人類依附研究上一位頗具影響力的理論家。他指出，嬰兒與成年人在生物上預先傾向於形成依附，這樣的依附關係對日後發展有廣泛影響。

　　為了評估依附的品質，研究學者編製了「陌生情境測驗」（strange situation test）。根據幼兒在所安排一些情節中的反應，依附品質可被歸為三個範疇之一：

1. 安全依附型（secure attachment）：安全依附型的嬰兒當單獨與母親一起時，他主動地探索房間，因為有他母親作為安全基地。嬰兒可能會對分離感到不安，但是當母親返回時，他熱情地迎接她，也喜歡與她的身體接觸。當母親在場時，嬰兒對陌生人顯得友善而好交際。在美國樣本中，安全依附型大約占70%。

「陌生情境測驗」示意圖。M代表母親，S代表陌生人。

幼童對父母發展出安全的依附關係，這對於他的成長相當重要。

＋知識補充站

愛情的風格

如果你目前擁有親密伴侶，你會怎樣描述你們間的關係？

陳述A：我發覺自己相當容易親近別人，也能舒適地依賴他們。我通常並不擔心是否會被背棄，也不擔心別人太親近我。

陳述B：我發現別人不願意跟我太親近。我經常擔心我的伴侶不是真正愛我，或不想跟我長相廝守。我希望跟我的伴侶非常親密，而這點有時把對方嚇跑了。

陳述C：我對於跟別人親近感到有點不自在，我發現自己很難完全信任別人。當任何人太接近我，我就緊張起來。經常，我的伴侶希望我再親密些，但似乎已引起我的不舒適。

A是安全型依附（占56%的成年人），B是抗拒型（19%），C是迴避型（25%）。研究已顯示，依附風格是雙方關係品質的準確指標。當成年人擁有安全的依附風格時，他們在當前的愛情關係中體驗較多信任和正面情緒，也傾向於持續較為長久。至於抗拒型和迴避型的成年人，他們報告自己關係中許多妒嫉和愛恨方面的偏激情緒，他們懷疑是否存在永久不變的愛情。

6-5 社會發展（二）

2. 抗拒依附型（resistant attachment）：抗拒型嬰兒顯現對母親愛恨交織的矛盾態度。即使母親在場時，他們也無法安心地探索。當母親離開時，他們相當不安和焦慮。當母親重返時，他們無法被安撫下來，顯現對母親的怒意和抗拒；抗拒型嬰兒也對陌生人相當警戒。在美國樣本中，這一型嬰兒大約占10%。

3. 迴避依附型（avoidant attachment）：這類嬰兒似乎對探索不感興趣，當與母親分離時，他們不太顯得苦惱。當母親返回時，他們避免與之接觸，顯得疏遠。他們對陌生人也不特別警戒。在美國樣本中，迴避型嬰兒大約占20%。

（三）依附關係的影響

這些分類已被證實對於幼兒日後的認知和社會發展具有很高的預測力。縱貫研究已顯示，如果幼兒在15個月大時被評定為安全依附型的話，他們在幼稚園和小學中，通常與同儕擁有較為良好的關係，同儕也認為他們是較好的玩伴。他們經常擔任領導者，主動發起遊戲活動，對於同伴的需求和情感保持敏感，也受到同伴的歡迎。

相對之下，對於抗拒型和迴避型的幼兒而言，他們在學校中經常被評定為在社交和情緒上較為退縮，較少參加團體活動，較不具好奇心，以及學習動機較為低落。

（四）依附關係的基礎

形成依附關係的原因是什麼？幼兒從依附關係中獲得什麼？佛洛依德帶頭的一些心理學家表示，嬰兒之所以依附父母乃是因為父母提供食物，這滿足嬰兒最基本的生理需求。John Bowlby稱這種觀點為依附的麵包理論（the cupboard theory），它表示歸根究底，嬰兒愛的是奶頭或是奶瓶。

1. 剝奪實驗

心理學家Harry Harlow（1965）不相信麵包理論足以解釋依附關係，他認為嬰兒也傾向於依附那些提供「接觸舒適」（contact comfort，或安慰）的對象。他在幼猴出生不久就將之隔離，然後在幼猴的獨居房中提供兩個代理母親，其中之一是鐵絲所製成，另一是在鐵絲外覆蓋柔軟的絨布（參考右圖）。

Harlow發現，幼猴大部分時間都依偎在絨布母親身邊，很少碰觸鐵絲母親。即使只有鐵絲母親才會供應乳汁時，情況依然如此。當幼猴受驚嚇、害怕及不安時，都是奔向絨布母親。這樣的結果間接地反駁了麵包理論。就猴子而言，接觸舒適顯然要比餵食（或飢餓減除）更強力促成了依附。

2. 人類剝奪

當嬰兒沒有機會形成任何感情連結時，他們會變得怎樣呢？研究已發現，當兒童在看護人員不足的孤兒院中度過他們生命的前三年後，他們的智能、語言技巧及社交能力嚴重不足。到了青少年期，許多人成為獨來獨往的少年，不容易跟他們家人或同伴建立起良好關係。Bowlby相信，人類形成依附關係的關鍵期是在1到3歲之間。在這段期間，嬰兒或幼兒最適合跟有良好感應的照顧者形成強烈的依附關係。一旦錯過關鍵期，他們就不容易跟任何人建立持久的感情連結。

在Harlow研究中所使用的「鐵絲母親」和「絨布母親」。幼猴對於提供「接觸舒適」的絨布母親形成了依附，即使牠必須伸長身子到鐵絲母親那裡取得食物。

➕ 知識補充站

日間托育的影響

　　有鑑於早期依附的重要性，那麼在現代社會中，母親經常外出工作，她們在白天把嬰兒交付托育中心，這是否會影響母親與嬰兒間的依附關係，進而造成嬰兒的發展遲緩呢？

　　研究已指出，嬰兒不必然會受累於托育經驗。當在高素質的日托中心接受照顧時，嬰兒在跟自己母親保持安全依附，以及在認知、語言和社交發展上毫不遜於在家中被撫養的嬰兒。

　　顯然，關鍵是在於什麼是高素質的托育環境。研究學者列出了幾項條件：(1)合理的幼兒—看護人員的人數比例；(2)看護人員必須溫暖、善於情感表達及注意幼兒的需求；(3)看護人員的流動率較低；(4)策劃適合兒童年齡的各種活動；(5)安全、整潔和充滿刺激的環境。

　　最後，許多專家指出，當嬰兒在生命的第一年已跟他們父母形成良好依附關係後，他們較不會受到隨後不利環境的衝擊。

6-6 性別認定和性別角色

當初為父母者高興地宣布喜訊時，許多人提出的第一問題是，「男孩還是女孩？」在整個生命過程中，身為男性或女性是「自我概念」很重要的層面。

（一）性別認定（gender identity）

「性別認定」是指個人對自己身為女性或男性的意識，包括了對自己生理性別的察覺及接納。兒童如何認定自己的性別？

1. 生物學理論：它強調基因的不同使得男女的生殖器官和性激素有所差別，這接著導致生理和心理的性別差異。

2. 心理動力論：佛洛依德表示，「解剖構造即命運」。為了解決性器期的性心理發展危機，兒童發展出對同性父母的認同（identification），因此學會符合性別的行為。

3. 社會學習論：兒童以兩種方式學得男性化或女性化的身分、嗜好及行為。首先是透過差別強化（differential reinforcement），兒童因為展現符合性別的行為而受到鼓勵和獎賞，至於不符合性別期待的行為則可能受到懲罰。其次是透過「觀察學習」，兒童採取同性楷模的態度和行為；他們也從大眾媒體中學得關於性別的刻板觀念。

4. 認知發展理論：柯柏格（Kohlberg, 1966）認為兒童也主動促成自己的性別社會化歷程，他們不僅是社會影響力的被動客體。隨著兒童進入認知發展的具體運思期，開始掌握像是液體守恆的概念，他們終至了解，儘管外觀的變動，但性別是守恆的。

5. 性別基模理論（gender schema）：這是從訊息處理的觀點來解釋性別認同，它整合了社會學習論和認知發展理論。換句話說，兒童經由操作制約學習和觀察學習形成性別基模，然後通過性別基模主動搜尋符合基模的訊息。

一旦兒童獲致基本的性別認同（在2或3歲之時），這種性別的社會化歷程就展開了。性別基模是關於男性和女性之成套有組織的信念和期待，它影響兒童將會注意和記憶哪些類別的訊息。例如，最基本的是內團體／外團體的基模，它使得兒童把各式物件、行為及角色分類為專屬於男性或女性。

（二）性別角色（gender roles）

性別角色是指在特定文化中被認為適合男性或女性的行為模式，性別角色的社會化歷程從出生就已展開。在一項研究中，父母被要求描述他們初生子女的模樣，父母通常視男孩為強壯、骨架粗大而動作協調，而且視女孩為嬌弱、優雅及手腳不靈巧－儘管這些嬰兒在身高、體重及健康情況上沒有明顯差別。

這樣的描述反映了父母關於性別角色的刻板觀念，他們隨後將會為男孩和女孩做不同的打扮，提供不同性質的玩具，而且以不同方式進行溝通。透過這樣性別定型（gender typing）的歷程，兒童不僅知道自己在生理上是男性或女性，他們也獲得了他們文化認為對不同生理性別的成員而言適當的動機、價值觀及行為模式。

性別基模理論的圖解

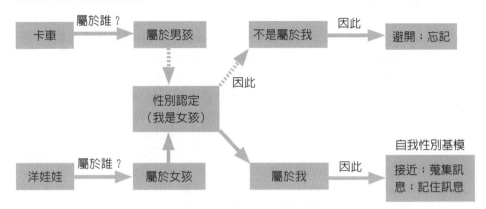

關於性別角色的獲得，幼童受到父母和同儕的強烈影響。

✚ 知識補充站

兩性之間實際的心理差異

有什麼證據指出女性較善於交際、較容易受到暗示，或是她們擁有較低的自尊，較缺乏成就動機，或較沒有能力從事邏輯思考？事實上沒有。我們關於男性和女性的大部分刻板觀念也是如此－不被事實所支持的過度概判。

為什麼這樣的刻板觀念會被堅持下去？部分是因為我們的知覺發生偏差。我們較可能注意及記住符合我們信念的行為，較不會注意例外的事項，諸如女性的獨立行為，或男性的情緒化反應。這方面的實例之一是：許多人總堅持女性開車較慢或較拙劣，然後他們也偏頗地一再證實自己的信念。

無論如何，在審視超過1,500項比較男女兩性的研究之後，Maccoby和Jacklin的結論是，只有四個流傳的性別刻板觀念是適度正確的：(1)女性要比男性擁有較好的語文能力（verbal abilities）；(2)男性在視覺／空間能力（visual/spatial ability）測驗上的表現優於女性；(3)男性從青少年期開始在數學能力測驗上的表現優於女性；及(4)男性要比女性較具身體和言語的攻擊性，早從2歲開始就是如此。

然而，隨著兩性平權運動的推展和教育的普及，這些性別差異在今日已是微不足道了。

6-7 道德發展

　　道德（morality）是關於人類舉動是非善惡的一套信念、價值觀和基本判斷。我們從懵懂無知的狀態，直到學會對或錯的判斷標準，這個歷程就是道德發展。

（一）皮亞傑的理論

　　就跟認知發展一樣，皮亞傑認為道德發展也是經歷不同階段的變化。他要求兒童思考道德兩難（moral dilemmas）問題：「John不小心打破15個玻璃杯，Henry為了偷吃東西而打破一個杯子。他們犯了同等過錯嗎？哪個男孩較為頑皮？」

1. 前道德期（premoral stage）：5歲之前的兒童屬於這個階段，他們不太關心或不瞭解規則的意義。
2. 他律期（heteronomous stage）：大約在6歲到10歲之間，兒童相信規則是來自父母和其他權威人士，而且是神聖不可更改的。他們只重視行為的後果，不問行為的動機，所以打破15杯子的John被認為較為頑皮。
3. 自律期（autonomous stage）：大約在10歲後，兒童視規則為人們之間的協議，而且大多數道德規則都有例外情形。在判斷行動上，除了行為後果外，他們也會考慮當事人的行為動機，所以Henry因為不當意圖被認為較為頑皮。根據皮亞傑的說法，個人在這些階段上的進展有賴於認知成熟和社會經驗。

（二）柯柏格的道德推理階段

　　哈佛大學的心理學家柯柏格（Lawrence Kohlberg, 1927-1987）是道德發展研究上最著名的人物，他指出道德推理是通過普遍、固定順序之三個廣泛的道德層次而進展，每個層次再由兩個有所差別的階段所組成，每個階段代表了對道德問題一種更複雜的思考方式。右頁列出柯柏格的道德推理階段和他提出的道德兩難問題。

　　柯柏格評分的重點不是受試者做怎樣的「決定」，而是他們所持的「理由」。因此，有些人贊成偷藥，有些人反對，但所持的理由使得他們被歸為同一階段。

　　個人在這些道德推理階段上的進展，部分地有賴於「觀點採取」（perspective-taking）能力的發展。在前成規層次，個人相當自我中心，只注重自己的利益。到了成規層次，個人已較能考慮及關切他人的觀點。最後在後成規層次，個人衡量所有人的觀點來看待對與錯。

　　柯柏格為他的道德階段模式提出幾個原則：(1)每個人循序漸進地通過這些階段，很少有跳階或倒退的現象；(2)每個階段都比前一個階段更為複雜，也更具包容力和理解力；(3)所有文化都呈現同樣的這些階段。

（三）關於柯柏格理論的批評

　　許多研究顯示，從階段1到階段4的進展似乎符合正常認知發展的過程，大部分兒童在13歲之前進展到階段3。但是，從階段4到階段5或6的進展就不是那麼受到支持。對世界各地的大部分人們而言（特別是低度開發國家），階段3或4已是發展旅程的終點。柯柏格自己的研究最終也證實，較高階段不是在所有文化中都可發現。

一、柯氏的道德推理層次及階段

層次和階段	為什麼展現道德行為？
一、前成規（preconventional）層次（大約7到10歲之間）	
階段1. 懲罰與服從取向	為了避免懲罰而服從權威
階段2. 個人主義與交換取向	為了得到酬賞和回報而遵守規範
二、成規（conventional）層次（大約10到16歲之間）	
階段3. 好孩子取向	為了獲得接納，避免他人的不贊同
階段4. 法律與秩序取向	為了尊重法律和維持社會秩序
三、後成規（postconventional）層次（大約16歲之後）	
階段5. 社會契約取向	為了促進最大的社會福祉
階段6. 普遍倫理原則取向	為了追求正義，尊重所有人的權益

二、柯氏的道德兩難問題

柯氏設計許多道德兩難問題（如安樂死的問題），以使不同的道德原則互相拮抗。其中一個問題如下：

> 「漢思是一位中年男士，他急需一種特效藥以拯救他瀕臨死亡的妻子。但發明這種特效藥的醫師索價極高。漢思東挪西借的結果也只籌到一半的錢，而且醫師不肯讓他賒欠。漢思最後在半夜闖入醫師的藥房，偷走特效藥。你認為他應該這樣做嗎？為什麼？」

✚ 知識補充站

女性較不道德嗎？

關於柯柏格理論的批評，最熱烈的莫過於指控他的階段排序對女性懷有偏見。早期的研究發現，大部分男性可以達到階段4（法律與秩序取向），大部分女性卻停留在階段3（為了獲得接納，順從他人的期待）。這表示女性較不道德嗎？

吉利根（Carol Gilligan, 1982, 1993）提出重大質疑，她指出柯柏格最初的階段設定是建立在與男孩的晤談上，這造成對男性的偏袒。

再者，父母傳統上希望培養男孩擁有獨立、果斷及追求成就的特質，這使得男孩視道德困境為雙方角逐權益上不可避免的衝突，而且視法律和社會規定為解決衝突的必要手段（階段4）。但是，父母通常希望女孩長大後能撫育子女、有同情心及關切他人的需求。女孩因此從「關懷」的角度來界定自己的「美德」（階段3）。所以，吉利根認為女性是在發展路線上有所不同，而不是在道德水平上較低。

事實上，即使在西方文化中，許多成年人從不曾達到階段5，也只有極少數人還能更往前邁進。有些人指控柯伯格的理論反映了一種文化偏袒、一種自由主義的偏袒，及／或一種性別的偏袒。他的階段理論不太公平，它使得來自非西方文化的人們、使得持有保守價值觀的人們，或使得身為女性的半數人類顯得似乎道德上較不成熟。

第7章
動機與成就

7-1 基本概念

這一章中，我們將討論人類行為如何受到各種需求（needs）所驅使，從基本的生理需求（如饑餓和渴）以迄於心理需求（如安全或成就），但它們二者往往不易區分。動機有哪些來源呢？

（一）驅力與誘因

根據Clark Hull（1952）的觀點，驅力（drives）是反映動物的生理需求而產生的內在狀態。有機體致力於在生理狀況上維持均衡狀態，當剝奪製造不均衡或緊張時，驅力就被喚起，促使有機體採取行動以達成緊張減除（tension reduction）。這種觀點甚至認為所謂的「快樂」，其實不過是痛苦或不適的減低罷了。有機體追求的是所有刺激和激發的絕對最低水平，即生物心理學上的涅盤（Nirvana）。

另有些學者認為，行為也受到誘因（incentives）的促發。誘因是指跟生理需求沒有直接關聯的外在刺激或酬賞。人類的行為就受到各式各樣誘因的控制，如獎品、金錢或他人的贊許等。

（二）本能行為與學習

在世界各地，各種動物都會從事一些有規律的週期活動，如鮭魚的迴流、田綠龜的遷移、侯鳥隨季節遷徙、鳥的築巢、熊的冬眠及蜘蛛的編網等。為什麼牠們會以固定方式展現行為？有些學者訴求於本能（instincts），本能是指有機體預先編定的一些行為傾向，使得某一物種的成員以特定方式作出反應。

人類有多少行為是出於本能？早期理論高估了本能對人類的重要性。除了跟動物一樣具有生物性本能外，人類還擁有一大堆社會性本能，如社交、同情及謙虛等，它們被認為有助於個體適應所處環境。

在本能論的全盛時期，本能幾乎被用來解釋人類的每一項舉動。到了1920年代，人類本能的清單已超過10,000種。這不僅氾濫，也無益於對行為的科學研究，因為這只是在為行為「命名」而已，不是在「解釋」行為。換句話說，「同情本能」被用來解釋人類為什麼會有同情行為，然後同情行為又被視為是人類有「同情本能」的證據，這完全是一種循環論證，空洞的推理。

在質疑本能論的聲浪中，除了跨文化人類學家反駁「先天本能是人類普遍一致的現象」的論點，行為論學者更是實徵上舉證，許多重要的行為和情緒是學得的，而不是天生的。如果你想要解釋為什麼不同個體會展現不一樣的行為，你只需要知道他們的「強化史」即可，不必訴諸「動機」（motivation）的概念。

（三）期望和認知的角色

有些學者採取認知的研究途徑，他們認為人類動機不僅來自外界的客觀現實，更是取決於你對現實的主觀解讀。這表示你當前的舉動通常受支配於：(1)你認為什麼因素造成了你過去的成敗；(2)你認為自己能夠採取怎樣的行動；及(3)你預期所採取的行動將會導致怎樣的結果。這種探討途徑指出，人類行動是受到這些較高水平的心理歷程所掌管，也就是受到對未來事件的期望所驅使。

馬斯洛的需求層次論

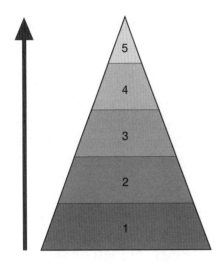

5. 自我實現（Self-Actualization）
發押潛能和擁有有意義目標的需求

4. 尊重需求（Esteem Needs）
對價值感、勝任感、成就及名譽的需求

3. 歸屬需求（Attachment Needs）
對依附、親近、愛人與被愛的需求

2. 安全需求（Safety Needs）
將舒適、安寧、不受威脅及免於恐懼的需求

1. 生物需求（Biological Needs）
對食物、空氣、水、陽光及性表達的需求

＋知識補充站

需求層次論（need hierarchy theory）

　　人本心理學家馬斯洛在1970年代提出「需求層次論」，他視人類的動機為由多種需求形成的階層系統。每個人都擁有朝向自我實現的先天傾向，但為了使這樣的潛能得以發展和實現，我們必須先滿足較低層次的基本需求。每一個層次的需求得到滿足後，下一層次的需求才會使我們產生動機。

　　馬斯洛後來擴展他的理論，他稱前四個層次為基本需求（basic needs），在層次4與5之間，他增添「認知需求」（cognitive）和「審美需求」（esthetic），前者是指對知識、理解及新奇的需求，後者是指對秩序、大自然及藝術的需求。這二者再加上自我實現被合稱為成長需求（growth need）。事實上，在「自我實現」之上，馬斯洛還列有一個層次，稱為「超然存在」（transcendence）的需求。這是一種更高的意識狀態，它是對自己在萬有萬物中的角色的一種宇宙視野，即一種「天人合一」的狀態。但很少人能達到這種超越「自我」的境界。

　　然而，馬斯洛的層次劃分不是那般經得起考驗。我們有時候會為了追求較高層次的需求而忍受身體的煎熬（如句踐的臥薪嘗膽）。此外，有些人會故意埋沒自己的才能，因為他們害怕這將會加重責任，或使自己的未來添加變數，這種矛盾心理稱為約拿情結（Jonah complex）。

7-2 攝食行為

　　大部分動物的生活都離不開攝食。對人們而言，爲了維持身體健康，他們必須適時攝取至少22種不同的胺基酸，12種維生素，一些礦物質及足夠的卡路里，這樣才能獲致身體活動所需的能量。

（一）攝食的生理機制

　　你的身體如何告訴你應該進食或停食？換句話說，什麼是饑餓？什麼是飽足？

　　早期的研究指出，胃部的強烈收縮是饑餓的起因。但後來的研究顯示，病人被切除胃部後仍會有饑餓感。再者，在血液中注射葡萄糖，這將會中止胃壁收縮，但依然產生饑餓感。因此，空胃的收縮（饑腸轆轆）不是饑餓感的必要條件，也不能充分解釋身體如何偵察它需要進食。

　　但是胃部膨脹（飽滿的胃）確實會引致個人停止進食，高卡路里和高蛋白質的食物產生較大的飽足感。此外，停止進食的身體信號還包括：(1)胃壁有一種感受細胞，它對於溶解在胃液中的營養成分保持敏感，進而把訊息送到大腦；(2)當食物進入小腸時，十二指腸的腸壁開始分泌一種激素（CCK），也把「停止進食」的訊息輸送到大腦；(3)肝細胞把葡萄糖－肝糖的平衡狀況傳送到大腦。

（二）攝食的心理層面

1. 遺傳影響

　　爲什麼有些人變得過胖，廣延的證據已顯示，人們生來就擁有體重較輕或較重的先天傾向。例如，同卵雙胞胎研究顯示，他們在身體質量指數（BMI）和體型的另一些量數上顯現較高的相關－相較於異卵雙胞胎。爲什麼？有些人從一般的日常活動中就能燃燒大量卡路里，另有些人則不能，這種「靜止代謝率」似乎有很高的可遺傳性。

2. 家庭影響力

　　在許多家庭中，高脂肪、高卡路里的飲食（以及對食物的過度重視）可能造成家庭成員的肥胖，包括家庭寵物。肥胖人們通常擁有較多脂肪細胞（adipose cells），當他們減重時，脂肪細胞大小將會縮小，但是數量維持不變（從兒童期開始就保持固定）。因此，對嬰兒和幼兒的過度餵食造成他們發育較多脂肪細胞，這使得他們容易在成年期發生體重困擾。

3. 安慰的食物

　　當你感到有壓力或心情低落時，你會想吃胡蘿蔔或巧克力？當心情惡劣時，高脂肪或高碳水化合物的食物被認爲具有安慰的作用，它們有助於降低壓力反應系統的活性化。

　　從純粹的學習原理來看，我們都受到制約而對廣泛的環境刺激（在舞會中，在電影院裡，或觀看電視時）產生進食反應。肥胖人們似乎受制約於更多線索（內在和外在兩種線索）。這表示像焦慮、憤怒、無聊及沮喪等都可能引起過度飲食。因爲美好食物的味道令人愉悅，也因爲情緒張力被降低下來，進食反應因此受到強化。

「保持苗條的社會壓力」是造成肥胖的途徑之一

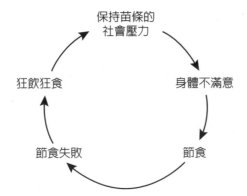

「低落的心情及自尊」是造成肥胖的途徑之一

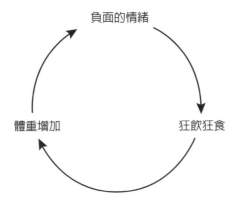

＋知識補充站

1990年代初期，Anne Becker（2002）在斐濟執行研究，他發現頗高比例的斐濟人屬於過重（就西方的標準而言），特別是女性。在斐濟的文化中，肥胖身體令人聯想到強壯、有工作能力、親切及寬宏大量。對照之下，削瘦身材被認為是體弱多病、不能承擔工作或受到苛刻待遇。換句話說，肥胖遠比削瘦受到歡迎，而節食被視為違背習俗。他們文化完全沒有所謂「飲食性疾患」的東西。

但是，自從電視在1990年代後期被引進後，情勢完全改觀了。斐濟人開始觀看像是《飛越比佛利山莊》等所謂俊男美女的電視劇，這導致許多女性開始表達對自己體重的擔憂，不滿意自己的身體。斐濟女性首度地認真節食及瘦身，她們想要媲美電視上的那些人物角色。

你可以看到，西方關於苗條的價值觀，如何通過媒體而滲透到不同的文化中。

7-3 性行為（一）

　　當缺乏食物或水時，個體勢必無法生存，但「性」則不然。有些動物和人類一生保持獨身狀態，這似乎不會損害他們的生活功能。性動機牽涉到物種的生存，但不是個體的生存。

　　只有對繁殖而言，性行為才是生物上必要的。為了擔保個體將會致力於繁殖，大自然的設計是使得性刺激帶來強烈的愉悅感。性高潮（orgasm）就充當在交配過程中所付出精力的最終強化物。

（一）性行為的科學研究

　　人類性行為的研究是由金賽（Alfred Kinsey）及其同事們（1948, 1953）在1950年代首先發起。但集其大成者應該是William, Masters和Virginia Johnson（1966, 1970, 1979），他們真正打破傳統禁忌，在實驗室中直接觀察及記錄人類進行中的性行為，以探討人們從事各種性活動的生理模式，包括自慰和性交。自此之後，人類性行為的探究已成為一個正當的領域。

　　根據他們的觀察，Masters和Johnson描述了人類性反應的四個階段，統稱為性反應週期（sexual response cycle）：

1. 興奮期（excitement phase）：它的特色是主觀的愉悅感和一些生理變化，包括男性的陰莖勃起，在女性方面則是陰道潤滑和陰蒂膨脹。持續期間可從幾分鐘到超過1小時。
2. 高原期（plateau phase）：個人達到極高的激發水平；心跳、呼吸和血壓快速升高；腺體增加分泌；以及全身的隨意肌和不隨意肌的張力增強。
3. 高潮期（orgasm phase）：男女兩性感受一種非常強烈的快感，這是因為從性緊張狀態突然解放出來。它的特色是性器官發生一種有節奏的收縮，在男性身上，這稱為射精，即精液的「爆發」狀態。男女在這個期間的呼吸和血壓達到最高水平，心跳約為平常的2倍快。
4. 消退期（resolution phase）：身體逐漸回復正常的狀態，血壓和心跳緩和下來。在一次性高潮後，大多數男性進入一種不反應期（refractory period），在這期間不可能發生另一次高潮，可能從幾分鐘到幾個小時。但只要持續的激發，有些女性在很短期間內能夠發生連續幾次性高潮。

（二）性反應的心理層面

　　雖然集中於探討性反應的生理層面，但Masters和Johnson的最重要發現是在於「心理歷程」對性激發和性滿足二者的重大影響。他們證實性反應的困擾通常具有心理起源，而不是生理起源。

　　個人之所以無法完成性反應週期以獲致滿足，主要有幾方面來源：(1)太專注於自己的困擾；(2)害怕性活動的後果；(3)擔憂對方將會評估自己的性表現；及(4)潛意識的罪惡感作祟。此外，營養不良、疲倦、壓力，以及過量服用酒精或藥物也可能減損性衝動和性表現。

一、人類性反應的階段

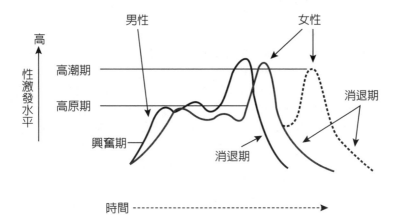

二、個人無法獲致性滿足的原因

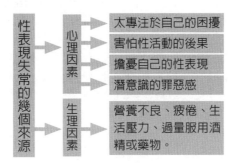

✚ 知識補充站

約會強暴（date rape）

　　性劇本（sexual scripts）是指個人從社會所學得之性方面應對進退的腳本，它也包括你對性伴侶的期待。但是當這些劇本未被認肯，不經討論，或失去同步化時，經常在男女之間製造了紛爭。

　　關於約會強暴的研究顯示，男女的性劇本在關於象徵性抵抗（token resistance）的發生率上存在重大落差。象徵性抵抗是指女性基於矜持心理會適度抗拒進一步的性要求，儘管她們原先就打算同意。極少女性（大約5%）報告自己會採取象徵性抵抗，但大約60%男性表示他們遇過（至少一次）象徵性抵抗。

　　這可能是許多約會強暴的起因。有些男性相信象徵性抵抗是性遊戲的一部分；女性這麼做是避免自己被看作隨便而濫交，因此不必理會她們的抗議。男性絕對有必要認識，女性事實上報告自己很少玩這樣的遊戲，她們的抵抗是真實的，「不要」就是「不要」。

7-4 性行為（二）

（三）性行為的進化

動物性行為的模式大致上是演化所決定的，主要目標是為了種族的延續，而且已經高度儀式化和定型化。那麼人類性行為呢？

當以繁殖為目標時，女性的卵子是有限的資源，男性互相競爭機會以使之受精。這表示男性面對的基本問題是設法跟最多的女性進行交配，以盡量擴大他子女的數量。但是女性面對的基本問題是找到高素質的男性，以擔保她有限的卵子能夠產下最優良、最健全的子女。再者，人類子女花費很長時間才能成熟，成長過程無依無助，需要父母在生活上實質的照顧。因此，女性不僅要挑選最高大、最強壯、最聰明、最高地位及最帥的伴侶，她們也要挑選最忠誠、最傾力以赴的伴侶以協助她們撫養子女。

（四）身體成熟和性成熟的時間表

身體成熟和性成熟的歷程是由基因所啟動，然後由激素所執行。但環境也在成熟的時間表上扮演一定角色。這種情形特別在「世俗趨勢」（secular trend）中有戲劇化的示範。世俗趨勢是指身體發育和性發展在工業化社會中，呈現朝著更早成熟和更大體型進展的歷史趨勢。例如，在1880年，一般女孩在大約16歲時達到月經初潮。到了1900年，其平均年齡降到14至15歲；到了1980年代時，它又降到12歲半。此外，過去一個世紀以來，人們已長得更高，也更重。許多青少年遠高於他們的祖父母。

雖然世俗趨勢在今日的美國已平穩下來，但現今在一些文化中，它們達成性成熟的時間遠落後於工業化國家。例如，在新幾內亞的一些地區，一般女孩直到18歲時才發生初潮（Tanner, 1990）。許多較為繁榮的第三世界國家，目前正經歷世俗趨勢（台灣在2013年宣布，國小五、六年級女生可以請生理假）。

如何解釋世俗趨勢？最主要原因似乎是營養的改善和醫療保健的進步。因為有較良好的營養，也是因為較少罹患將會妨礙成長的疾病，今日的兒童要比他們父母或祖公母更可能發揮他們的遺傳潛能。因此，身體成熟和性成熟是遺傳與環境之間交互作用的產物。

（五）停經（menopause）

女性月經在中年時的終止被稱為停經。一般女性在51歲時發生停經，尋常的年齡範圍是從42歲到58歲。這個歷程持續大約4年期間，隨著月經期變得較不規律。

雖然前面提到，月經初潮的年齡在歷史中逐漸降低，但停經的年齡似乎沒有太大變化，而且在不同文化中大致相似。

你對「停經婦女」的印象是怎樣？一般認為她們容易暴躁，無緣無故就發脾氣；要不然就是抑鬱沮喪而情緒不穩定。但這樣的刻板印象沒有太多真實性。

只有兩個停經狀是直接與女性激素水平的下降有關，但它們是屬於身體方面。第一個症狀是熱潮（hot flash），它包括突然感到溫熱而出汗，通常集中於臉部及身體上半部，持續幾秒鐘或幾分鐘，繼之以冷顫。另一個症狀是陰道乾燥（vaginal dryness）。陰道壁變得較薄及較為乾燥，導致有些婦女在性交時感到苦惱或疼痛。

一、大部分強暴案不是由陌生人所犯下。

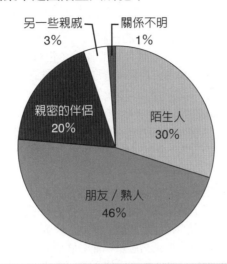

親密的伴侶 20%

朋友／熟人 46%

陌生人 30%

另一些親戚 3%

關係不明 1%

＋ 知識補充站

動物的交配系統

在動物世界中，許多雄性和雌性成員在交配後便各奔前程，有些是一直留到繁殖季節過去才分手，還有些則形成很長久的配偶關係。我們勉為其難稱之為一夫多妻制（polygyny）、一妻多夫制（polyandry）及一夫一妻制（monogamy）——因為有很多種變化形式。

我們已知道，90%的鳥類是一夫一妻制（留到繁殖季節結束才分開），90%的哺乳類則是一夫多妻制。為什麼會有這麼多交配系統？

社會生物學家認為，這樣的交配型態是基於演化的經濟學，為了使個體的繁殖成功達到最大化。鳥類需要一隻孵蛋，另一隻外出覓食。至於哺乳類的雄性則沒有孵蛋和餵食的問題，他為了使自己繁殖成功，就必須儘量跟愈多的雌性交配。

動物的身體結構也跟交配型態有關。凡是一夫多妻制的雄性都有性別體型差異（sexual dimorphism），即同一物種的動物，雄性和雌性在身體大小和結構上顯現很大差異，普遍是雄性體型壯大而美觀，諸如公孔雀和公鹿。反之，一夫一妻制的長臂猿就沒有顯著的外形反差。

那麼在人類身上呢？因為人類也有一些性別上的體型差異，一般而言，男性的體型比起女性大上10%，有些人就援引為人類也有一夫多妻的傾向。社會生物學家指出，男女繁殖策略的不同是基於他們生理的差異，進而導致他們尋求性交對象數量上的差別。儘管避孕技術的進步，但是過去的演化還是在人們身上留下痕跡，不因生育的控制而有所不同。在所調查的185個不同文化中，人類學家發現大多數是容許多妻制的，只有16%的文化是一夫一妻制。

然而，這個觀點受到重大批評。從文化角色上考量，有些人認為性態度的差異是社會的產物，而不是生理的產物；它反映文化的影響，而不是先天的雙重標準。他們認為一夫多妻制只是男性社會的衍生物，它是視女性為財產的文化觀念下的結果。至於性交對象數量的差異，他們認為是早期社會教育的結果。男孩被教導要征服女性，女孩則從小被教導要從一而終、關懷家庭及撫育子女。

這方面的證據，至今莫衷一是。當然，演化可能塑造了我們的許多衝動和慾望，但我們無從知道，這些衝動和慾望又如何轉而塑造我們的文化。因此，男人是否先天就有拈花惹草的傾向？我們只能說，「畢竟，人類是有文化的」。

7-5 同性戀

　　個人建立起性認同（sexual identity）的任務之一是察覺自己的性取向（sexual orientation），即個人對同性或異性之性伴侶的偏好。性取向存在於一個連續頻譜上，但我們社會通常把人們描述為主要是異性戀取向、同性戀取向、或雙性戀取向。

（一）同性戀的發生率

　　根據從美國、法國或英國謹慎挑選的大型樣本所進行的調查，成年人同性戀行為的發生率是在2%到6%之間，純粹男同性戀的發生率是2.4%，純粹女同性戀則不到1%。這些數值正確嗎？只要我們社會對同性戀行為仍存有敵意，我們就不可能取得完全準確的估計值。

（二）同性戀的遺傳因素

　　有些研究顯示，儘管承受了被要求採取傳統性別角色的普遍壓力，許多男女同性戀者在他們還年幼時就表達了強烈的跨性別興趣。例如，研究已追蹤一組高度女性化的男孩，發現他們不只是偶爾從事跨性別的遊戲，而是強烈而一貫地偏好女性的角色、玩具及朋友。這些男孩中有75%在15年後成為真正的同性戀者－對照之下，控制組男孩（一般的男孩）只有2%是如此。因此，許多同性戀的成年人實際上從很早年齡就知道傳統的性別角色期待不適合他們。

　　儘管如此，許多男女同性戀者在童年時，仍然有典型的性別行為。

（三）同性戀者的心理特質

　　相當不同於社會刻板印象把男同性戀者（gay）視為女性化的人們，而把女同性戀者（lesbian）視為男性化的人們，男女同性戀者就跟異性戀者一樣，他們擁有同樣廣泛的各種心理特質和社交屬性。即使是專業的心理學家，他們也無法辨別同性戀受試者與異性戀受試者在心理測驗結果上有什麼差別。

（四）同性戀的環境因素

　　怎樣的環境因素將會促成個人的同性戀傾向實際上表現出來。我們迄今仍不清楚。傳統的精神分析論指出，男同性戀是源於擁有一位跋扈的母親和一位軟弱的父親，但這並未得到太多證據的支持。還有些人主張，同性戀者是受到較年長人們的引誘而採取同性戀的生活方式，這同樣未獲得證據的支持。

　　另一種頗有前景的假設是，產前的激素作用具有重要影響。例如，男性化的女性比起一般女性較可能採取同性戀或雙性戀的取向，這說明了產前高濃度的雄性激素可能至少使得某些女性傾向於成為同性戀。

　　在一項大規模的調查中，同性戀者被發問他們是在什麼年齡開始察覺自己的性取向。男性同性戀者報告的平均年齡是9.6歲，女性同性戀者是10.9歲。男性報告在14.9歲時發生同一性別的性接觸，女性則是16.7歲。這說明許多人早在青春期之前就認定了自己的性取向。

　　一般人會問，什麼造成同性戀？但他們其實也可以這樣問，什麼造成異性戀？當我們知道如何解釋異性戀時，我們大概也就清楚同性戀是如何發生。

一、兒童期之符合性別和不符合性別的行為

1.當還是兒童時，你喜歡男孩的活動（像是棒球或足球）嗎？	
男同性戀者—32%	女同性戀者—85%
男異性戀者—89%	女異性戀者—57%
2.當還是兒童時，你喜歡女孩的活動（像是跳房子或扮家家酒）嗎？	
男同性戀者—46%	女同性戀者—33%
男異性戀者—12%	女異性戀者—82%
3.當還是兒童時，你是否穿過異性的服飾而裝扮成異性？	
男同性戀者—32%	女同性戀者—49%
男異性戀者—10%	女異性戀者—7%

二、同性戀的雙胞胎研究

	同卵雙胞胎	異卵雙胞胎
如果男性雙胞胎中有一位是同性戀者或雙性戀者，那麼另一位也是如此的百分比：	52%	22%
如果女性雙胞胎中有一位是同性戀者或雙性戀者，那麼另一位也是如此的百分比：	48%	16%

✚ 知識補充站

一封寫給美國母親的信

佛洛依德對待同性戀人士的態度很清楚領先他的時代，如這一封動人心弦的信所表達的：

親愛的女士：

……我從妳的來信推斷，妳的兒子是一位同性戀者。我最感到印象深刻的是，妳在信中不曾以「同性戀」這個字眼提及妳的兒子。我想問妳的是，為什麼妳要迴避這個字眼？同性戀無疑不是有利的，但是也不必要感到羞恥，它不是罪行，也不是墮落，它不能被歸類為一種疾病……。古往今來，許多值得尊敬的人是同性戀人士，有幾位還是世界的偉人（柏拉圖、米開朗基羅、達文西等）。因此，視同性戀為罪行而加以迫害，不但不公平，也是殘酷的……。

妳問我是否能夠提供協助，我推想妳的意思是問我，我能否消除同性戀，然後以正常的異性戀加以取代。我的回答是，一般來說，我們無法承諾可以達成這樣的要求……。

誠摯地祝福妳　佛洛依德　敬上

7-6 成就動機

　　怎樣的動機力量會導致不同人們尋求不同水平的個人成就？成就動機（achievement motivation）是指個人努力追求進步以達成所渴望目標的內在動力。

（一）成就需求（need for achievement, nAch）

　　David Meclelland及其同事們（1953, 1985）界定成就需求為「個人從事競爭並努力爭取成功的一種學得的動機」。為了測量成就需求的強度，研究人員給予兒童或成年人一些圖片（參考右圖），然後要求他們針對圖片編個故事。研究人員假定，受試者將會把他們自身的動機投射在圖片中的情境，而所描述故事中與成就有關的主題數量就代表這個人成就需求的高低。

　　當兒童在像這樣成就需求的測量上拿到高分時，他們確實傾向於在學校中拿到較好成績。另一項研究指出，高nAch的人們比起低nAch的人們較可能在社會階層上向上流動。在31歲時施測，發現這時候nAch得分較高的人們（不論男女）到了41歲時傾向於有較高的薪水收入－相較於他們nAch得分較低的同事。

（二）對成敗的歸因

　　我們現在已經清楚，成就動機是一個綜合的概念，除了成就需求外，我們也應該考慮個人對於達成特定目標的價值觀，個人自覺的勝任能力和對成功的預期，以及個人關於成敗原因的信念。

1. 控制觀（locus of control）

　　研究人員發現，兒童的成就行為有賴於他們如何解釋自己的成功和失敗，也有賴於他們認為自己是否能夠控制這些結果。當兒童認為考試成敗是出於個人內在因素或特性時（如能力和努力），稱為內控信念；當認為是出於外在或環境因素時（如作業難度和運氣），稱為外控信念。對於抱持內控信念的兒童而言，他們通常在學業成就測驗上的表現優於外控信念的兒童。

2. 穩定對不穩定（stability VS. instability）

　　控制觀不是你從事歸因時唯一參考的維度，你也會推定這樣的原因是穩定或不穩定的。能力和作業難度是屬於穩定的。相對之下，努力和運氣是不穩定的。

　　關於控制觀和穩定性二者如何交互作用，右圖提供了一個實例。

　　研究已顯示，高成就者傾向於把他們的成功歸之於內在而穩定的原因，如個人能力。然而，他們把失敗歸之於他們所不能控制的外在因素（「這次考試太難了」或「教師的評分有所偏差」），或歸之於他們能夠克服的內在原因（特別是自己不夠努力）。這被稱為樂觀（積極）的歸因風格，個人能從挑戰中成長茁壯，當面對失敗時堅持下去。

　　有些兒童是低成就者，他們經常把成功歸之於個人努力的內在原因，或歸之於像是運氣或作業簡單等外在原因。因此，他們感受不到自信和自尊。反而，他們經常把失敗歸之於內在而穩定的原因－也就是缺乏能力。這是悲觀（消極）的歸因風格，也就是「學得性無助」取向，個人能避免挑戰，很輕易就放棄努力。

「主題統覺測驗」（TAT）圖片的兩種解讀

展現高nAch的故事梗概

這兩個男人為了一項新的科學突破已工作了好幾個月，而這項突破將會為醫學界帶來革命性的進展。

展現低nAch的故事梗概

這兩個傢伙很高興這一天就要過去了，他們因此可以回家，看看電視。

對行為結果的歸因

		控制觀	
		內控	外控
穩定性	穩定原因	能力 「我對數學是完全不行」	作業難度 「這次考試太困難了，試題也太多了。」
	不穩定原因	努力 「我早該用功些，不要貪玩。」	運氣 「我運氣太差了，我唸過的部分都沒有出題。」

第8章
情緒與壓力

8-1 基本概念

　　現代心理學界定情緒（emotion）為一組複雜型態的身體變化和心理變化，它是針對當事人認為具有個人意義的情境而產生，包括了生理激發、感受、認知歷程、外顯表情（包含臉孔和姿勢），以及特定的行為反應。情緒不同於心情（mood），情緒是針對特定事件而產生，它通常相對上持續不久，但較為強烈。

（一）是否有些情緒反應是天生的？

　　達爾文在他的著作《人類與動物的情緒表達》（1872）中指出，情緒是一些特化的心理狀態，它們是與生俱來的反應，也可藉由學習與成熟而改變。他主張情緒在演化過程中具有適應環境的功能，它們可以啟動反應的預備性，也具有傳達訊息的效用。

　　研究已發現，在出生之時，嬰兒顯現了好奇、苦惱、厭惡及滿意的表情。這些「原始」情緒似乎是生物上擬定好的，因為它們於大約相同年齡在所有正常嬰兒身上出現，而且在所有文化中以類似的方式被展現及解讀。

　　雖然最早的情緒表達似乎是生物上擬定好的，但社會文化的環境很快就開始發揮它的影響力。例如，在一項研究中，相較於日本和美國之11個月大的幼兒，中國之同一年齡的幼兒一致地顯現較少的情緒表情。這說明了社會文化在生活非常早期，就對先天的情緒反應產生影響。

（二）情緒的表情是否普遍一致？

　　大量的證據顯示，人類擁有快樂、驚奇、憤怒、厭惡、恐懼、哀傷及輕視這七種基本情緒，它們是世界各地人們普遍認識及製造的表情。跨文化研究指出，全世界人們（不論他們的文化、種族、性別或教育程度的差異）以大致相同的方式表達基本情緒，他們也能夠從觀察臉部表情中辨認對方的情緒感受。

　　但是，只有這七種基本情緒接近於「四海皆準」，研究學者並未發現所有臉部表情都是普遍一致的，也不是各種文化都以相同方式表達所有情緒。

（三）情緒的功能

1. 動機的作用：你第一次穿上新汗衫，發現肩膀處的縫線綻開了。為什麼你可能會氣沖沖地趕回商店，要求對方退錢？你可以看出，情緒經常為行動提供了推進力。情緒「引起」你針對一些實際或想像的事件採取行動；因此，它具有動機的功能。情緒接著引導及維持你的行為朝向特定目標。

2. 社交的功能：在社會層面上，情緒具有調節社交互動的廣泛功能。靈長類動物使用臉部表情以維持和建立尊卑主從的階層關係，而臉部表情更是人類傳達個人感受及社會訊息的重要管道。情緒使你與一些人連結起來，情緒也使你與他人保持距離。當失去察覺情緒的能力（如有些病人喪失杏仁核的功能），個人也失去了在社交世界充分運作的能力。

3. 認知的功能：研究已證實，情緒狀態可能影響你的學習、記憶、社會判斷及創造力。這表示情緒具有認知的功能，你的情緒反應在組織及分類你的生活經驗上扮演重要的角色。

一、這些臉孔分別在表達何種情緒？從左上角起，它們分別是快樂、驚
　奇、憤怒、厭惡、恐懼、哀傷及輕視。

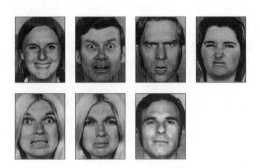

二、面部量表：「哪一個臉孔最接近你對自己整體生活之感受的表情？」
　這個簡易量表可以取得人們對自己幸福程度的評定。

＋知識補充站

正向心理學（positive psychology）

　你能教導人們變得快樂嗎？金錢能夠換得快樂嗎？為什麼有些人就是較為快樂些？這些是關於人類處境之共同而基本的問題，卻是長期地被心理學家們所忽略。

　正向心理學是在探討導致積極情緒、善良行為及最佳表現的各種因素和歷程，包括在個體和團體兩方面。這個研究領域的目標是提供人們知識和技能，以使他們能夠體驗充實的生活。

　什麼是快樂？它被界定為是主觀的幸福（subjective well-being），也就是個人自覺身心安寧舒適而具有活力的狀態，它是個人對生活滿足和愉悅的總括評價。

　正向心理學現在已蔚為一股運動，它正招引許多領域之研究學者的興趣，以便對所有人類處境的這個最基本特質進行科學的檢視。我們可以學習讓自己快樂。

8-2 情緒理論（一）

各種情緒理論已被提出，試圖說明你的生理反應如何引致你心理上的情緒感受。

（一）情緒的生理歷程

當你感受強烈情緒時（如恐懼或憤怒），你可以察覺到自己心跳加速、呼吸增快、嘴巴乾燥及肌肉拉緊等。這些生理反應是設計來動員你身體的力量，使你採取行動以應付情緒來源。

1. 自律神經系統（ANS）：自律系統使身體預備好產生情緒反應。
2. 中樞神經系統：下視丘（hypothalamus）和邊緣系統（limbic system）是情緒的控制系統，它們負責了生理激發的激素層面和神經層面二者的整合。
3. 大腦皮質（cortex）：大腦皮質透過神經網路而整合生理反應和心理經驗，它提供聯想、記憶及意義，使你產生豐富的情感世界，這是人類不同於動物之處。

（二）詹郎二氏情緒論（James-Lange theory of emotion）

在情緒產生的過程中，究竟主觀、認知的感受居先，抑或身體、生理的反應居先？這導致了不同的情緒理論。

「你深夜走在暗巷中，聽到一些不尋常的聲響，你感到害怕，你接著就跑了起來。」你認為這一段陳述有任何問題嗎？

心理學家詹姆斯（W. James, 1884）和生理學家郎格（C. G. Lange, 1885）在同一年提出類似的情緒觀念，被稱為詹郎二氏理論。它主張情緒經驗起源於連續發生的三個歷程：(1)首先有誘發性的刺激情境；(2)該刺激引起之生理或身體的反應；及(3)因生理變化而導致的情緒經驗。

這表示先前的陳述弄錯了順序，你應該是在生理反應後才感受到情緒－「你是因為逃跑才感到害怕，因為哭泣才感到哀傷，因為捶桌子才感到自己憤怒」。根據這個理論，當個人知覺到刺激時，這將引起自律系統的激發和另一些身體作用，接著就導致特定的情緒體驗。

（三）坎巴二氏情緒論（Cannon-Bard theory of emotion）

生理學家坎農（Walter Cannon, 1929）強調中樞神經系統的作用，他對詹郎二氏論提出一些質疑：(1)以手術切斷內臟反應（visceral reactions）與CNS的連繫，動物依然有情緒反應，所以情緒不一定先要有生理激發才能發生；(2)自律神經的反應通常過於緩慢，不足以作為一些瞬間引發的情緒的來源；(3)許多情緒的內臟反應極為相似，那麼如何產生不同的情緒？因此，詹郎二氏論不能解釋情緒的所有現象。

另一位生理學家巴德（P. Bard, 1938）指出，誘發性的刺激具有兩個同時的效應，其一是經由交感神經系統引起生理激發，另一是經由大腦皮質引起主觀的情緒體驗。他們的觀點被合稱為坎巴二氏情緒論。

這個理論主張，情緒刺激產生兩個同時的效應，即情緒的生理激發和主觀體驗，但它們互相不具因果關係。假使你在野外遇到一條蛇，就在你想起「好害怕啊！」的同時，你的心臟也加速跳動。但你的身體和你的心理都沒有指定對方如何反應。

詹郎二氏情緒論

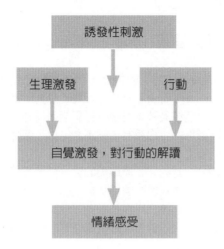

坎巴二氏情緒論

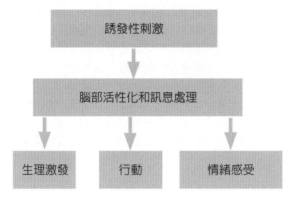

認知評價理論

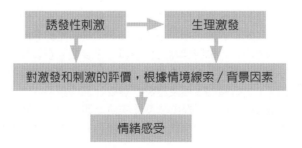

8-3 情緒理論（二）

（四）情緒的認知評價理論（cognitive appraisal theory）

1. 理論透視

根據夏克特（S. Schachter, 1971）的觀點，情緒體驗是生理激發（physiological arousal）和認知評價（cognitive appraisal）二者共同發生作用的結果，兩者都是情緒發生的必要成分。所有的生理激發被認為是一種概括而未分化的狀態，這是情緒生成的第一步驟。然後，你評價你的生理激發，試圖發現你正感受什麼、怎樣的情緒標籤最適合該狀態，以及你的反應在所處環境中意味什麼。

拉撒路（R. Lazarus, 1995）是認知評價觀點的另一位擁護者，他表示認知是發生在情緒體驗之前，至於評價的發生通常不需要意識上的思考，你的過去經驗早已教會你如何把情緒與情境連結起來。這種立場也被稱為「情緒二因論」，「生理激發」決定情緒的強度，「認知評價」則決定當事人對情緒性質的認識。

2. 經典實驗

對許多不同情緒來說，因為它們的生理激發狀態極為相似，當我們在一些曖昧或新奇的情境中經歷這樣狀態時，我們可能混淆了自己的真正情緒。

在一項經典的實驗中，男性受試者走過兩座吊橋之一，隨即接受同一位女性助理的訪談。A吊橋安全而穩固，懸掛高度只有10英呎。B吊橋搖晃不定，懸掛高度230英呎（見右圖）。實驗發現，剛走過B吊橋的受試者評定該女性助理較具姿色，他們也有較多人打電話約會該助理——相較於走過A橋的受試者。

3. 研究結論

這項研究說明了，當人們處於激發狀態，但缺乏很明顯的原因或來源時，他們將試著從身邊環境中尋找線索，以之解釋及標定他們的激發狀態。因此，受試者被危橋引起生理激發，卻錯誤歸因（misattribute）於受到女性助理所吸引時，就產生了上述的實驗結果。

4. 評論

認知評價理論也受到一些質疑。例如，研究已顯示，不同情緒所伴隨之激發狀態（即自律神經系統的活動性）不完全相同。因此，至少對於一些情緒體驗的解讀可能不需要評價。

其次，當感受強烈的生理激發，但沒有任何明顯的原因時，這並不是導致中性、未分化的狀態。人們通常把這樣的生理激發解讀為「負面」，即一種不祥之兆。

從這些評論來看，最安全的說法似乎是，認知評價是情緒體驗的重要歷程，但不是唯一的歷程。在某些情況下，你將會覓之於環境（至少是無意識地）以試圖解讀自己為什麼會有那樣的感受。然而，在另一些情況下，你的情緒體驗可能是受到進化所提供之先天環結的支配，這時候的生理反應將不需要任何解讀。

基於上述原因，Averill（1993）提出「多層次情緒觀點」，他認為情緒可被歸屬於生物層次、社會層次或心理層次。每種層次的情緒各有不同的生成途徑。

一、從環境中尋找激發狀態的解釋

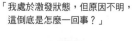

「我處於激發狀態，但原因不明，
這倒底是怎麼一回事？」

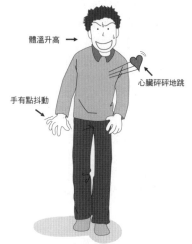

體溫升高 →

心臟砰砰地跳

手有點抖動

 碰到黑熊 = 這是恐懼

 碰到迷人的小姐 = 這是愛慕

 想起期末考測驗 = 這是焦慮

 在體育館運動 = 這不是情緒

二、吊橋實驗的示意圖

➕ 知識補充站

約會的地點

　　如果你是一位青年男女，你心儀的對象答應你的約會，你會選擇怎樣的地點呢？根據情緒的認知評價理論，你不要再去餐廳吃飯或看電影了（除非是恐怖電影）。你不妨帶對方去坐雲霄飛車或高空纜車，從事攀岩、溜冰等各類運動。如果對方感到心臟砰砰地跳、呼吸急促而手心冒汗（生理激發狀態），卻「錯誤歸因」於受到你的吸引所致（因此才會臉紅心跳，心頭小鹿亂撞），你的策略就成功了。

8-4 生活壓力

（一）壓力的定義

壓力（stress）是指個體對威脅到他身體或心理安寧的刺激事件所採取的反應模式，這樣的事件必須是踰越了個體的應付能力或造成過度負荷。刺激事件包括各種內在狀況（如疼痛或疾病）和外在狀況（如擁擠或噪音），也稱為壓力源（stressor）。壓力反應則包括幾個不同層面的反應，像是生理、行為、情緒及認知。

（二）生理的壓力反應

1. 急性壓力（acute stress）

當面對緊急情況時，你的神經系統和內分泌系統將會被引發一系列活動，以使身體為所採取的行動做好準備，這種壓力反應被稱為「戰鬥或逃跑」的反應（fight-or-flight response）。

當應付的是外在危險或威脅時，這樣的壓力反應具有重要的生存價值。但是在現代化生活中，你面對的是許多「心理壓力源」，你也找不到對象以供你戰鬥或逃跑，這種動員自律反應系統的應付方式只會為身體帶來不利後果。

2. 慢性壓力（chronic stress）

長期的重大壓力會對身體造成什麼影響呢？生理心理學家Hans Selye提出一個身體如何自行動員以處理壓力的模式，稱為一般適應症候群（general adaptation syndrome, GAS）。它包括三個階段：(1)警覺反應（alarm reaction）階段，透過自律神經系統的活化、腎上腺被釋放、心跳速率和血壓上升、呼吸急促及血液集中在骨骼肌，身體準備好從事精力充沛的活動；(2)假使壓力源持續不退，身體進入抗拒（resistance）階段，適應期間取決於壓力源的強度，到了後期，神經和激素開始惡化，免疫能力減退；(3)衰竭（exhaustion）階段，身體的適應功能衰退或瓦解，資源耗盡，個體進入疾病或死亡。

（二）心理的壓力反應

在說明個體對壓力的適應上，GAS是一個吸引人的解釋，雖然它似乎過度強調生理因素，而疏忽了心理因素。特別是，Selye被批評沒有充分認識到情緒和認知（即解讀）因素在壓力上的角色。

1. 重大生活事件（major life event）：許多生活變動是重大壓力的來源。Holmes和Rahe在1960年代最先編製了「社會再適應量表」（SRRS），以之計算個人所經歷的「生活變動單位」，作為個人所承受壓力程度的數值（參考右圖）。研究已顯示，身體疾病的發展與早先所累積的生活壓力單位之間存在顯著相關。

2. 創傷事件（traumatic events）：像是強暴案、重大車禍、恐怖攻擊、地震或龍捲風等事件可能為個人帶來重大的衝擊，產生不易磨滅的創傷。

3. 長期壓力源（chronic stressors）：對許多人來說，社會和環境中的一些狀況經常是長期壓力的來源，這可能包括過度擁擠、政治對抗、犯罪率偏高、經濟不景氣、環境污染、AIDS及恐怖主義的威脅等產生的累積效應。

一般適應症候群

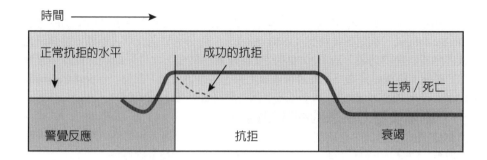

時間 ————→

正常抗拒的水平

成功的抗拒

生病／死亡

警覺反應　　　　　　　　抗拒　　　　　　　　衰竭

社會再適應評定量表

排序	事件	生活變動單位
1	配偶去世	100
2	離婚	73
3	分居	65
4	牢獄之災	63
5	親近家人的死亡	63
6	個人身體傷害或疾病	53
7	結婚	50
8	被解僱	47
9	婚姻的調解	45
10	退休	45
11	家人健康出問題	44
12	懷孕	40
…	…	…

✚ 知識補充站

因應壓力的方式（coping with stress）

1. 問題導向的因應方式（problem-directed coping）：這是設法改變壓力源，或改變個人與壓力源的關係－經由直接行動及／或問題解決的活動。例如，你可以設法：(1)對抗（消除或減輕威脅）；(2)逃離（脫身於威脅）；(3)折衷途徑（磋商、交涉、妥協）；(4)預防未來壓力（採取行動以增進個人抵抗力或減低預期壓力的強度）。

2. 情緒取向的因應方式（emotion-focused coping）：這是設法改變自己－採取一些活動使自己覺得舒適些，但沒有改變壓力源。例如，你可以採取：(1)以身體為主的活動（服用抗焦慮藥物，放鬆法，生理回饋法）；(2)以認知為主的活動（分散注意力、幻想、沉思、靜坐）；(3)尋求心理諮商。

8-5 創傷後壓力疾患

在1980年之前，研究學者間歇地對創傷性壓力產生興趣，當時稱之為戰鬥疲勞症（combat fatigue）或炮彈震驚症（shell shock）。隨著越戰退役軍人返鄉，這個研究領域再度成為熱門話題。隨著1970年代女權運動的興起，女性開始談論強暴和家庭暴力的經驗，再加兒童虐待和亂倫被揭露出來，「創傷後壓力疾患」（post-traumatic stress disorder, PTSD）終於在1980年被美國心理學會列在DSM-III中。

（一）創傷後壓力疾患的症狀描述

PTSD是指個人經歷、目睹或被迫面對牽涉死亡或嚴重傷害的事件，像是天然災難（如地震、海嘯）、恐怖行動、意外事故、飛機失事、強暴或凌遲等。

PTSD是一種焦慮性疾患，它的特徵是個人強烈的驚恐而無助，經由回憶、作夢、幻覺或往事閃現（flashback）等方式，持續不斷地再度經歷創傷事件。當事人對於日常事件顯得情緒麻木，對於他人產生一種疏離感，對於前途感到悲觀。此外，當事人經常有睡眠困擾，難以保持專注，以及誇大的驚嚇反應等。

（二）PTSD的一些特性

根據美國地區的調查，大約80%的成年人發生過至少一件可被界定為創傷的事件，主要是重大事故、身體虐待或性虐待。但是只有10%的女性和5%的男性發展出PTSD。PTSD的盛行率在女性身上約為男性的2倍，大致上是因為攻擊暴力（如家暴及性侵害）較常針對女性而發生。

（三）急性壓力疾患（acute stress disorder）

DSM-IV-TR提供另一類的壓力疾患，稱為「急性壓力疾患」，它在壓力源和症狀方面類似於PTSD，它們的不同在於症狀的持續期間。急性壓力疾患發生在創傷事件的4個星期內，而且持續至少2天，至多4個星期。當症狀持續超過1個月時，就要被診斷為PTSD。

當發生重大災難事件後，許多受害人經常出現災難症候群（disaster syndrome），主要包括三個階段的心理反應：(1)震撼階段（the shock stage），受害人受到驚嚇，顯得恍惚及淡漠；(2)易受暗示階段（the suggestible stage），受害人傾向於被動，易受影響，願意接受援救人員的指令；(3)恢復階段（the recovery stage），受害人憂心忡忡，顯現廣泛的焦慮，但逐漸重獲心理平衡，通常需要反覆敘述災難事件。就是在第三階段，PTSD可能成形。當事人反覆敘述關於該災難的情節（及重複的惡夢）似乎具有減低焦慮的作用，使自己對該創傷經驗去敏感化（desensitize）。

（四）壓力疾患的治療

在緩解PTSD的症狀上，一般採取幾種途徑：(1)短期危機治療，主要在協助澄清問題、建議行動方案及提供安撫；(2)聽取簡報的療程，通常在創傷平息下來後召開，容許受害人討論自己的經驗，分享彼此的感受；(3)直接暴露治療，一種行為取向的治療；(4)電話熱線，以協助正承受重大壓力的強暴受害人；(5)精神藥物治療，幾種藥物有助於緩解強烈的PTSD症狀。

一、在911恐怖攻擊事件發生後，那些愈接近現場的人們，以及那些觀看愈多電視報導的人們，報告較高程度的PTSD症狀。PTSD病人也可能同時受擾於另一些心理病態，諸如重度憂鬱、物質濫用及性功能障礙。

二、創傷後壓力疾患的診斷標準

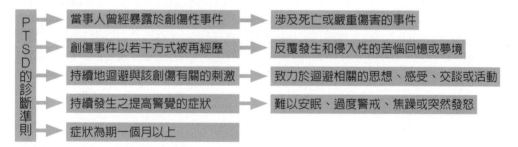

P T S D 的 診 斷 準 則	當事人曾經暴露於創傷性事件	涉及死亡或嚴重傷害的事件
	創傷事件以若干方式被再經歷	反覆發生和侵入性的苦惱回憶或夢境
	持續地迴避與該創傷有關的刺激	致力於迴避相關的思想、感受、交談或活動
	持續發生之提高警覺的症狀	難以安眠、過度警戒、焦躁或突然發怒
	症狀為期一個月以上	

✛ 知識補充站

強暴後遺症

　　強暴案受害人經常顯現許多創傷後壓力的徵狀。在受到性侵害的兩個星期後進行評鑑，94%的受害人被診斷有PTSD；在性侵害的12個星期後，51%的受害人仍然符合診斷準則。這些資料說明，創傷後壓力的情緒反應可能在創傷後以急性的形式立即發生，也可能潛伏好幾個月才發作。

　　許多受害人對於自己在被施暴期間的反應方式感到罪疚，她們認為自己應該更快速反應或更激烈抵抗才對，這樣的自責與她們長期的不良適應有關。但事實上，受害人在被施暴初期的反應通常是對自己生命的強烈害怕，遠為強烈於她對性舉動本身的害怕。這種過度強烈的恐懼產生一種麻痺效應，經常導致受害人的功能運作發生各種程度的瓦解，甚至進入一種不能動彈的狀態。因此，關於受害人感到的罪疚，她需要被安撫及保證她的舉止是正常的。

8-6 健康心理學

考慮到心理因素和社會因素在健康上的重要性，它促成了健康心理學（health psychology）這門領域的興起。美國心理學會（APA）在1978年設立健康心理學為「第三十八分會」，它致力於探討健康的促進和維持、疾病的預防和處置、健康風險因素的檢定、健康照護系統的改進，以及關於健康的公共意見的塑造。

（一）健康的生物心理社會模式（biopsychosocial model）

現代的西方科學思想幾乎完全依賴生物醫學的模式（biomedical model），也就是疾病被認為是源於病菌、基因和化學物質，治療途徑通常也是採取身體方面的處置（如藥物、手術等）。這是對身體和心理抱持二元的觀念。

但是，長期下來，研究學者已發現許多「身心之間互動」的證據，這使得生物醫學模式似乎捉襟見肘。例如，正面或負面的生活事件可能影響免疫功能；有些人擁有一種人格特質，使得他們更能抵抗壓力的不良效應；適當的社會支持有助於降低死亡的或然率。因此，Engel（1977）提出健康的生物心理社會模式，他認為個人健康是生物因素（如病毒、細菌及傷害）、心理因素（如態度、信念及行為）和社會因素（如階級、職業及種族）交互作用的結果。

（二）健康的促進（health promotion）

健康的促進是指研發綜合的策略和特定的技巧，以便消除或降低人們罹患疾病的風險。為了預防疾病和增進生活品質，研究人員當前所面對的挑戰是如何降低與生活風格（lifestyle）因素有關的死亡率。許多資料已指出，在像是心臟病、癌症、腦溢血、肝硬化、車禍或自殺等事件上，個人的不良生活習慣都扮演部分的角色，特別是吸菸、肥胖、攝取高脂肪和高膽固醇食物、過量飲酒、開車不繫安全帶及過著緊張生活等。這些身體狀況被稱為文明病（diseases of civilization），只要改變生活風格，我們可以防範大量的疾病和夭折。

（三）性格與健康

關於人格特質／行為模式與疾病之間的關聯，最受到廣泛探討的是A型性格與冠心病之間關係。A型性格的人們富有競爭心、敵意、匆忙而急迫。B型人們的特徵是放鬆、安穩而閒適，不匆匆忙忙。A型人們在冠心病上的罹患率遠高於一般人口。進一步研究已檢定出該性格中的「敵意」（hostility）似乎是最大風險因素。

敵意以兩種途徑可能影響健康，其一是生理原因，即導致身體壓力反應的長期過度激發；另一是心理原因，即導致有敵意的人們實施不良的健康習慣（如吸菸、過量飲酒），而且拒絕社會支援。一項研究以高度敵意而已被診斷有冠心病的男性為對象，治療師教導他們如何運用問題導向的因應方式以減輕憤怒，也教導他們如何運用認知重建（cognitive restructuring）以減低憤世嫉俗的態度。經過8個星期後，這些男性一致地報告較低的敵意，他們的平均血壓也降低下來。

一、生物心理社會的模式

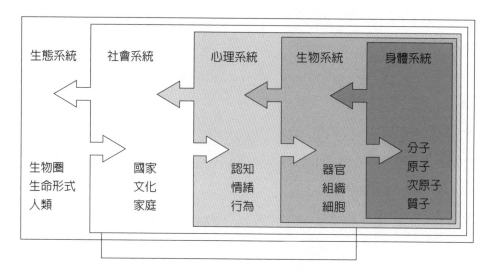

生態系統	社會系統	心理系統	生物系統	身體系統
生物圈 生命形式 人類	國家 文化 家庭	認知 情緒 行為	器官 組織 細胞	分子 原子 次原子 質子

二、生理回饋法能夠協助人們學習如何放鬆自己。

A型行為問卷

4. 你的工作是否承受重大責任？
6. 當你生氣或煩惱時，你身邊的人們是否知道？你如何表現出來？
12. 當你正在開汽車，而你車道前方的汽車像是在蝸牛踱步，你會做些什麼事情？
14. 假使你跟某個人約好下午2點見面，你會準時抵達嗎？如果對方姍姍來遲，你會感到憤慨嗎？
17. 你吃飯會很快嗎？你走路會很快嗎？當吃飽後，你是否會坐在餐桌旁閒聊一下？或你會立即起身著手一些事情？
19. 你對於排隊等候有什麼感受，像是在銀行或超市中？

第9章
人格心理學

9-1 人格的基本概念

（一）人格一詞的來源

什麼是人格（personality）？大多數人在研討心理學之前，對於人格或個性是什麼，都持有自己的看法。但是進一步探求，你會發現人們對於人格的理解有很大不同。人格有多種含義，但沒有一種是眾所公認的。

人格一詞來自拉丁文面具（persona），即希臘演員在戲臺上所戴的面具，代表他所扮演的角色人物。中國京劇的臉譜（如大花臉）也代表人物性格和角色特點。關於人格心理現象的解釋和分類，中國先秦就有荀況性惡和孟軻性善的爭論。孔子多次論述人們的個別差異，提出「性相近也，習相遠也」，他相信差異來自環境與教養，但也承認素質的基礎。在中國古代醫書中，早已經根據體質把人們分為「陰陽二十五人」（《內經・靈樞》）及另一些類型。

（二）與人格有關的一些術語

「人格」在英文中是一個很抽象的名詞，它內涵的意義非常廣泛而外指的意義又極少。人格是一個意義多歧的詞語。

1. 人格不同於氣質：氣質（temperament）通常被看作與人們的脾氣或性情有關的心理現象，它是一種身體內部天生的素質，或是與身體特點有關聯的心理特徵。因此，氣質較像是人格賴以形成的素材之一，不能等同為人格。

2. 人格不同於性格：性格（character）經常被用作人格的同義詞，但性格較為偏向倫理學的領域，乃是對於人格的評價（根據社會的道德標準），人格屬於心理學的用語，乃是對於性格的再評價。

3. 人格不同於個別性：個別性（individuality）實際上相當於個性，它表示一個人的獨特性和他與其他人的差別性。但是，人格比個別性有更多的內涵和外延。人格是對人的總括性描述、本質的描述，它包括人的思想、態度、興趣、氣質、潛能、人生哲學以及體格和生理特點等。這種心理及物理個別性的多面綜合稱為人格。

（三）人格的定義

首先，人格有多種定義。再者，人格的定義隨人格心理學家的理論觀點而異，有多少理論就可能有多少定義。

1. 奧爾波特的定義：奧爾波特（Allport）曾回顧歷史上關於人格的多種概念和論述，他提出的五十個人格定義是人格心理學上重要的歷史性總覽。最後，他認為「從心理學方面來考慮，人格就是一個人真正是什麼？」他進一步加以補充：「人格是在個體內在心理物理系統中的動力組織，它決定個人對於環境適應的獨特性。」

2. 現代的定義：臺灣大學心理學教授楊國樞對人格所下的定義更為現代化而具有綜合性。他表示「人格是個體與其環境交互作用的過程中所形成的一種獨特的身心組織，而此一變動緩慢的組織使個體適應環境時，在需要、動機、興趣、態度、價值體系、氣質、性向、外形及生理等諸方面，各有其不同於其他個體之處」。這一定義說明了個體與環境的關係，強調人格的組織與系統，也兼顧人格的獨特性、多面向及可變性。

一、特質可以作用為中介變項,藉以建立起可能乍見之下似乎無關之各組刺激與反應之間的關聯

視攻擊性為一種特質

刺激情境	特質(中介變項)	反　應
跟別人一起工作 運動比賽 對待弱小者 學校課業 未能達成目標	高攻擊性	盛氣凌人,專橫霸道 競爭性強,要求獲勝 擅權、壓迫 不惜代價獲得成功 挫折導致憤怒及敵對的舉動

二、為什麼「人心不同,各如其面」?

✚ 知識補充站

奧爾波特(Gordon Allport, 1897-1967)

　　奧爾波特是二十世紀中期美國心理學家,長年任教於哈佛大學,他是人本心理學的先驅,也是人格特質論的創立者。不同於佛洛依德探討有精神官能症的人們,奧爾波特堅信,研究人格的唯一方法是探討正常的人們。他也不同意佛洛依德認為童年經驗對成人生活衝突產生的衝擊,他堅持我們受到現在經驗和未來計劃的影響遠多於受到過去的影響。

9-2 人格的類型論

在日常生活中，我們似乎有一種自然傾向，也就是把人們劃分到不同的範疇中。這具有把人類行為的多樣性化繁為簡的作用。從古至今，最常被使用之描述人格的方法有兩種，一是把人們分類到有限數量的各別類型（types）中，另一則是假定所有人們都擁有各種特質（traits），只是每個人在任一特質上的擁有程度不同而已。

就像個人的血型、性別及種族等，人格類型（personality types）是一種「全有或全無」（all-or-none）的現象，你屬於A型血液，便不會是B型，這不是程度的問題。人格類型有生理類型和心理類型兩大類。

（一）希波克拉底的體液說

希波克拉底（Hippocrates, 460-377 B.C）被譽為現代醫學之父，他在紀元前五世紀就提出最早期的類型論。他認為人類身體內含有四種基本體液（humors），每一種與特定的氣質和性質有關聯。這種「體液說」早期為人們所深信不移。當然，它早已通不過現代科學的檢驗，不再為人們所採信。

（二）薛爾敦的體型論

美國心理學家薛爾敦（W. Sheldon, 1898-1970）根據胚胎學的觀點對人們的體型進行分類，他在1942年提出體型（體質）與性格之間關係的理論。他指出：(1)肥胖型－內胚層體型（endomorphy）的人性情隨和、喜好飲食、社交性強；(2)健壯型－中胚層體型（mesomorphy）的人精力充沛、喜好冒險、不太謹慎；(3)瘦長型－內胚層體型（ectomorphy）的人思考周延、喜好孤獨、多愁善感。薛爾敦的體型論在1950-1960年代激起了一陣研究的風潮，美國一些知名學府的新鮮人被要求拍攝裸照以驗證該理論的真偽。但因為它在預測個人行為上沒有多大價值，而且更新近的人格理論側重社會文化的因素，體型論的影響力已趨式微。

（三）顱相學

顱相學（phrenology）的始源可以追溯到古希臘時期，許多開業醫生曾是基本的觀相家（physiognomists）。近代的體系則是由德國解剖學家高爾（Franz Gall）在十九世紀初期所發展。到了隨後的維多利亞時代，人們相信良好顱相（頭骨的外形）能顯示特殊的才能。顱相學家據以對當事人的動機、能力及氣質從事診斷及預測。

根據顱相學的判讀，圓形的頭骨被認為當事人個性堅強、有自信、勇敢及好動。方形頭骨顯示穩健、可信賴及體諒的天性。較寬的頭骨顯示精力充沛、外向的性格。較窄的頭骨顯示退縮、內省的性格。卵形的頭骨屬於理智型。

儘管顱相學受到一般大眾的歡迎，但是主流科學始終不加理睬，視之為江湖郎中及偽科學。再者，新近科技（如MRI及PET掃描技術）已使我們能夠以電子操作的方式繪製正在進行新陳代謝之頭腦的地圖，進而確認什麼「部位」主要負責了什麼功能。這樣的「電子顱相學」才是以實徵為基礎而值得信任的。

在日常生活中，許多人喜歡使用人格類型（如血型、星座等），因為它們有助於把理解他人的複雜歷程簡易化。但是，類型論的弱處是它無法捕捉人格較微妙的層面。

一、人格的類型論

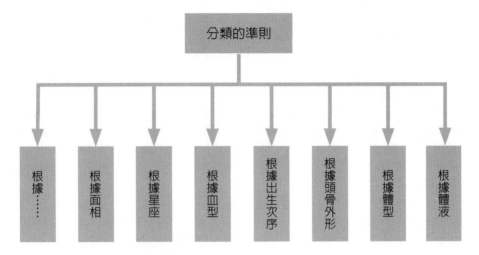

分類的準則

根據……

根據面相

根據星座

根據血型

根據出生次序

根據頭骨外形

根據體型

根據體液

二、薛爾敦之體型論的示意圖

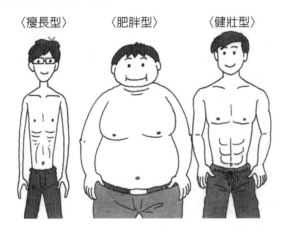

〈瘦長型〉　　〈肥胖型〉　　〈健壯型〉

➕ 知識補充站

A型性格與冠心病

　　Friedman和Rosenman（1974）探討怎樣的心理變項會置個人於冠心病（coronary heart disease）的較高風險。他們最先檢定出A型行為模式（type A behavior pattern，或稱A型性格）。它的特徵是過度競爭心、極度傾注於工作、缺乏耐性或時間急迫感，以及帶有敵意。

　　在對立一端的是B型性格，也就是A型之外的行為模式。這種人們個性溫和、隨遇而安，生活較為悠閒。根據Friedman的追蹤研究，A型性格的人們蒙受冠心病的機率是B型性格人們的2.5倍高，而且有8倍的較高風險出現重複發作的心肌梗塞。

9-3 人格的特質論

　　人格的類型論認爲存在一些獨立而不連續的範疇，人們可被劃分到這些範疇中。對照之下，特質論（trait theory）主張存在許多連續的維度，諸如好社交或攻擊性，但每個人在每項維度上所擁有的程度不同。

（一）奧爾波特的特質論

　　奧爾波特是最爲著名的特質理論家。他表示「特質」是指人們以不同程度擁有的一些持久的特性或屬性，使得人們的行爲在不同時間和不同情境中具有一致性。他認爲特質組成了一個人完整的人格結構。特質被看作一種神經心理的結構，它除了應對刺激而產生行爲外，也能主動地引導行爲。它雖然不是具體可見的，但可由個人的外顯行爲推知其存在。

　　奧爾波特檢定出三種特質。首要特質（cardinal traits）代替了一個人的身分（幾近於情操），使得他的一切行動都受到這種特質的影響，如關羽的「忠義」或證嚴法師的「大愛」。但不是所有人都會發展出這般強力的首要特質。反而，中心特質（central traits）才是代表一個人的主要特色，諸如拘謹或樂觀等。次要特質（secondary traits）是個人暫時的性格表現，接近於態度，往往只在特殊場合才會出現，諸如食物或服飾的偏好。

　　個人以特質來迎接外在世界，個人也以特質來組織生活經驗。從來沒有兩個人會有完全相同的特質，所以每個人對待環境的反應也就不同。

（二）卡特爾的因素分析特質論

　　卡特爾（Raymond Cattell, 1979）是運用因素分析法（factor analysis）來探討人格特質的最重要人物。他對於奧爾波特從英語字典中所搜集超過18,000個形容詞（被用來描述個別差異）進行統計分析，最初合併爲35個特質群，稱爲表面特質（surface trait），隨後再進一步分析得出16個根源特質（source traits），它們是一些重要行爲的對立層面，如「保守VS.外向」、「信任VS.懷疑」及「世故VS.天眞」等。卡特爾認爲這16個根源特質是構成人格的基本要素，反映行爲屬性和功能的決定因素。

（三）艾森克的特質－維度理論

　　艾森克（Hans Eysenck, 1916-1997）從人格測驗的資料中導出兩個廣泛的維度，一爲內外向維度（introversion-extroversion），另一爲神經質維度（neuroticism）。艾森克還依據這兩大維度爲希波克拉底的體液說披上現代化的風貌（見右圖）。根據體液說，個人的性格取決於何種體液在他體內占有優勢地位，人們因此被分類爲多血質（樂觀氣質）、黏液質（冷淡氣質）、暴躁質及憂鬱質。

　　然而，艾森克容許個人的特質在每個維度上作不同程度的變動。因此，從外向－內向和情緒穩定－情緒不穩定這兩個維度的各種組合中，人格的主要特質就呈現出來。舉例而言，假使一個人非常外向而有點不穩定，他將傾向於是衝動的。假使一個人內向而穩定，他將是鎭靜的。

一、艾森克依據兩個維度所描繪的人格結構示意圖

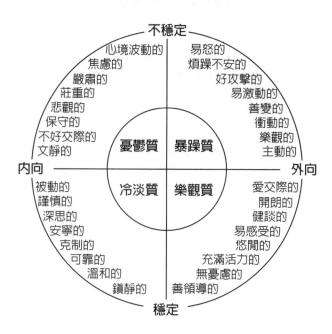

二、人格的類型論只側重質的不同，未考慮量的差異。

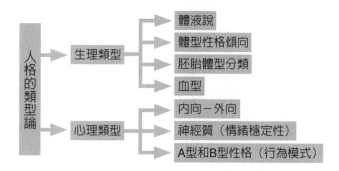

✚ 知識補充站

心理學家簡介－卡特爾（Raymond Cattell, 1905-1998）

卡特爾是人格心理學中特質論的領導者之一，他率先採用多變項設計，透過因素分析法以處理心理測驗所得的資料，從而建立起人格理論。

卡特爾也曾依據因素分析而提出一項智力理論，他把智力分為流動智力（fluid intelligence，主要與運用推理有關）和結晶智力（crystallized intelligence，主要與知識獲得有關），對於智力概念的發展有一定的影響力。

9-4 人格特質的五大因素模式

（一）五大因素模式

自1960年代以來，無論是在人格問卷、訪談檢核表及其他資料中，幾個獨立的研究小組採用統計分析都獲致了相同的結論，也就是只有五個基本維度作為人們用來描述自己及他人之特質的基礎。Goldberg（1981b）對因素分析的特質研究進行審查後，他稱之為「五大」（Big Five）維度。雖然採用的措辭稍有不同，最常使用的標題列在右頁的圖表中。

你重新排列這些因素的話，就可組成簡單的頭字語：OCEAN。五大因素模式是植根於人格研究上的語意傳統和因素分析二者。它提供了一套分類系統的輪廓，容許你具體描述所有你認識的人們－以能夠捕捉他們在幾個重要維度上之差異性的方式。

（二）特質VS.情境

特質能否預測行為？一個人被認為擁有「親切」的特質，那麼他在所有情境中都將會表現親切行為。一般認為人格特質（如支配性、社交性及情緒穩定性）在時間上是一致的，縱貫法的研究也顯示個人在生命過程中的行為頗為一致。

假使人格特質有跨時間的一致性，那麼在跨情境上呢？一項經典研究是關於兒童的「誠實」特質。小學生被安排在各種情境中，像是運動場上、教室中、家裡、單獨一個人或與同伴一起，他們在所處情境中有機會欺騙、說謊、作弊及偷錢。但是研究發現，儘管兒童在考試中作弊，這並不能預測他是否將會說謊或偷錢，雖然我們通常認為這些都是屬於「誠實」所統轄的行為。研究人員也檢驗另一些特質，如依賴性、攻擊性、對權威的反應、內向及守時等，也未能發現跨情境的一致性。

這種現象引起大量的研究（Mischel, 2004）。長期下來，共識浮現了，也就是乍看之下的行為不一致性，大部分是因為情境以錯誤的方式被歸類。一旦我們能為情境的「心理特徵」（psychological features）找到適宜的解釋，行為的不一致性就消失了。例如，同樣是參加社團活動，有些社團要求你在大眾面前透露私人資訊，你可能感到困窘不安而顯得不親切，否則你在其他社團活動中一向很親切。只以「參加社團活動」的層次來看，你的行為顯現不一致。但是，當考慮進「心理上有關的特徵」時（例如，你在應徵工作而被要求透露資料時也會顯現一些負面行為），不一致性就消失了。因此，我們從情境的特徵如何引發人們的差別反應上找到一致性。

（三）特質VS.遺傳性

行為遺傳學（behavioral genetics）是一門探討遺傳與行為之間關係的學科。一般公認，個人行為是遺傳與環境兩大因素交互作用的結果。那麼，人格特質和行為模式在怎樣程度上是繼承而來呢？

根據雙胞胎和領養研究的結果，幾乎所有人格特質都受到遺傳因素的影響，不論所測量的是廣泛的特質（如外向、神經質），或是具體的特質（如謹慎度、攻擊性）。

至於學習和環境的因素呢？研究已顯示，性格也受到每個兒童獨特經驗的塑造，像是父母－子女關係，個人與手足間的關係，以及個人在家庭外的生活經驗。

五大因素模式

因素	每一維度的兩端
外向性（extraversion）	愛交談、充滿活力、果斷↔安靜、保守、羞怯
神經質（neuroticism）	穩定、沉著、滿足↔焦慮、不穩定、心情易變
開放性（openness to experience）	有創造力、理智、心胸開放↔純真、淺薄、無知
親和力（agreeableness）	同情心、親切、摯愛↔冷淡、好爭吵、殘忍
審慎度（conscientiousness）	自律、負責、謹慎↔漫不經心、輕率、不負責

人格特質的五大因素反映人們在互動中最普遍關心的一些問題：

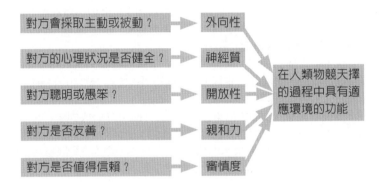

9-5 心理動力論的人格理論（一）

類型論和特質論使得我們能夠簡明地描述不同人們的性格，但是它們畢竟只是一套關於人格結構的靜態觀點，不能普遍解釋行為如何產生或人格如何發展。對照之下，心理動力的人格理論強調個人內在的衝突力量，這導致了人格的變遷和發展。

（一）佛洛依德的精神分析

根據精神分析論，人格的核心是個人心靈內的事件，這具有促動行為的力量。所有行為都是動機引發的，每個人的行動都有它的起因和目的。

1. 生之本能與死之本能

佛洛依德認為每個人都擁有先天的本能或驅力，這是身體器官所製造出來的張力系統。人格結構的本我之內存在兩種本能，即生之本能與死之本能，兩者都受到個人的潛意識所驅使。生之本能（life instinct）也稱為原慾（libido），對個體的生存具有積極作用。人類尋求性愛和享樂滿足，這所有活動的原動力都是來自生之本能。死之本能（death instinct）是一種負面、破壞的力量，試圖回復到一種無機狀態。人類的攻擊、虐待、殘暴、殺伐以至自殺等行為的原動力是來自死之本能。

2. 性心理發展與人格的發展

精神分析論主張人格養成有兩個前提，首先是強調發展，它認為成人的性格是由嬰幼兒期經驗塑造而成。其次是認定性原慾是與生俱來的，嬰兒出生後就依循各個性心理階段而發展（參考右頁圖表）。

在性心理發展階段中，兒童太多的滿足或挫折都將會造成固著（fixation）或退化（regression）的現象，使得兒童不能正常推進到下一個階段的發展。不同階段的固著可能導致成年期的各種性格特徵。例如，性器期的兒童必須克服戀母情結（Oedipus complex，根據希臘神話，伊底帕斯王子無意中弒其父，妻其母。佛洛依德以之表徵母子間的情結。至於女童依戀父親的心理壓抑就稱為戀父情結－Electra complex），也就是男童有一種先天衝動，視他的父親為爭取他母親關愛的性對手，但因為父親比他強大，他害怕可能會被割去生殖器，這種潛意識的情結就稱為閹割焦慮（castration anxiety）。直到男童最終認同他父親的權力時，戀母情結通常就獲得解決。

3. 意識和潛意識的機制

意識（conscious）是指人們能夠認識自己和認識環境的心理部分，也就是一種覺醒的心理或精神狀態。意識實際上只是心理能量活動的一種浮面的水準。前意識（preconscious）是指介於意識與潛意識之間的意識狀態。但佛洛依德的探討重心是放在潛意識（unconscious）上，它是心理能量活動的深沉部分，包括了原始衝動、本能以及出生之後的多種欲望，但由於不見容於社會規範和道德標準，未能獲得滿足，就被壓抑（repression）到潛意識之中。這些衝動、本能及欲望雖然不被個人自己意識到，但並沒有消滅，而是在潛意識中積極活動，不斷尋求突破以獲致滿足。

佛洛依德視潛意識歷程為人們思考、情感和行動的決定因素，所以像是精神官能症的症狀、夢境、筆誤及失語等都不是偶發或任意出現的，而是以有意義的方式跟當事人的重要生活事件產生關聯，代表潛意識的願望或衝突試圖浮上意識層面。佛洛依德的潛意識動機的概念為人格增添了一個新的維度，而不只是一個理性的模式。這也使得他被譽為是「心靈界的達爾文」。

性心理發展（psychosexual development）的各個階段

階段	年齡	快樂來源	主要發展任務	發生固著時的性格特徵
口腔期 （oral）	0-1	嘴巴、舌頭 吸吮、咬牙	斷奶	口腔行為（如咬指甲、吸菸、酗酒、 貪吃）、依賴、退縮、猜忌、苛求
肛門期 （anal）	2-3	忍便和排便的控制	大小便訓練	剛愎、吝嗇、迂腐、寡情、冷酷、生活呆板
性蕾期 （phallic）	4-5	生殖部位的刺激 和幻想	戀親情結	好浮誇、愛虛榮、自負、魯莽
潛伏期 （latency）	6-12	性興趣受到壓 抑，快樂來自對 外界及知識的好 奇心獲得滿足	防衛機制的發展	未發生固著作用
性徵期 （genital）	13-18	以異性為對象， 從自愛轉為愛人	成熟的性親密行 為	發展順利的話，成年人將顯現對他人 的真誠關心和成熟的性慾

佛洛依德認為心靈就像是一座冰山，只有一小部分（自我）是外顯的，絕大部分的潛意識潛伏在表面之下。

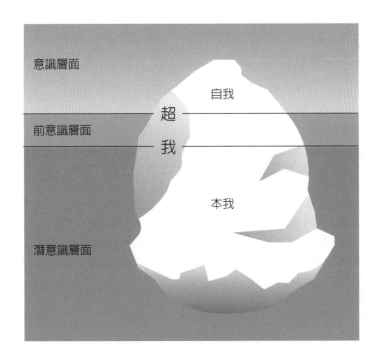

9-6 心理動力論的人格理論（二）

4. 人格結構

佛洛依德認爲人格結構有三個組成部分：本我（id）、自我（ego）、超我（superego）。每個部分有各自的功能，但彼此之間也會交互影響或發生衝突，通常是本我與超我不斷進行交戰，超我則加以調停。

(1) 本我：本我是一種原始的力量來源，它要求基本需求（特別是性、肉體及情緒的愉悅）的立即滿足，毫不加掩飾及約束，也從不考慮自己的衝動是否現實上可被接受，或是否道德上可被接受。本我的活動完全受到「唯樂原則」（pleasure principle）所支配，不管後果也不顧代價。

(2) 超我：超我大致上就是個人的良知與理想，它是幼兒發展過程中，父母管教和社會化的結果。父母（社會化代理人）通常會灌輸給子女一套價值觀念和道德態度，而且對子女「對」或「錯」的行爲施以獎懲，這在子女心理內化爲一種「應該」或「不應該」的聲音。超我依循的是「道德原則」（moral principal），當本我只知追求享樂時，超我卻堅持採取正當的方式，這勢必會產生衝突。

(3) 自我：自我是人格中跟現實打交道的層面，它調停本我的衝動與超我的命令之間的衝突。自我遵循的是「現實原則」（reality principle），它的主要功能是獲得基本需求的滿足，以維持個體的生存；調節本我的原始衝動，以符合眞實世界的要求；當本我與超我發生衝突時，安排折衷的方案，以使雙方至少能夠得到部分滿足。

然而，當本我和超我的壓迫力過於強大時，自我將會束手無策，這時候只好訴諸一些較不務實的方法－防衛機制。

5. 自我防衛機制

佛洛依德指出，當被壓抑的衝突即將掙開束縛而浮到意識層面上時，個體將會被促發焦慮（anxiety）。在正常情況下，自我會以理性方式消除焦慮，但未能得逞時，就必須改採取不合理的途徑，即自我防衛機制（ego defense mechanism）。所有的防衛機制有兩個共同特徵：(1)它們是在潛意識層次中進行，個人通常不能察覺自己在運用該機制；(2)它們需要否定、僞裝或扭曲現實，從而減輕對個體造成的焦慮或罪疚感。每個人在成長過程中將會不斷發展各種防衛機制（參考右頁圖表），以之應付生活上碰到的威脅、衝突及挫折，這些應付的行爲模式就成爲個人的人格特色。

儘管防衛機制可以保護個人對抗焦慮，但是它們畢竟是一些自欺（self-deceptive）的手段，當被過度或不當使用時，仍然可能爲個人招致不利後果，甚至釀成正式的心理疾患。

常見的一些自我防衛機制

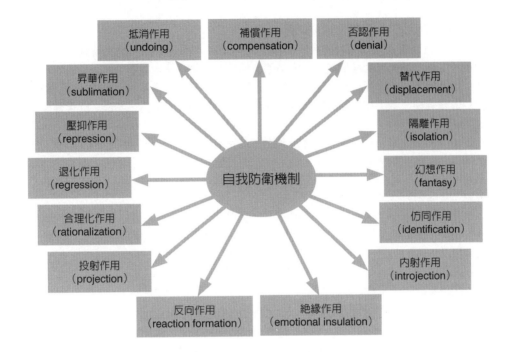

抵消作用
（undoing）

補償作用
（compensation）

否認作用
（denial）

昇華作用
（sublimation）

替代作用
（displacement）

壓抑作用
（repression）

隔離作用
（isolation）

退化作用
（regression）

自我防衛機制

幻想作用
（fantasy）

合理化作用
（rationalization）

仿同作用
（identification）

投射作用
（projection）

內射作用
（introjection）

反向作用
（reaction formation）

絕緣作用
（emotional insulation）

＋知識補充站

幾種防衛機制的簡介

1. 投射作用：個人把自己的錯誤或過失歸咎於他人，或是把自己不被允許的衝動、欲望或態度轉移到別人身上。這在行為上可能展現為「借題發揮」、或「以小人之心度君子之腹」、或「以五十步笑百步」，也可能是魯迅所描寫的阿Q式精神勝利。

2. 反向作用：為了防禦不被允許的欲望被表達出來，個人有意地贊同或表現相反方向的舉動。像是「矯枉過正」、「欲蓋彌彰」、「此地無銀三百兩」都可被視為反向作用的實例。

3. 合理化作用：也稱為文飾作用，也就是採用錯誤的推理使不合理的行為合理化，從而保護個人的自尊。像是「吃不到葡萄說葡萄酸」和「甜檸檬心理」即為實例。

4. 昇華作用：這是指把受挫的欲望或衝動改頭換面，然後以可被社會接受的方式表達出來。佛洛依德列舉達文西的藝術鉅作《聖母像》為畫家對其母親的情感昇華的創作。

9-7 心理動力論的人格理論（三）

（二）對佛洛依德理論的評價

佛洛依德以潛意識為探討對象，開拓了心理學研究的新紀元。他的潛意識理論在醫療、文藝及運動等領域都產生重大衝擊。另外，佛洛依德重視病人的內心衝突和動機，使得變態心理學從靜態描述轉變為心理動力的研究，這也是一大突破。他打破了純粹依靠藥物、手術和物理方法的傳統醫學模式，為現代的生物－心理－社會醫學模式開了先河。

然而，佛洛依德的學說也遭到許多非議。首先，精神分析的一些概念相當模糊，缺乏操作性定義，無法接受驗證。其次，他的理論是在事情已發生之後，才追溯性地提出解釋，但無法可靠預測將會發生什麼。它過度強調當前行為的過去（童年）起源，疏忽了當前刺激也可能引發及維持行為。

最後，佛洛依德受到的最多質疑可能來自他的「泛性論」，他把一切行為都歸因為性的問題，總是把性慾視作人們行為的真正動機，甚至到了泛濫的地步。他的理論也具有男性中心的偏見（如陽具欽羨），沒有考慮女性的立場。

但佛洛依德的偉大之處，或許不在於他提出顛撲不破的真理，而是他啟發更多追隨者，繼續探索人類本性之謎。

（三）阿德勒的個體心理學（individual psychology）

阿德勒（Alfred Adler, 1870-1937）是奧地利精神病學家，他認為人們最早的自卑感（feelings of inferiority）起源於幼年時的無能。幼兒完全依賴成年人才能存活下去，所以生命之初就有自卑感。兒童對自卑感的對抗就稱為補償（compensation）。換句話說，阿德勒認為個人終其一生都在為克服自己的自卑感而奮鬥，不論是透過獲得勝任感（feelings of adequacy）以尋求補償，或更常見情況是企圖追求優越感（feelings of superiority）以便過度補償。因為每個人使用的追求方式和追求的後果不同，就逐漸形成了每個人各具特色的生活格調（style of life）。

（四）榮格的分析心理學（analytical psychology）

榮格（Carl Jung, 1875-1961）是瑞士精神病學家，他採用接近於牛頓反作用定律的對立原則來建立他的人格概念，他視人格結構為由很多兩極相對的內在動力所形成，諸如意識對立於潛意識、理性對非理性、內向對外向、思考對情感等等。對立的雙方構成一個人格單元，一方強大，另一方就相對減弱。榮格認為，生活的目標就是按照熵（entropy）原則，尋求這兩極之間的平衡。至於人格發展則是連續化、統合化及個別化的成長歷程。

榮格大為擴展潛意識的概念，他認為潛意識不只限於個人特有的生活經驗，另有一種潛意識包含了人類在種族演化中長期傳承下來的一些普遍存在的意象，稱之為原型（archetype），如出生、死亡、太陽神、上帝或大地母親等。集體潛意識是自遠古以來祖先經驗的累積及儲存，不為個人所自知，但留存在同一種族人們的潛意識中，成為每個人人格結構的基礎。

一、精神分析治療的情景：傳統上，精神分析師坐在病人背後，病人則斜躺在一張長椅上，這樣的位置使得分析師不至於出現在病人的視野中，以免妨礙自由聯想的流暢性。

二、一個人熱中於拳擊活動，她可能是在使用「替代作用」（displacement）作為自我防衛機制。

✛ 知識補充站

魔鬼寓於神中

　　榮格對於東方文化一直深感興趣，多次借用到他的理論之中。他的涉獵很廣泛，對於中國的道家和易經、藏傳佛教、印度瑜珈及日本的禪學等，都有過深入的思考。他特別欣賞中國的陰陽學說，他的理論中有很多類似於陰陽對生的概念。

　　榮格原先也認為情結是起源於童年的創傷性經驗，但他後來覺得情結必定起源於人性中更為深邃的東西，這導致他發現了精神中的另一層次，即「集體潛意識」，它們是人類祖先之世世代代的活動方式和生活經驗庫存在腦袋中的遺傳痕跡，所有積累的沉澱物。潛意識的化身具有雙重性，它包含人性的所有對立面：黑暗與光明、邪惡與善良、獸性與人性、魔性與神性──魔鬼寓於神中。

9-8 人本論的人格理論

（一）人本論的學說

「人本主義」（humanism）顧名思義就是尊重「人」自身的獨特性，特別是人的價值和尊嚴。因此，人本論在人格的研究上關心的是個體的個人經驗、意識經驗及成長潛能的整合。根據人本論學者的觀點，人們不是過去、潛意識或環境的產物。反而，他們運用自由抉擇以追求他們的內在潛能和自我實現。

羅傑斯和馬斯洛是最著名的兩位人本論心理學家，他們認為人格的發展是一種成長的過程，只要提供適當的條件（溫暖和接納的環境），每個人都能成長、茁壯、直到實現他先天的良好潛能。人本論被認為具有四大特色：

1. 重視整體（holistic）：人本論主張人們不是認知、情感和願望等片斷的拼湊；也不是如特質論把人們視作可被分類歸檔的東西，最後把人們貶低為一些「符碼」。反而，人們是統合、整體及獨特的存在體，不可分割也不可化約。

2. 強調先天素質（dispositional）：人本論主張個人內在的先天特質將會引導行為朝向良性發展及演進。不良情境因素被認為是束縛和桎梏（就像是綁住氣球的那條線，使之不能升空）。人們一旦擺脫負面的環境條件，自我實現的傾向將會主動引領人們選擇能夠發揮自己的情境。

3. 現象學取向（phenomenological）：人本論重視當事人的參照架構（frame of reference）和當事人主觀的現實觀點，而不是來自他人觀察外顯行為所得的解釋。因此，關於人格的研究就應該致力於了解當事人心目中的現象世界（即他「此時此地」的觀點），而且依據這一途徑去探討人格結構。

4. 有關存在（existential）：人本論、現象學與存在主義在心理學上的脈絡幾乎是密集地交織在一起。存在主義學者對於人類本質提出一系列問題，它們的共同核心是「對於人生意義的尋求」─只有在自由意志下達到生活目標，個人的生命才有尊嚴與價值。人格的一個關鍵層面是抉擇，它涉及事實的世界和可能的世界二者。因此，人格不僅是個人是什麼（一種生物、社會及心理的存在），人格也是個人可以成為什麼。

（二）對人本論的評價

首先，評論家認為人本論的概念含糊不清，難以執行研究加以驗證。例如，「究竟什麼是自我實現？它是一種天生的傾向，抑或是文化背景所製造出來？」什麼是「無條件積極關注」（unconditional positive regard）及「高峰經驗」（peak experience）？這些名詞的定義都太籠統，很難加以評估。

其次，人本論較是關於人性和關於所有人們共同素質的理論，較不是關於個別人格或關於人們之間差異基礎的理論。有些人認為人本理論家是衛道者，而不是科學研究人員。它告訴我們人格應該是怎樣，而不是告訴我們人格是什麼。

第三，人本論過度強調自我的角色，視之為經驗和行動的來源，卻疏忽了一些重要的環境變項也可能影響行為。

一、人本論人格理論的四大特色

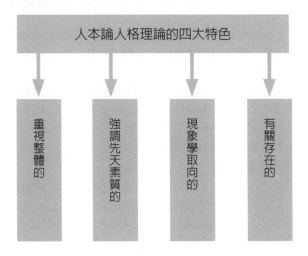

人本論人格理論的四大特色

重視整體的

強調先天素質的

現象學取向的

有關存在的

二、羅傑斯重視父母對自己子女的無條件積極關注。

✚ 知識補充站

心理學家簡介－馬斯洛（Abraham Maslow, 1908-1970）

馬斯洛是心理學第三勢力的領導人之一，也被譽為是人本心理學之父。最先吸引馬斯洛走上心理學道路的是華生的行為主義。但隨著馬斯洛的研究不斷深入，他認為行為主義和精神分析兩種理論都是集中於人類的黑暗面、消極面、病態和動物性本能。因此，1962年，他和羅傑斯等幾位心理學家組建了「美國人本心理學會」，他相信人性本善，而這是個人一生人格發展的內在潛力。

1970年，他發表《動機與人格》一書，視動機為由多種不同性質的需求所組成，稱為「需求層次論」。該理論相當直觀、明瞭、易於為人所接受，除應用在心理學研究外，也非常廣泛地應用於教育界、經濟學、犯罪學及企業管理等領域。

9-9 行為主義與社會學習論的人格理論

特質論強調個人的先天傾向是行為的決定因素,使得個體在不同情境中的行為顯得一致。反之,學習理論強調環境或情勢決定人們的行為,行為的產生受當時環境條件的制約。

學習理論認為學習(learning)是人格形成的決定因素。學習有經典制約學習、操作制約學習及社會學習,後者的影響力在人格形成上尤其受到重視。個人和環境以交互方式彼此影響,每個人的人格特徵是個人與情境變項持續互動的結果。成長過程中所接觸之學習經驗的差異就是個別差異的原因。

(一)史基納的行為主義

史基納不採信有機體內部機制(如特質、本能、衝動及自我實現的傾向等)在推動行為的說法;反而,他把注意力放在環境事件與行為的關係上。他認為人格就是可被個人強化史(history of reinforcement)可靠地引發之各種外顯及內隱反應的累積。人們之所以不同是因為他們有不同的強化史。

史基納選擇從個人所處環境的強化歷程來檢視人格的發展和變動。在既存的環境中,生活中的偶然事件,有些會為人們帶來滿足,有些則是引起厭惡。人們就是在學會辨別在哪些刺激或情境下,行為會受到強化;在哪些刺激或情境下,同樣行為則不會得到強化。因而,行為的獲得被認為是受外界刺激所控制。人一生活到老學到老,以便能在複雜環境中生存。除此之外,人們為了達到自己的目的,也會積極地選擇和改變環境變項,對環境進行自我控制。

根據史基納的觀點,所謂「正常」和「異常」的人們在本質上沒有差別,也沒有必要採用不同的強化原則來解釋他們的行為,同樣的強化原則適用於所有個體的行為。

(二)班都拉的社會學習論

社會學習論(social learning theory)強調認知歷程也涉入行為模式的獲得和維持,因此也涉入人格的形成和發展。

1. 交互決定論(reciprocal determinism):班都拉(Bandura)的理論指出個人因素、行為與環境之間複雜的交互作用。個人行為可能受到他的態度、信念或先前強化史的影響,也受到環境所呈現刺激的影響。個人的舉動可能對環境產生影響,而個人人格的重要層面可能受到環境的影響,或受到來自個人行為的回饋的影響。這個概念就稱為「交互決定論」(參考右圖)—以之區別於行為主義的「環境決定論」。

2. 觀察學習(observational learning):這是指個人根據對另一個人行為的觀察而改變自己行為的歷程。透過觀察楷模(model)的行為,個人(兒童或成年人)學到什麼是適當的行為,可以得到獎賞;什麼則是不當舉止,將會被置之不理或甚至懲罰。因為你能夠運用記憶和思考外界事件,你可以預見自己行動的可能後果,不必實際經歷那些後果。因此,不論是技巧、態度或信念,僅經由觀察他人的作為和隨之的後果,你也可以加以獲得。

一、班都拉的交互決定論：個人的人格表現主要決定於個人（認知）、個
　　人行為與所處環境三種因素的交互作用。

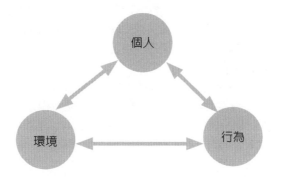

二、觀看電視的暴力節目，將會增加兒童的攻擊行為。

三、觀察模模也會促進兒童從事利社會行為。

9-10 社會學習與認知論的人格理論

當代的社會學習與認知理論通常也贊同「行為受到環境後效的影響」的觀點。然而，除了行為歷程外，它們更進一步強調認知歷程（cognitive processes）的重要性。就像人本論，認知論也強調你參與於塑造你自己的人格。

（一）羅特的期望理論

羅特（Rotter, 1954）是著名的人格心理學家，他特別強調「期望」在促發行為上的重要性。他指出你將會採取特定行動的機率主要取決於兩個因素，其一是你對於該行動能否達成你的目標所持的期望（expectancy），其二是該目標對你個人的價值（value）。期望與現實之間的落差可能促使個體採取補救的行為。

羅特（1966）界定了一個「控制觀」（locus of control）的維度，有些人相信凡事操之在己，他們把成功歸因於自己努力，把失敗歸因於自己疏忽，這是自願承擔責任的觀點，稱之為內控（internal control）。另有些人相信凡事操之在人，他們把成功歸因於幸運，把失敗歸因於別人影響，這是不願承擔責任的觀點，稱之為外控（external control）。控制觀代表個人的性格，這種性格是個人在社會環境和生活經驗中學習得來。

（二）米契爾的認知－情感人格理論（cognitive-affective）

米契爾（Walter Mischel）發展出一種以認知為基礎的人格理論。他強調人們主動參與於認知上組織他們與環境的互動。因此，他主張我們有必要理解行為如何依隨當事人與情境間的交互作用而產生（Mischel, 2004）。

根據米契爾的說法，你如何應對特定的環境輸入，主要是取決於幾個變項：

1. 編碼策略（encoding strategy）：你如何對訊息進行分類，你解讀情境的能力。
2. 期望與信念（expectancy and belief）：你預期行動會帶來什麼結果，你相信自己是否有能力引致該結果。
3. 情感（affects）：你的感受和情緒，包括生理反應。
4. 主觀的價值（subjective value）：你所重視的結果和情感狀態。
5. 勝任能力與自我調整計劃（competency and self-regulatory plans）：你能夠完成的行為，你依照設定的目標來調整自己的行為。

至於什麼因素決定個人在這些變項上的本質。米契爾認為這是源於個人的觀察史、個人與他人的互動，以及個人與物理環境之無生命層面的互動。

（三）對社會學習與認知理論的評價

首先，社會學習與認知理論被批評為通常忽略了情緒也是人格的重要成分。在心理動力論中，情緒（像是焦慮）居於核心角色。但是在社會學習與認知理論中，情緒僅被視為思想和行為的副產品，不被認定有獨立的重要性。認知理論也被抨擊為「沒有充分認識到潛意識動機對於行為和情感的衝擊」。其次，認知理論家通常很少提及成年人人格的發展起源；他們重視當事人對於當前行為背景的知覺，卻是掩蔽了當事人的歷史。

人格理論的比較

理論透視	特質論	佛洛依德的理論	人本論	社會學習與認知理論
何者對於人格發展較為重要：遺傳因素或環境影響力？	意見不一	偏重於遺傳	環境是行為的決定因素	個人與環境的互動是人格差異的來源
人格是經由學習而塑成？抑或人格發展依循內在預定的順序？	意見不一	偏重內在決定的觀點	持著「經驗會改變人們」的樂觀觀點	行為和人格隨著學得的經驗而改變
強調過去、現在或未來？	強調過去的起因，不論是先天或學得的	強調童年的過去事件	強調當前的現實或未來的目標	強調過去的強化和現今的後效強化
意識VS.潛意識	很少注意這方面差別	強調潛意識歷程	重視意識歷程	強調意識歷程
內在素質VS.外在情境	側重先天素質的因素	考量個人變項與情境之間交互作用	個人與環境之間互動	強調情境因素

四種基本人格類型

9-11 人格衡鑑（一）

廣義而言，評鑑人格有兩種處理方式，即結構式和非結構式。非結構式測驗（unstructured test，如羅夏克測驗、TAT及語句完成測驗）容許受試者在應答上有寬廣的自由度。這些施測方式在20世紀早期支配人格測試，但然後聲望逐漸消退。對照之下，結構式測驗（如自陳式量表和行為評定量表）在20世紀中期逐漸興盛，而且聲望至今不墜。

（一）投射測驗（projective tests）

投射測驗是不具結構性的，當施行時，受試者被提供一系列曖昧刺激（如抽象的圖案或模稜兩可的畫像），然後被要求加以描述或解釋。曖昧材料的主要目的是在引起受試者的各種想像，使得他不知不覺中把自己內心的動機、衝突、偏見、焦慮、價值觀及願望等投射出來。

1. 羅夏克墨漬測驗（Rorschach Inkblot Test）

這套測驗是由10張印有不一樣墨漬圖案的圖片所構成，它是由瑞士精神病學家羅夏克（Rorschach , 1884-1922）在1921年所設計。他製作圖案的方法是把墨汁滴於紙片中央，然後把紙張對摺用力壓下，使得墨汁四溢，就形成不規則但對稱的各種圖案（參考右頁圖形）。

羅夏克測驗的適當評分需要主試者受過廣泛的訓練和指導。受試者的反應主要是根據四個特性加以計分：(a)反應部位（location）；(b)反應內容（content）；(c)反應的決定因素（determinant）；以及(d)反應的普遍性（popularity）。

在熟練而富有技巧的解讀人員的手中，羅夏克測驗有助於揭露受試者心理動力的運作情形，像是潛意識動機如何影響受試者當前對別人的認知。再者，有些研究人員已嘗試把羅夏克測驗的解讀客觀化－透過實徵上建立起反應型態與外在效標（諸如臨床診斷）之間關係（Exner, 1995）。最後，雖然羅夏克測驗普遍被視為是開放式及主觀的工具，但是研究人員已開發了以電腦為基礎的解讀系統，在輸入對受試者反應的評分後，這套系統可以提供受試者的人格描述，以及推斷當事人的適應水準。儘管如此，羅夏克測驗在信度、效度及臨床實用性上仍有不少的改善空間。

2. 主題統覺測驗（Thematic Apperception Test, TAT）

TAT是美國心理學家莫瑞（H. A. Murray）於1935年編製。直至今日，它仍然被廣泛使用於臨床實施和人格研究上。全套TAT包括30張內容曖昧的圖片（另加一張空白圖片）。施測時，受試者被要求針對每張圖片（參考右頁圖畫）編造一個生動的故事，說明什麼原因導致現今的情景，當前正發生什麼事情，圖片中的人物有怎樣的思想及感受，以及最後結局將會是什麼。

TAT的原理是讓受試者不知不覺地把他內心的需求、動機、衝突及情感等在所編的故事中宣洩出來。TAT可用在臨床上，以找出病人的情緒困擾。它也可用在正常人身上，以找出受試者的主要需求，如成就需求、權力需求及親和需求等。當解讀測驗結果時，主試者應該特別注意受試者所想像的故事主題，找出故事中的主角或「英雄」（hero）。根據莫瑞的說法，「英雄」往往就是受試者所認同的對象或自我化身。

儘管如此，TAT在施測和解讀上需要花費不少時間。再者，對於TAT反應的解讀大體上是主觀的判定，這多少限縮了該測驗的信度和效度。

墨漬圖案－類似於羅夏克測驗所使用的那類圖片

你認為這個圖案像是什麼東西？然後被要求進一步加以解說。一些專家們主張，你對這類墨漬圖案的解讀，將會透露關於你人格動力（如心理病態）的一些事情。

人物圖畫－類似於主題統覺測驗所使用的那類圖片

你被要求針對這張圖片編個故事，說明圖畫所描繪的情境，當事人的思想和感受，以及將來可能演變的結果等。專家們認為，你所說的故事內容，其實是你把自己的潛意識歷程投射在故事之中。

9-12 人格衡鑑（二）

3. 語句完成測驗（sentence completion test）

這套測驗是由許多句子的句首所組成，當事人被要求加以填寫完成：

(1) 我最迫切想做的是＿＿＿＿＿＿＿＿＿ (2) 我只希望我母親＿＿＿＿＿＿＿＿

就如任何投射技術，受試者所完成的語句被認為反映了他的內在動機、態度、衝突及恐懼。主試者能夠以兩種方式進行解讀：一是對受試者的潛在動機施行「主觀－直覺的分析」，另一是對應答內容指定分數以施行「客觀的分析」。

另一些投射技術採取在空白紙上繪圖的方式，像是「畫人測驗」（Draw-A-Person）和「房－樹－人測驗」（House-Tree-Person Test）。

（二）客觀測驗（objective tests）

客觀測驗是有結構性的，它們典型地採取問卷、自陳量表（self-report inventory）或評定量表的格式，所發問的題目已經過審慎的措辭，可能的選項也已設定好。這樣的測驗經得起以客觀為依據的量化程序，因而提高了測驗結果的可信度。

1. 明尼蘇達多相人格量表（Minnesota Multiphasic Personality Inventory）

MMPI最初在1943年出版，它是一份含有566個「是－否」題目的人格測驗，所涵蓋的內容從身體狀況、心理狀態、以迄於道德和社會的態度。MMPI在編製上採取的是實徵（empirical）策略，只有當測驗題目能夠清楚辨別兩組受測者時（例如，辨別憂鬱症病人與對照組的正常人們），這樣的題目才被收編在量表中。

經過幾近10年的修訂和重新標準化，MMPI-2在1989年正式推出。除了10個臨床量尺（參考右頁圖表）和效度量尺外，MMPI-2還設計一些「特殊量尺」（例如，偵測物質濫用、婚姻困擾及創傷後壓力疾患的量尺）。受測者在所有這些量尺上所拿到分數的分布型態就構成了個人的MMPI側面圖（profile）。

MMPI最典型的應用是作為診斷標準。個人的側面圖組型被拿來跟已知病人組的側面圖進行比較；假使符合的話，關於該組病人的資料就可作為當事人一般的描述性診斷，MMPI-2的優點是合乎經濟、容易施測、容易評分、有助於心理病態的診斷。它是今日在美國最被廣泛使用的人格測驗，包括在臨床衡鑑和在心理病態研究上。

2. NEO人格量表（NEO Personality Inventory, NEO-PI）

這份量表是設計來評量正常成年人的人格特徵，它測量的是我們在本章稍前所描述的人格「五大因素模式」－具體化好幾十年來關於人格特質的因素分析研究。測驗題目主要是評估情緒、人際關係、經驗、態度及動機等變項、受試者接受NEO-PI的測量，他將拿到一份側面圖，顯示他在神經質、外向性、開放性、親和力及審慎度等五大維度上相較於廣大常模樣本的標準化分數。

新近的NEO-PI-3已經推出。大量研究已證實NEO-PI的維度是同質而可信賴的，顯現良好的效標效度和構念效度。幾項研究已支持NEO-PI在描述人格疾患的特性上的實用性。NEO-PI已被用來研究生命全程的人格穩定性和變動性，也被用來探討人格特徵與身體健康以及與各類生活事件（如職業成就或早年退休）之間關係。

人格衡鑑的自陳式量表

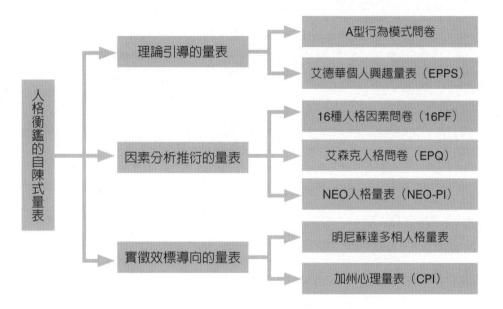

MMPI-2的10個臨床量尺

量尺名稱	高分的一般解讀
1. 慮病（Hypochondriasis）	過度關心身體功能
2. 憂鬱（Depression）	悲觀、無助、思考及動作遲緩
3. 歇斯底里（Hysteria）	不成熟、使用壓抑與否認作用
4. 反社會偏差（Psychopathic deviate）	忽視社會習俗、衝動性
5. 男性化－女性化（Masculinity-femininity）	對傳統性別角色的興趣
6. 妄想（paranoia）	猜疑、敵意、誇大或迫害妄想
7. 精神衰弱（Psychasthenia）	焦慮與強迫性思想
8. 精神分裂（Schizophrenia）	疏離、不尋常的思想或行為
9. 輕躁（Hypomania）	情緒激動、意念飛馳、躁動
10. 社交內向（Social introversion）	害羞、不安全感

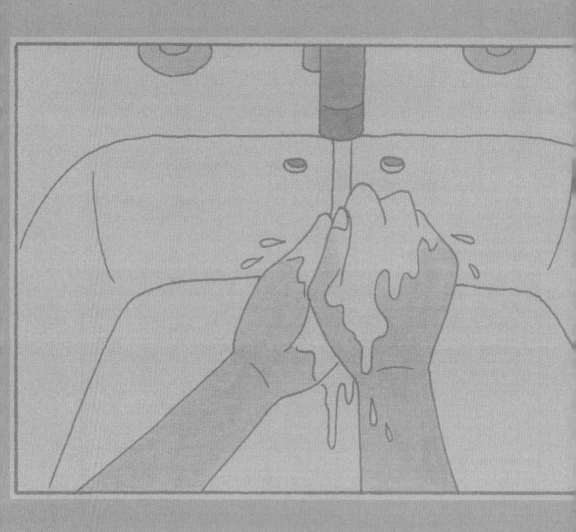

第10章
變態心理學

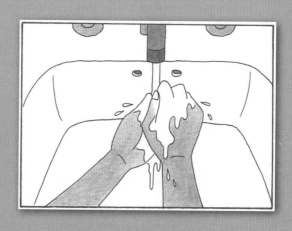

10-1 變態行為的界定

變態心理學（abnormal psychology）這一領域主要是在探討人格的不良適應，偏差行為的成因、症狀特性及分類，以及偏差行為的診斷、預防及治療等題材。

（一）何謂變態行為？

沒有任一標準能夠判定一個人為「變態」。但是個人愈是在下列領域中發生問題，他就愈有可能已蒙受某種程度的心理異常：

1. 苦惱或失能（distress or disability）：當事人感到困擾或有功能障礙的情形。例如，當事人出門後始終在擔憂是否已關掉瓦斯或鎖上大門，這妨礙了他追求一般生活目標。但是你在考試前幾天也幾乎會感到苦惱，這絕非變態。因此，苦惱在變態心理的考量上既不是充分條件，甚至也不是必要條件。

2. 不良適應（maladaptiveness）：當事人的行為模式妨礙了生活福祉、重大干擾了人際關係或違背社會的責任。例如，長期酗酒導致無法維持工作，或酒駕可能危害他人。

3. 非理性和不可預測性（irrationality and unpredictability）：當事人的言談或舉止顯得失去理性，無法對之作合理的預測。例如，個人對著不實際存在的東西辱罵髒話或作勢揮拳，像是已失去對自己行為的控制。

4. 統計上的稀少性（statistical rarity）：這是根據統計學上常態分布的觀念，把居於分布兩極端的行為視為異常。然而，天才（genius）是統計上稀少，絕對音感（perfect pitch）也是如此，我們卻不致於視這樣的才華為變態。另一方面，智能不足（也是偏離常態）則被認為代表變態。因此，我們需要添加「是否符合社會期望」的維度。當統計上的稀少是屬於不合意（或不為社會接受）的行為時，才被視為變態。

5. 違反社會規範（violation of the standards of society）：所有文化都具有各式各樣的規則。有些被正式制定為法律，另有些則隱含於社會習俗或道德準則中。視違反這些規範的幅度和頻率而定，有些行為被認定為變態。例如，偶爾的超速開車不算是離經叛道，但是殺害父母或溺死自己孩子幾乎立即被認定為是變態行為。

6. 社會不適（social discomfort）：當事人的舉止使人們感到不安或威脅，造成他人的不舒適。例如，在公共場所裸露下體或自慰，就很可能被判斷為變態。

最後，我們必須提到，隨著社會不斷地演進，社會價值觀和風俗民情也跟著發生變動。因此，一度被視為變態或偏差的行為，可能在10年或20年後卻不作如是觀。例如，在40或50年前，大多數美國人認為吸大麻菸、在海灘上全裸、在鼻子、嘴唇及肚臍上穿洞掛環，以及男扮女裝或女扮男裝等是屬於變態行為。但是，現在大多數人只覺得這是個人生活格調的問題，不但不會引人側目，更不關涉變態或不變態。總之，判斷「變態」上沒有任一標準可被視為金科玉律，任何這些標準的使用都不免涉及一些主觀性。

一、界定變態行為的六個標準

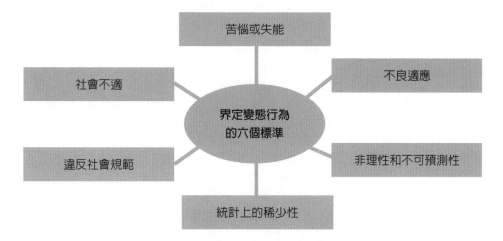

二、荷蘭藝術家梵谷（Vincent Van Gogh）顯現雙極性疾患的一些徵狀，這個困擾似乎在極富創造力的人們中有頗高的發生率。

＋知識補充站

文化如何影響什麼被視為變態？

變態的指標不是絕對不移的。在美國文化中，幻覺（hallucinations）被認為是「不良」症狀，表示個人的心智發生混淆。但是在另一些文化中，幻覺被解讀為是神明授予當事人（如乩童）的神秘洞察力，屬於「良性」的成分。

文化也可能塑造心理疾患的臨床呈現。例如，憂鬱症在世界各地都會發生，但在中國地方，憂鬱症患者通常把焦點放在身體關切上（疲累、暈眩、頭痛），而不是描述自己感到哀傷或消沉。

10-2 心理疾患的分類

　　分類（classification）在任何科學研究上都是重要的步驟，不論我們探討的是動植物、化學元素、星球或人類。當擁有普遍一致的分類系統時，我們才能夠快速、清楚而有效地傳達相關的資訊。

　　今日，主要有兩套精神醫學分類系統在通行中，一是「世界衛生組織」（WHO）所發表的《國際疾病分類系統》（ICD-10），另一是「美國精神醫學會」所開發的《心理疾病診斷與統計手冊》（Diagnostic and Statistical Manual of Mental Disorders，簡稱DSM），最新近版本是在2000年發行，稱為DSM-IV-TR，它對超過200種心理疾患進行分類、界定及描述。前者被廣泛使用於歐洲和其他許多國家，後者則主要是在美洲地區使用，但兩套系統有很高的相容性。

（一）DSM-IV-TR的五個軸向

　　DSM-IV-TR強調只對症狀組型和疾病進程進行描述，但不牽涉病原理論或治療策略。它採取多軸向（axes）的評鑑方式。

1. 第一軸向：臨床疾患。這大致上類似於綜合醫學所認定的各種疾病，包括了精神分裂症、廣泛性焦慮疾患、憂鬱症及物質依賴等。
2. 第二軸向：(1)人格疾患；(2)智能不足。這涉及以各種不當方式建立與外界的關係，養成長期之不良、不適應的行為模式，如反社會型或依賴型人格疾患。
3. 第三軸向：一般性醫學狀況。這方面資訊（如肝硬化或糖尿病）可能對於理解或治療前二個軸向的疾患有關聯。
4. 第四軸向：心理社會和環境的問題。這是記錄可能促成當前疾患的壓力源，如家庭、經濟、教育、職業、居住及法律等方面的問題。
5. 第五軸向：整體適應功能的評估。這是在指出（從1到100的分數）當事人目前綜合生活運作的良好程度。

　　在這五個軸向上，每個軸向都貢獻了關於病人的重要資訊，它們統合起來就提供了相當廣延而有穿透力的描述－關於病人的重大困擾、壓力源及生活功能的水準。

（二）診斷標籤的問題

　　診斷標籤（diagnostic label）只是描述一些與當事人目前的生活功能有關的行為模式，它沒有說明任何內在的病理狀況。這很容易形成一種循環論證－當事人為什麼展現那樣的行為是因為他有該病症，當事人為什麼有該病症則是從他所展現的行為判讀出來，結果是沒有作任何解釋。

　　一旦個人被貼上標籤後，我們很容易就接納標籤為是對他準確而完備的描述，然後就終止更進一步的探討，且據以解讀他隨後的舉動。這樣的先入之見可能阻礙了對他行為的客觀檢視，甚至可能影響臨床上重要的互動和治療抉擇。

　　另一方面，個人被貼上標籤後，他可能接受這個被重新認定的身分，然後實際演出標籤角色所被期待的行為。許多精神醫學標籤帶有輕蔑及恥辱的含意，就像是在人們身上蓋下戳記。這樣的汙名化可能對當事人的士氣、自尊及人際關係產生破壞效果。

心理健康從業人員的一覽表

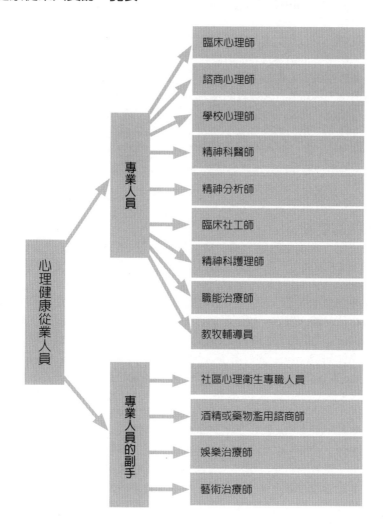

心理健康從業人員

專業人員
- 臨床心理師
- 諮商心理師
- 學校心理師
- 精神科醫師
- 精神分析師
- 臨床社工師
- 精神科護理師
- 職能治療師
- 教牧輔導員

專業人員的副手
- 社區心理衛生專職人員
- 酒精或藥物濫用諮商師
- 娛樂治療師
- 藝術治療師

＋知識補充站

病人VS.案主

多年以來，對於求診於心理健康專業人員的當事人而言，傳統上稱之為「病人」（patient）。但是，這個用語不免令人聯想到醫學疾病和消極態度－病人總是耐心等待醫師的診治。今日，許多心理健康專業人員較為喜歡採用「案主」（client）的措辭，因為這表示當事人應該更積極參與自己的治療，也對自己的康復應負起更多責任。

10-3 變態行為的起因（一）

　　許多觀點試圖說明心理病態的起因，它們的共同特徵是可被視為起源於「素質－壓力模式」。素質（diathesis）是指個人所具有容易發展出特定疾患的先天傾向。素質可以是源於生物、心理社會及社會文化方面的因素。當事人首先具有某一疾患的素質或易罹性，再隨著一些性質的壓力源（stressor）作用於當事人身上，許多心理疾患就是這樣發展出來－這就是心理疾患所謂的素質－壓力模式（diathesis-stress models）。同樣的，壓力源在性質上也可以是生物、心理社會及社會文化方面的因素。素質和壓力二者是引起特定疾患的必要條件，但各自都不是充分原因。

　　近些年來，許多理論家採取生物心理社會的觀點（biopsychosocial viewpoint），他們認為生物、心理社會和社會文化因素各自都在心理病態和心理治療上扮演部分的角色。

（一）生物的觀點

　　生物觀點主張心理疾患也是一種身體疾病，只是它們的許多主要症狀是屬於認知、情緒或行為的層面。研究人員已檢定出幾種生物因素，它們似乎特別與不適應行為的發展有關聯：

1. 神經傳導物質的失衡：許多心理疾患被認為起因於各個腦區之不同型態的神經傳導物質失衡。例如，抗憂鬱劑百憂解（Prozac）的作用就是在減緩血清素（serotonin）的再回收，從而延長血清素停留在突觸（synapse）中的期限。在心理疾患的研究上，受到最廣泛探討的四種神經傳導物質是：(1)正腎上腺素（norepinephrine）；(2)血清素；(3)多巴胺（dopamine）；及(4)GABA。

2. 激素失衡：激素（hormones）是體內一套內分泌腺所分泌的化學物質，直接滲透到血液之中。激素的失衡被認為涉及多種心理病態，如憂鬱症和創傷後壓力疾患。性激素（如雄性激素）也可能促成不適應行為。

3. 基因脆弱性：基因（genes）是由很長的DNA分子所組成，它們是染色體的一種功能單位。實質的證據已指出，大部分心理疾患顯現至少某種程度的遺傳作用力，只是影響程度隨不同疾患而異。再者，有缺陷的基因可能導致中樞神經系統的結構異常，造成大腦化學調節和激素平衡的差錯，或造成自律神經系統的過度反應或不足反應。

4. 氣質：氣質（temperament）是指嬰兒的反應性和特有的自我調節方式，特別反映在他們對各種刺激的特有情緒反應和警覺反應上。這樣的反應傾向受到遺傳因素的影響，而且早期的氣質被認為是人格據以發展的基礎。研究人員已檢定出一些氣質，它們可能是幼兒日後發展出焦慮性疾患、品性疾患或反社會型人格疾患的風險因素。

5. 大腦損傷：心理疾患的許多認知和行為的症狀是大腦損傷所引起。至於大腦損傷的原因，這包括像是腦震盪、腦血管阻塞、腦溢血、腦腫瘤、退化性疾病、營養失調、中毒性疾患及長期酒精濫用等。

突觸及其運轉方式的示意圖

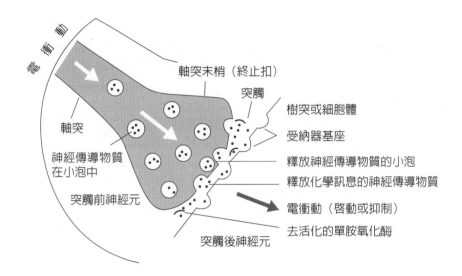

電衝動

軸突末梢（終止扣）

突觸

樹突或細胞體

受納器基座

軸突

神經傳導物質
在小泡中

釋放神經傳導物質的小泡

釋放化學訊息的神經傳導物質

突觸前神經元

電衝動（啓動或抑制）

去活化的單胺氧化酶

突觸後神經元

內分泌系統的示意圖

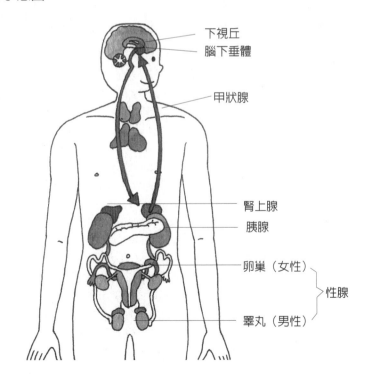

下視丘
腦下垂體

甲狀腺

腎上腺
胰腺

卵巢（女性）

性腺

睪丸（男性）

10-4 變態行為的起因（二）

（二）心理社會的觀點

心理社會的觀點視人類為擁有動機、欲望、知覺及思維的存在體，而不是僅視之為生物有機體。我們以下介紹關於人類本質及行為的三種透視：心理動力論、行為論，以及認知－行為論的透視。

1. 心理動力論的透視

(1) 佛洛依德相信，本我、自我及超我的互動在決定行為上具有關鍵的重要性。精神內在衝突的產生是因為人格的這三個次系統正在追求不同的目標。如果不加以解決，這些內心衝突將會導致心理疾患。

(2) 焦慮在所有精神官能症中是一種普遍的症狀。一般而言，自我（ego）會採取合理的措施以應付客觀的焦慮。但是神經質焦慮（neurotic anxiety）和道德焦慮（moral anxiety）是屬於潛意識層面，自我只好訴諸不合理的保護手段，稱之為「自我防衛機制」，以把痛苦的念頭或想法推出意識之外。然而，自我防衛機制的誇大或不當使用，至少是一些心理疾患的可能起因。

(3) 佛洛依德指出，從嬰兒期到青春期，所有人都會通過五個心理發展階段，每個階段各有達成性慾滿足的一種主要模式。假使個人滯留或固著（fixate）於某一階段，這將會塑造他未來的性格特徵。例如，如果嬰兒沒有獲得適度的口腔滿足，他可能在成年生活中傾向於過度吃食、過量飲酒或耽溺於另一些口腔刺激。

新式心理動力論的透視強調三個方向。首先，它授予自我更重要的地位；當自我不能適當發揮功能以控制或延緩衝動滿足時，心理病態就會發展出來，這一學派後來被稱為自我心理學（ego psychology）。第二種新方向是強調嬰兒非常早期的關係在他人格和自我觀念發展上的角色，這稱為依附理論（attachment theory）。第三種新方向是強調個人行為的社會決定因素，被稱為人際透視（interpersonal perspective）。

2. 行為論的透視

行為論的透視是在20世紀初期興起，作為對精神分析之非科學方法的一種反動。基本上，它主張變態行為是以正常行為被學得的相同方式學得的。至於學習模式主要是：(1)經典制約學習；(2)操作制約學習；及(3)觀察學習。憑藉少數的基本概念，行為論試圖解釋所有類型行為的獲得、矯正及消退。不適應行為基本上是基於兩種情況的結果：(1)無法學得必要的適應行為或勝任能力；(2)學得無效或不適應的反應。

3. 認知－行為論的透視

從1950年代以來，許多心理學家開始強調認知歷程對於行為的影響。除了班都拉提出自我效能的理論，貝克（Aaron Beck）主張功能不良的基模（schemas，個人用以認識世界或認識自己的基本模式，人們根據自己的性情、能力及早期學習經驗而發展出不同的基模）導致了訊息處理和思考二者的扭曲，而這正是一些心理病態的特色所在。

變態行為的起因一覽表

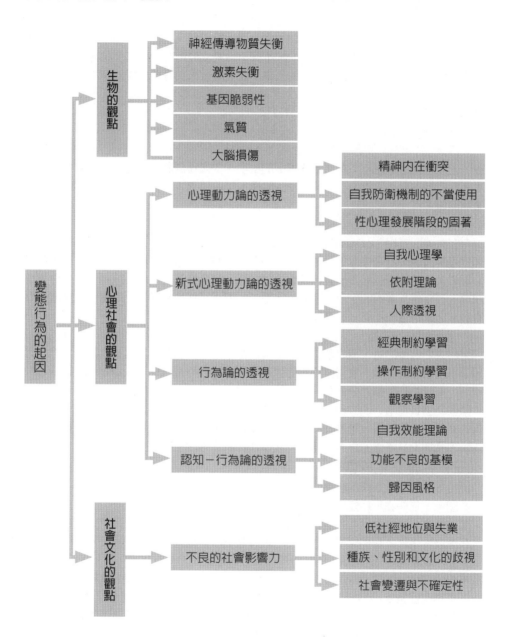

10-5 變態行為的起因（三）

另一方面，歸因理論主張，不同類型的心理病態與個人所持有功能不良的歸因風格有關聯。例如，憂鬱人們就是傾向於把不好事件歸之於內在、穩定及全面的原因。

心理學家也已檢視各類的心理社會因素，它們導致人們容易受擾於疾患，或可能加速疾患的發生。這方面因素包括：(1)早期的剝奪或創傷；(2)不適切的管教作風；(3)婚姻不睦與離婚；及(4)不適應的同儕關係。

4. 人本論的透視

人本論關切的是像愛、希望、創造性、價值、意義、個人成長及自我實現等歷程，儘管這些抽象歷程不容易接受實徵的檢驗。根據這個觀點，心理病態基本上是個人成長和朝向身心健康的自然傾向受到阻礙或扭曲所致－源自疏離、自我感喪失及孤寂等問題。

5. 存在主義的透視

存在主義的透視（existential perspective）也強調每一個體的獨特性，以及對於價值和意義的追求，但它較把重心放在人類不理性的傾向和自我實現的固有障礙上。存在心理學家重視的是建立價值觀和獲致心理成熟。如果逃避這些核心議題，勢必會造成腐敗、無意義及虛擲的生命。因此，大部分的變態行為被視為是「不能建設性地處理有關存在的絕望和挫折」的產物。

6. 多元觀點的採取

關於人類行為的每一種心理社會的透視，都促成了我們對心理病態的理解，但它們單獨都無法解釋人類不良適應行為的複雜本質。就以酒精依賴（alcohol dependence）而言，傳統的心理動力論側重當事人飲酒是試圖減低精神內在的衝突及焦慮；新式的人際觀點強調當事人過去和現在之人際關係的障礙；行為觀點把重心放在當事人所學得的減低壓力的習慣，也放在可能會惡化或維持不良行為的環境條件；至於認知－行為論則強調不良適應的思考，像是問題解決和訊息處理上的缺失。

（三）社會文化的觀點

源於社會學和人類學的發展，跨文化研究已清楚顯示各種社會文化狀況與心理疾患之間關係，這些發現為變態行為的現代透視增添重要的新維度。

儘管許多心理疾患存在普遍一致的症狀和症狀組型，但社會文化因素通常會影響哪些疾患發展出來，它們採取的型式、它們多麼盛行，以及它們的進程。例如，重鬱症（major depressive disorder）的盛行率在世界各地文化中廣泛變異，從日本的3%以迄於美國的17%。此外，幾種重大心理疾患的預後或結果在不同國家中也顯現差異。

心理學家已檢定出幾種不良的社會影響力，像是(1)低社經地位與失業；(2)種族、性別和文化的歧視；及(3)社會變動和未來不確定性。社會文化研究已導致許多方案的實施，立意於改善不利的社會條件，以便針對心理疾患提供早期偵測、適時治療及長期預防。

關於酒精依賴的三種主要心理社會的觀點

心理動力論的觀點

「他正在減輕精神內在的衝突及焦慮」

行為論的觀點

「他已學得減低壓力的錯誤習慣，他有一個充滿壓力的工作。」

認知－行為論的觀點

「他以錯誤的方式思考他的問題，他不合理性地相信酒精將會減低他的壓力。」

當事人過量飲酒

✚ 知識補充站

中國早期的精神病理觀點

　　早就紀元前第七世紀，中國醫學對疾病成因的觀念就築基於自然，而不是神鬼。在陰與陽（Yin and Yang）的概念中，人體就像一個宇宙，分為正與負兩個層面，二者互補相斥。如果陰陽兩種力量處於均衡狀態，人的身心將會呈現健康狀況，反之就會生病。因此，治療首重於恢復陰陽平衡，這可以透過飲食的控制加以達成。

　　在西元第二世紀時，中國醫學達到更高水準。張景仲撰述兩本著名的醫書，他關於身心疾病的觀點是建立在臨床觀察上，認為器官的病理是疾病的主因。此外，他也認為負荷壓力的心理狀況可能導致器官病變。他的治療利用兩種作用力，一是藥物，另一是透過適宜活動以恢復情緒的平衡。

　　但再接下來，中國關於精神疾患的觀點發生倒退現象，轉而相信超自然力量為疾病的起因。從第二世紀後期到第九世紀初期，神鬼之說大為盛行，精神錯亂被認為是起因於惡靈的附身。幸好，不過幾個世紀後，中國就又回歸生理及肉體的觀點，也強調心理社會的因素。

10-6 焦慮性疾患－強迫症

焦慮性疾患（anxiety disorders）的特色是具有不符實際、不合理的恐懼或焦慮、其強度損害了當事人的正常生活運作。DSM-IV-TR認定七種主要類型的焦慮性疾患：(1)特定對象恐懼症（specific phobia）；(2)社交恐懼症（social phobia）；(3)恐慌性疾患（panic disorder）；(4)廣泛性焦慮疾患（generalized anxiety disorder）；(5)強迫性疾患；(6)懼曠症（agoraphobia）；及(7)創傷後壓力疾患（PTSD）。我們在這裡介紹強迫性疾患。

（一）強迫性疾患（obsessive-compulsive disorder）的症狀描述

強迫症在診斷上被界定為產生非自願和闖入性的強迫思想或意象，引致當事人的苦惱；通常還會伴隨強迫行為，以便抵消該強迫思想或意象。當事人通常知道這些持續而反覆發生的強迫意念（obsessions）是不合理的，也干擾了生活，他們試圖加以抵抗或壓制。強迫行為（compulsions）可能是一些外顯的重複舉動（如洗手、盤查或排序），也可能是一些內隱的心理活動（如計數或默唸）。強迫行為的執行是在預防或降低苦惱，或是為了防止一些可怕事件或情境的發生。

（二）強迫症的一些特性

大部分人發生過輕微的強迫思想或行為，像是懷疑自己是否鎖好門窗或關掉瓦斯爐。但在強迫症患者身上，這樣的思想顯得過激或不合理，相當頑強而引人苦惱，消耗當事人不少時間。

強迫症普遍初發於青少年後期或成年早期，但在兒童身上也不少見。強迫症是漸進地發作，但是一旦成形後，它傾向於是長期性的，雖然症狀的嚴重程度隨著時間起伏不定。強迫症的一生流行率平均是1.6%。

典型的強迫行為包括洗手、檢查電燈或家電是否關好，以及清點物件或財產等不可抗拒的衝動。另一些強迫行為是保持物件完全對稱或均衡。囤積（hoarding）是另一種強迫行為，直到近期才受到研究的注意。

（三）強迫症的起因

1. 根據心理動力的模式，強迫行為被視為一種替罪儀式，以便另一些遠為駭人的欲望或衝動所製造的焦慮得以緩解下來。因此，重複的洗手行為可能象徵洗去個人雙手的罪惡（不論是真正或想像的罪惡）。

2. 根據行為學派的說法，首先，觸摸門把可能與骯髒的駭人想法聯結起來。一旦達成這樣的聯想，當事人接著發現，觸摸門把引起的焦慮可以經由洗手而降低下來。洗手減輕了焦慮。所以洗手反應受到強化。當另一些情境也引起關於骯髒的焦慮時，洗手將會一再地發生。這稱為迴避學習（avoidance learning）的雙歷程理論。

3. 在生物層面上，同卵雙胞胎在強迫症上有較高的一致率，異卵雙胞胎的一致率較低。此外，強迫症案主的一等親中有顯著較高的強迫症發生率－相較於強迫症盛行率的現行估計值。

焦慮性疾患的性別差異：一生流行率估計值

心理疾患	男性的流行率（%）	女性的流行率（%）
社會恐懼症	11.1	15.5
恐慌性疾患	2.0	5.0
特定對象恐懼症	6.7	15.7
強迫性疾患	2.0	2.9
廣泛性焦慮疾患	3.6	6.6
創傷後壓力疾患	5.0	10.4

強迫症使得人們從事無意義、儀式化的行為，諸如重複的洗手。

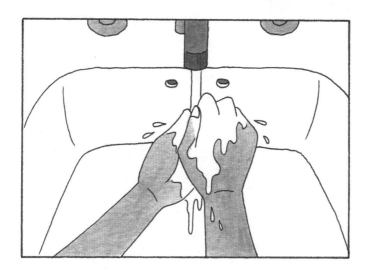

＋知識補充站

強迫症的治療

暴露與反應預防（exposure and response prevention）二者結合的行為治療法是處理強迫症的最有效途徑。它首先要求強迫症案主重複暴露自己於將會誘發他們強迫意念的刺激中，然後防止他們從事強迫的儀式化行為，以讓案主看清楚，他們的強迫意念所製造的焦慮將會自然地消退。

至今為止，影響血清素的藥物（如clomipramine）似乎是處理強迫症的主要藥物，也有適度良好的效果。另外，幾種來自SSRI類的抗鬱藥物（如fluoxetine，即百憂解）在處理強迫症上也有同等的療效。但是，如同其他焦慮性疾患，強迫症之藥物治療的主要不利之處是，當藥物停止服用後，復發率通常極高，甚至高達90%。顯然，行為治療法有較持久的效益。

10-7 情感性疾患－憂鬱症（一）

　　情感性疾患（mood disorders）主要是涉及躁狂（mania）和憂鬱（depression）兩種心境。躁狂是指強烈且不符實際之興奮和欣快的感受。憂鬱則是極度哀傷和消沈的感受。在單極性疾患中（unipolar disorders），當事人只發生憂鬱發作。在雙極性疾患中（bipolar disorders），當事人發生躁狂發作和憂鬱發作二者。

（一）重鬱症（major depressive disorder）的症狀描述

　　為了符合重鬱症的診斷準則，當事人必須在至少兩個星期的期間出現重大的憂鬱心情或失去愉悅心情。此外，當事人必須出現另幾項的症狀，從認知症狀（如感到沒有價值、罪疚感或自殺的意念）到行為症狀（如疲累或行動遲緩）以迄於身體症狀（如食慾不振或失眠）。

（二）憂鬱症的一些特性

　　憂鬱症的發生率在近幾十年來有明顯增加的趨勢。最新的流行病學研究顯示，憂鬱症的一生流行率高達17%。再者，憂鬱症的發生率始終是女性遠高於男性，其比值大約是2：1。至於雙極性疾患（或稱躁鬱症）就遠為少發生，個人發生這種疾患的一生風險從0.4%到1.6%。

　　大部分人在生活中都曾感到憂傷、沮喪、悲觀及失望。但是，這樣的狀態通常不會持續很久，幾天或幾星期後就會自行消失。因此，下列兩種情況通常不被視為是情感性疾患。

1. 死別與哀悼的過程：DSM-IV-TR建議，即使所有的症狀準則都符合，但在死別（失去親人）後的前兩個月不適宜做出憂鬱症的診斷。
2. 產後心情低落：有些婦女在新生兒誕生後發生「產後心情低落」（postpartum blues），典型症狀包括情緒不穩定、容易哭泣及暴躁，但往往也交織不少愉悅的感受。這樣症狀發生在高達50%到70%的婦女身上，在她們子女誕生後的10天之內，通常將會自行緩解，因此還稱不上是重度憂鬱。

　　激素重整可能是產後心情低落的原因之一。但心理成分顯然也牽涉在內－如果初為人母者缺乏社會支持或不適應她新的身分和職責的話。

　　雖然憂鬱症最常初發於從青少年後期到成年中期，但它在生命全程的任何時期都可能展開，從兒童早期以迄於老年期。憂鬱症的發生率在青少年期陡然升高。在美國，大約21%的女性和13%的男性在他們生活中曾經符合憂鬱症的正式診斷。

（三）憂鬱症的起因

1. 生物的因素

　　家族研究已發現，當個人有臨床上診斷的憂鬱症時，他的血親在憂鬱症上的盛行率大約是一般人口的三倍高。雙胞胎研究顯示，當同卵雙胞胎之一罹患憂鬱症時，另一位有67%的機率也將會發生憂鬱症。但對異卵雙胞胎而言，這個數值只有20%。

憂鬱症在許多國家中的盛行率

國家		一生流行率（%）
臺灣	低	1.5
日本		2.8
韓國		3.1
波多黎各		4.6
冰島		5.0
德國		8.4
加拿大		9.3
紐西蘭		11.2
義大利		12.5
匈牙利		15.1
瑞士		16.2
法國		16.4
美國		17.1
黎巴嫩	高	19.3

這位新手母親的心情極為多變而容易哭泣，但還稱不上是憂鬱症。

＋知識補充站

憂鬱症的無助理論

　　薛利格曼（Martin Seligman）的無助理論是源自對動物的觀察。他首先強迫狗接受疼痛而無法逃避的電擊，即不論狗做些什麼，始終被施加電擊。稍後，當這些狗被安置在牠們能夠控制電擊的情境中時，牠們顯得消極、無精打彩、不作抵抗，似乎已放棄努力，學不會採取行動以改善自己的處境。薛利格曼稱這種現象為「學得性無助」（learned helplessness）。

　　薛氏認為，這就類似於在人類憂鬱症上所看到的負面認知心向（cognitive set）。當人們面臨壓力生活事件，但他們發覺自己對該事件無能為力，預期自己反正做些什麼都無濟於事時，他們因此就停止抗爭，放棄努力－就像在動物身上所看到的無助症候群。

10-8 情感性疾患－憂鬱症（二）

神經化學方面的研究指出，憂鬱可能跟血清素和正腎上腺素這兩種神經傳導物質的分泌不足有關；躁狂則跟大腦中這兩種化學信差的分泌過量有關。

在激素方面，憂鬱可能跟下視丘－腦下垂體－腎上腺（HPA）這個軸線的功能失調有關。此外，甲狀腺機能減退也可能涉及憂鬱狀態。

2. 心理社會的因素

重大壓力的生活事件經常會成為憂鬱症的催化因素，這樣事件包括與重要他人的生離死別、嚴重經濟困境或失業，以及重大健康困擾等。

神經質（neuroticism）是作為憂鬱症之脆弱因素的主要性格變項，它也預測了較多壓力生活事件的發生。此外，神經質也與從憂鬱症完全復原之較差的預後有關。

在憂鬱症的認知素質方面，研究重心是放在特有的負面思考模式上。有些人傾向於把負面事件歸之於內在、穩定及全面（global）的原因，他們將較易於招致憂鬱－相較於把同一事件歸之於外在、不穩定及特定（specific）原因的人們。

早年生活中的一些逆境可能造成個人在憂鬱症上的長期脆弱性，包括失去父母、家庭動盪不安、父母心理病態、身體虐待或性虐待，以及嚴厲而專制的父母管教。

最後，缺乏社會支援和社交技巧的缺損也可能扮演局部角色。研究已發現，當人們社交孤立或缺乏社會支援時，他們較容易變得憂鬱。

3. 社會文化的因素

憂鬱症出現在已被探討的所有文化中，但是它採取的型式和盛行率上有廣泛差異。例如，在中國和日本地方，憂鬱症的發生率相對偏低，而且傾向於以身體徵候表現出來，諸如睡眠障礙、食慾減退、體重降低及失去對性行為的興趣。

至於在憂鬱症的心理成分中，亞洲人經常缺乏西方文化所謂的罪惡感和自我譴責的成分。這可能是西方文化視每個人為獨立的個體，所以當挫敗發生時，通常採取內在的歸因。最後，憂鬱症的發生率跟社經地位成反比關係。這也就是說，較低社經地位的族群有較高的發生率－很可能是低社經地位導致逆境和生活壓力。

（四）自殺

雖然大多數憂鬱人們並未自殺，但是許多自殺企圖是來自受擾於憂鬱症的人們。在所有心理疾患中，憂鬱症病人有最高的一生自殺的風險（大約15%），但精神分裂症患者也有大約10%的風險－相較之下，一般人口的平均風險是1.4%。

在大部分西方國家中，自殺現在已躋身十大死因之列。在美國，女性企圖自殺的可能性大約是男性的3倍；然而，實際自殺身亡的男性約女性的4倍多。這項差異的發生大致上是因為男性傾向於使用較可能致命的方法，特別是舉槍自殺；女性則傾向於使用較不致命的手段，如安眠藥。

研究還發現，超過40%的自殺者曾經以清楚的措辭傳達他們的自殺意圖；另外30%在他們自殺前的幾個月內談論過死亡或臨終的話題。因此，當他人吐露這樣的意圖時，我們應該認真對待，提供適時的支援及關懷。

貝克關於憂鬱症的認知理論

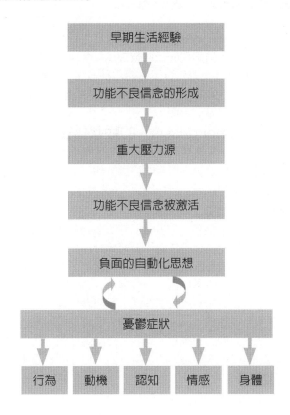

早期生活經驗

↓

功能不良信念的形成

↓

重大壓力源

↓

功能不良信念被激活

↓

負面的自動化思想

憂鬱症狀

| 行為 | 動機 | 認知 | 情感 | 身體 |

+ 知識補充站

貝克的憂鬱症認知模式

　　貝克（Aaron Beck）是憂鬱症研究上的一位先驅，他認為是當事人的認知心向（個人看待世界的心態）引起了情感或心境的症狀。首先，個人從不當的早期經驗中衍生一些功能不良的信念（但個人通常未能察覺），它們是一些僵化、偏激及不具建設性的信念。這些信念原本處於潛伏或休眠的狀態，但是當它們被個人面臨的重大壓力源所激活時，就製造了負面的自動化思想，也就是對於自己、對於世界及對於未來採取消極的思想，這被稱為負面認知三部曲（negative cognitive triad）。當事人以這樣的偏誤方式處理跟自己有關的負面訊息，長期下來自然引致憂鬱症的各種症狀。

10-9 身體型疾患－慮病症

身體型疾患（somatoform disorders）是指當事人發生一些身體不適或抱怨，暗示有醫學狀況的存在，卻找不到生理病理的任何證據加以解釋。但他們也不是有意地偽造症狀或試圖欺騙別人，他們真正相信自己身體內部發生了差錯。DSM-IV-TR檢定出五種身體型疾患：(1)慮病症；(2)身體化疾患；(3)疼痛疾患；(4)轉化性疾患；及(5)身體畸形性疾患。我們在這裡討論慮病症。

（一）慮病症（hypochondriasis）的症狀描述

這樣病人專注於他們將會感染或實際上已罹患重大疾病的想法。例如，咳嗽被他們認為是肺癌的徵兆。再者，儘管經過適當的醫療評估和專業人員的保證，他們的擔憂仍然持續不退。最後，這樣的狀況必須持續至少6個月才能符合診斷。

（二）慮病症的一些特性

慮病症是最常發生的身體型疾患，它的盛行率在2%到7%之間，以同等頻率出現在女性和男性身上。慮病症可能在幾乎任何年齡開始發作，但最好發於成年早期。

慮病症患者通常會就他們的身體抱怨求助於專科醫生，但是醫生的擔保和安撫無法使他們安心下來太久，他們會四處物色另一些醫生，希望找到自己真正病原所在。因為他們傾向於懷疑醫生的診斷和判讀的妥善性，醫病關係經常充滿衝突及敵意。

然而，慮病症患者不是在詐病（malingering）。儘管身體狀況通常良好，他們衷心相信自己發覺的症狀是重大疾病的徵兆。有些人會建議他們，他們的困擾可能是心理的層面，應該尋求心理師或精神科醫師的治療才對，但他們普遍嗤之以鼻。

（三）慮病症的起因

相較於情感性和焦慮性疾患，我們對身體型疾患（包括慮病症）病原的認識仍然有限。有些學者把研究重心放在促成疾病的認知歷程上。例如，慮病症患者事實上對於與疾病有關訊息展現一種注意偏差（attentional bias）。他們知覺自己症狀比起實際情形更為危險，也判斷所涉疾病比起實際情形更可能發生。一旦錯誤解讀自己所涉症狀，他們傾向於尋找支持性的證據，而且對那些表示他們健康良好的證據保持半信半疑。這樣對疾病和症狀不適宜的關切製造了一種惡性循環：他們的擔憂引起了焦慮的生理效應，乍看之下像是疾病的症狀，這提供了進一步證據，表示他們對健康的擔憂是有正當依據的。

我們大部分人從孩提時期就學會，當我們生病時，我們會被提供特別的安慰及注意，也能豁免一些責任。這樣的附帶獲益（secondary gain）或許也有助於理解慮病的思考和行為模式如何被維持下去。

（四）慮病症的治療

幾項研究已發現，認知－行為治療在處理慮病症上很有成效。此外，病人有時候被指導從事「反應預防」，不要那般頻繁地檢驗自己身體，也不要持續尋求他人的安撫。最後，一些抗憂鬱的藥物（特別是SSRIs）在治療慮病症上也頗具效果。

身體型疾患的類別

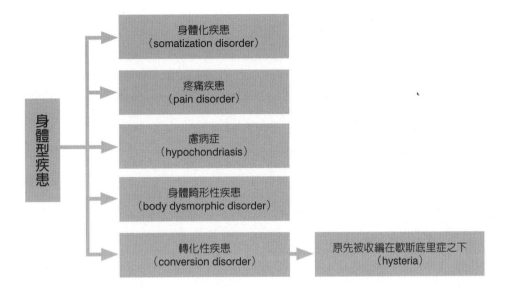

✚ 知識補充站

關於同性戀觀點的變遷

如果你閱讀1970年之前關於同性戀的醫學和心理學文獻，你會發現同性戀人士被視為精神病患。但這還算是寬容，更早的觀點是視同性戀人士為罪犯，需要被下獄監禁。

1950年代左右，「視同性戀為心理疾病」的觀點開始受到挑戰。金賽博士發現，同性戀行為遠比先前認為的更為普遍。1960年代見證了急進同性戀解放運動的興起，同性戀人士不再容忍被視為次等公民對待。

到了1970年代，許多精神科醫師和心理學家（他們自身也是同性戀）在心理衛生專業內發出聲浪，要求同性戀應從DSM-II（1968）中除名。經過兩年激烈的爭辯後，美國精神醫學會（APA）在1974年舉行會員投票，最後以5,854票對3,810票把同性戀排除於DSM-II之外。

今日，同性戀已不被視為心理疾病，它只是個人一種正常的性取向（sexual orientation），或一種另類的生活風格。

10-10 解離性疾患－解離性身分疾患

解離性疾患（dissociative disorders）所涉及的是整個精神病理領域中最戲劇性的一些現象，即人們記不得自己是誰，記不起自己來自何處，或個人擁有兩個（或以上）不同的身分或人格狀態。解離作用（dissociation）是指個人把引起心理苦惱的意識活動或記憶，從整體精神活動中切割開來，以使自己的自尊或安寧不會受到威脅。

DSM-IV-TR檢定出幾種解離性疾患：(1)自我感消失疾患；(2)解離性失憶症；(3)解離性漫遊症；及(4)解離性身分疾患。

（一）解離性身分疾患（DID）的症狀描述

DID原先稱為多重人格疾患（multiple personality disorder），病人顯現至少兩種以上的不同身分，它們以某些方式交替出現而支配個人的行為。

（二）DID的一些特性

在大部分情況中，個人有一種身分最常出現，它占領個人的真正姓名，稱為主人身分（host identity）。另一些更替身分（alter identities）則在許多引人注意的層面上有別於原來的身分，像是性別、年齡、筆跡、性取向，以及運動或飲食的偏好等。在個性方面，假使有一種更替身分是害羞的（軟弱的、熱情的、性挑逗的），通常會有另一種更替身分則是外向的（堅強的、冷淡的、拘禮的）。主人身分所壓抑的需求和感情通常會在另一種更替身分中展現出來。

更替身分的轉換通常是突然發生的（幾秒鐘之內），雖然較為漸進的轉換也可能出現。DID病人對於更替身分所經歷的事情有失憶情形。DID的另一些常見症狀包括憂鬱、喜怒無常、頭痛、幻覺、自我殘肢、以及慣性的自殺意念和自殺企圖。DID通常好發於兒童期，但是大部分病人是在20多歲或30多歲時才被診斷出來。女性被診斷為DID的人數約為男性的3倍到9倍。

DID個案雖然在電影、小說及各式媒體上被廣泛報導，但是它在臨床上極為少見。在1980年之前，整個精神醫學文獻中只發現大約200個個案。然而，到了1999年，僅北美地區就有超過30,000個個案被報告出來－可能是過於浮濫的估計值。儘管如此，大部分心理治療師可能一輩子中從不曾接見過一個DID的個案。

（三）DID的起因

「創傷理論」是說明DID的重要觀點。大部分DID病人（幾近95%）報告自己身為兒童時有嚴重的受到虐待（身體或性方面）的經驗。因此，DID可能起始於幼童受到重複的創傷性虐待時，他們試圖應付壓倒性的絕望和無力的感受。在缺乏適當資源和逃避管道的情況下，兒童只好以解離方式遁入幻想之中，把自己轉成另一個人。這樣的逃避是透過自我催眠（self-hypnosis）的過程而發生，而如果有助於緩解虐待引起的痛苦的話，它就會被強化而在未來再度發生。

在DID的治療上，通常是採用心理動力和洞察力取向的療法，以便揭露及剖析被認為導致該疾患的創傷及其他衝突。治療師通常透過催眠的運用以接觸案主的不同身分，設法整合各個身分狀態成為單一人格，以便案主更有能力應付生活中的壓力。

一、解離性疾患的類別

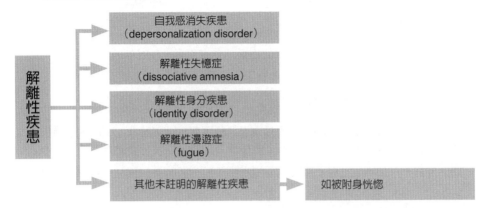

解離性疾患
- 自我感消失疾患 （depersonalization disorder）
- 解離性失憶症 （dissociative amnesia）
- 解離性身分疾患 （identity disorder）
- 解離性漫遊症 （fugue）
- 其他未註明的解離性疾患 → 如被附身恍惚

二、解離性身分疾患的示意圖

主人身分
適應不良、缺乏果斷力的人格

更替身分
攻擊而跋扈的人格

更替身分
幼稚而天真的人格

更替身分
好社交而活潑的人格

＋知識補充站

解離性疾患簡介

1. 自我感消失疾患：當事人持續或重複地感受到像是脫離於自己的身體或心智活動，就像自己是個外在觀察者那般，或感到自己彷彿正生活在夢境或電影中。
2. 解離性失憶症：當事人不能記起重要的個人訊息，但這種現象是心理因素所引起，當事人沒有任何器質性的功能不良，這樣的記憶空白通常是發生在重度創傷或高壓情境之後。
3. 解離性漫遊症：當事人不僅對自己過去的若干或所有層面發生失憶，而且實際上遠離家園，漫遊到他方，採取新的身分。幾天、幾星期或甚至幾年後，這樣人們可能突然從漫遊狀態脫身出來，毫無所悉自己為何置身於陌生地方－這時候他們原先的失憶內容也會恢復，但對漫遊期間的生活經驗卻又失憶了。

10-11 飲食性疾患－心因性厭食症

飲食性疾患（eating disorders）的特徵是飲食行為的嚴重失調，當事人對於過重和肥胖有著強烈的恐懼。DSM-IV-TR檢定出幾種飲食疾患：(1)心因性厭食症（anorexia nervosa）；(2)心因性暴食症（bulimia nervosa）；(3)其他未註明的飲食性疾患，如暴食疾患（binge-eating disorder）。

（一）心因性厭食症的症狀描述

這類病人拒絕維持就他們的年齡和身高來說所應有的正常體重，他們對於體型和身材產生扭曲的知覺，即使自己體重遠低於標準，仍然強烈害怕會變得肥胖。

厭食症被劃分為兩型。在禁食型中，病人嚴格控制卡路里的攝取。在暴食／清除型中，病人經常性地從事暴食或清除（催吐，或使用瀉藥、利尿劑及灌腸）的行為。

（二）心因性厭食症的一些特性

厭食症好發於15歲到19歲的年輕女性，每10位女性罹患飲食性疾患時，才有1位男性罹患該疾患。

厭食症病人經常感到疲倦、衰弱、頭昏眼花及意識模糊（長期的低血壓所致）。他們往往因為心律不整而死亡，這是電解質（如鉀）的重大失衡所引起。長期偏低的鉀濃度也可能損害腎臟功能，嚴重時需要洗腎。

厭食症相當頑強而具有潛在生命威脅性。對於罹患厭食症的女性來說，她們的死亡率是一般人口中年齡15到24歲女性死亡率的12倍高。這主要是飢餓的生理後果所引起，但也常表現在更突顯意圖的自殺行為上。

雖然受到大眾媒體的廣泛報導，但是厭食症的一生流行率是0.5%，暴食症的流行率也不過是1%到3%。這些疾患的盛行率實際上相當低。

（三）厭食症的風險因素和起因

1. 生物因素：飲食性疾患傾向於會在家族中流傳。血清素已知涉及強迫症、情感性疾患及衝動控制疾患的發展，它顯然也涉及食慾及進食行為的調節。一些抗鬱劑以血清素為目標，它們對於飲食性疾患的治療也有良好效果。

2. 社會文化因素：你一定看過便利商店或書店的開放架上擺著一些精美的時尚雜誌（如《Vogue》、《Mademoiselle》及《Cosmopolitan》），你會發現模特兒的身材正變得愈為苗條及削瘦，或所謂的紙片人。青少年女性正是這類雜誌貪婪的消費者，她們定期地受到不切實際之模特兒形像的轟炸。因此，媒體和同儕的影響力可能為飲食性疾患打造了基礎。

3. 個別風險因素：溫莎公爵曾經說過，「一個人從不可能過度富有或過度纖瘦」。許多人內化了苗條的完美典範，把它跟有魅力、受歡迎及幸福聯想起來。

最後，在人格特徵方面，完美主義（perfectionism）長久以來被視為是飲食性疾患的重大風險因素。這樣性格的人們遠為可能認同苗條的完美典範，而且無悔無怨地追求「完美的身材」。

一、計算身體質量指數的方法

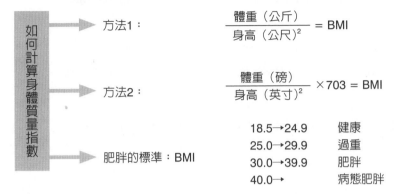

如何計算身體質量指數

方法1： $$\dfrac{體重（公斤）}{身高（公尺）^2} = BMI$$

方法2： $$\dfrac{體重（磅）}{身高（英寸）^2} \times 703 = BMI$$

肥胖的標準：BMI

18.5→24.9	健康
25.0→29.9	過重
30.0→39.9	肥胖
40.0→	病態肥胖

二、高達70%《花花公子》跨頁女郎的BMI低於18.5（體重不足）。美國青少年女孩描述的「夢幻女郎」是5呎7吋高，體重100磅及5號的腰圍，其BMI是15.61（重度體重不足）。

1960年代的名模

2000年代的名模

✚ 知識補充站

肥胖的治療

　　促使體重減輕的藥物主要落在兩個範疇。第一類是透過壓抑食慾以減少食物攝取，它們發揮作用是經由增加神經傳導物質（主要是血清素和正腎上腺素）的可利用性，像是sibutramine（Meridia）。

　　第二類藥物發揮作用是使得食物中的一些營養素不會被吸收，像是減少脂肪進入胃腸後會被吸收的數量，如orlistat（Xenical）。

　　在心理治療方面，最有效的處置是行為－管理（behavioral-management）的程序。許多採用正強化、自我監控及自我獎勵的方法似乎長期下來有適度效果。此外，認知－行為治療法在處理暴飲暴食上的成效也受到許多研究的支持。急速減肥的方法（攝取極低的卡路里）在長期追蹤中都以失敗告終－相較於漸進式（均衡飲食）的減肥方法。

10-12 人格疾患－反社會型人格疾患

　　人格疾患（personality disorder）是指當事人在知覺世界、思考世界及建立與世界的關係上顯現持久、缺乏彈性及不良適應的模式，引致當事人（或他人）的重大苦惱，而且損害他在一些重要領域上的功能。DSM-IV-TR檢定出10種人格疾患：(1)妄想型；(2)類分裂型；(3)分裂病型；(4)反社會型；(5)邊緣型；(6)做作型；(7)自戀型；(8)畏避型；(9)依賴型；及(10)強迫型。

（一）反社會型人格疾患（ASPD）的症狀描述

　　ASPD的特色是持久之不負責或不守法的行為模式，違反了社會規範。他們暴躁、易怒而好攻擊，對於傷害他人的舉動也不感到懊悔或自責。他們從生活早期就有反覆的違法行為，像是破壞教室、打架、逃學或逃家。因此，他們在15歲之前已有品性疾患（conduct disorder）的症狀。

（二）ASPD的一些特性

　　根據DSM-IV-TR，ASPD的流行率在男性是大約3%，女性則大約1%。這類病人常被稱為「空心之人」，他們欠缺同理心，人際關係是膚淺而表面的，缺乏對任何人的忠誠度。這樣的行為模式導致他們反覆地與社會發生衝突，因而有很高比例被逮捕、拘禁及嚴重時入獄－因為偷竊、施暴、詐欺、舞弊、偽造文書及積欠債務等。最後，他們做事衝動，顯然只活在現在，也只為現在而活，不會考慮過去或未來。

（三）ASPD的起因

1. 根據雙胞胎和領養的研究，反社會或犯罪行為具有適度的可遺傳性。此外，反社會行為與物質濫用之間有強烈相關，這似乎暗示有共同的遺傳因素導致了酒精中毒和反社會型人格二者。
2. 研究已發現，反社會型人格擁有偏低的特質焦慮，而且對於恐懼顯現不良的制約學習。因此，反社會型人格被認為無法獲得許多制約反應，但這樣的制約反應是正常之被動迴避處罰、良心的發展及社會化過程所必要的。
3. 反社會型人格遲鈍的良心發展和攻擊行為也受到一些傷害效應的影響，像是父母排斥、虐待及疏失，以及父母不一致的紀律。
4. 兒童期（特別是對男孩來說）所展現反社會行為（撒謊、偷竊、打架、逃學及結交不良少年等）的數量是成年期（18歲以上）發展出ASPD診斷的單一最佳指標；愈為年幼就初發的話，風險就愈高。

（四）社會文化的因素

　　跨文化研究顯示，ASPD發生在廣泛的文化中，包括許多尚未工業化的國家。但是，ASPD的實際表明和盛行率受到文化因素的影響。例如，在中國地方，反社會型人格所呈現的各種症狀中，攻擊和暴力行為的頻率遠為偏低。

　　另外一項引人興趣的發現是，臺灣的ASPD流行率估計值（只有0.1-0.2%）遠低於崇尚個人主義的美國（大約是1.5-5%）。

各種人格疾患摘述

人格疾患	特徵
A群：當事人的行為顯得奇特或怪異。	
妄想型（paranoid）	對他人的普遍猜疑及不信任；把自己的過錯怪罪於他人。
類分裂型（schizoid）	缺損的社交關係；不盼望、也不享受親密關係。
分裂病型（schizotypal）	認知或知覺的扭曲；偏常的思考及談話
B群：當事人的行為顯得戲劇化或脫離常軌。	
反社會型（antisocial）	不知尊重他人的權益；違反社會規範；愛撒謊、欺騙成性。
邊緣型（borderline）	人際關係不穩定；強烈怒意；自我傷殘或自殺的企圖。
做作型（histrionic）	過度情緒化；尋求他人的注意；易受他人影響。
自戀型（narcissistic）	誇大自己的重要性；過度需要被讚美；自我推銷。
C群：當事人的行為顯得焦慮或畏懼	
畏避型（avoidant）	因為害怕被拒絕而迴避人際接觸；看待自己為社交笨拙而不能勝任。
依賴型（dependent）	害怕分離；為了獲得他人的關照而願意委屈求全；當獨處時感到不舒服。
強迫型（obsessive-compulsive）	過度關注秩序、規則及細節；完美主義；顯得僵化而頑固。

✚ 知識補充站

反社會型人格疾患的治療

　　反社會型人格對他人的權益漠不關心，無視於自己或他人的安全。如果他們還兼具容貌、聰明及良好教育的話，他們是社會中極為危險的一群人。這就難怪電影導演很喜歡在一些煽情刺激的電影中，選定這種心理疾患作為題材。

　　反社會型人格疾患很難治療，電痙攣治療和藥物治療已被採行，但是充其量只有適度療效－有助於降低攻擊／衝動行為。

　　認知－行為治療法通常被認為是最有展望的療法，它包括：(1)增進自我控制、自我批判的思維及社會觀點的採取；(2)教導憤怒管理；及(3)矯正藥物成癮等。但是至今的成效還不是很彰顯。幸好，即使沒有接受治療，許多反社會型人格的犯罪活動在40歲之後會減退下來（就像是燃燒殆盡的火燭）－儘管仍有許多人繼續被逮捕。

10-13 兒童期心理疾患－過動症

前面的討論大致上是針對受擾於心理病態的成年人。但是，許多人是在兒童期和青少年期就開始顯現心理疾患的症狀。DSM-IV-TR已檢定出一系列疾患，稱之為「通常初診斷於嬰兒期、兒童期或青少年期的疾患」。我們在這裡討論過動症和自閉症。

（一）注意力缺失／過動疾患（ADHD）的症狀描述

ADHD（attention-deficit/hyperactivity disorder）牽涉兩組症狀。首先，兒童必須呈現一定程度的「注意力不良」（inattention），像是無法在學業、工作或另一些活動上集中及維持注意力，容易因為外界刺激而分心，或經常丟失一些物件。

其次，兒童必須呈現「過動－易衝動」（hyperactivity-impulsivity）的症狀。過動像是侷促不安、四處跑動、過度攀爬及不停說話等。易衝動像是搶先作答、打斷他人談話及不肯排隊等。這些行為模式持續至少6個月，而且發生在8歲之前。

（二）ADHD的一些特性

因為過動和易衝動，ADHD兒童通常有許多社交困擾。他們無法服從規定，引致父母的莫大苦惱；他們在遊戲中也不受到同伴的歡迎。過動兒童的坐立不安和容易分心經常被視為焦慮的指標，但事實上他們不感到焦慮。他們通常在學校表現不佳，顯現多方面的學習障礙。ADHD的發病高峰期在8歲之前，很少在8歲之後才初發。

過動症是最常被轉介到心理健康中心和小兒科診所的心理疾患，它的盛行率據估計是3%到7%之間。ADHD較常發生在男孩身上，男孩的盛行率是女孩的6倍到9倍高。

（三）ADHD的起因

ADHD的起因一直存在大量爭議。遺傳素質和社會環境二者都扮演一定的角色。

雙胞胎和領養研究已提供強烈證據，指出ADHD的可遺傳性。當前普遍同意的是，腦部的一些運轉歷程使得兒童的行為去抑制化。另有些研究則發現，過動症兒童呈現不一樣的腦波組型。

在環境變項方面，研究已發現，當兒童出身經濟劣勢的家庭，或來自高度衝突的家庭時，他們較可能發生ADHD。許多過動兒童的父母本身有心理問題，像是有人格疾患或歇斯底里症的臨床診斷。目前，ADHD被認為具有多重的起因及效應。

（四）ADHD的治療

在藥物治療方面，Ritalin（methylphenidate）被發現有助於減低ADHD兒童的過度活動和容易分心，以及降低攻擊行為，使得他們在學校中有遠為良好的進展。事實上，Ritalin是一種安非他命，但是它在兒童身上卻具有鎮劑的效果，完全相反於它在成年人身上的效應。然而，這類藥物有不良副作用，像是造成思考及記憶能力的損害、成長激素的破壞及失眠等。另兩種不同化學成分的藥物（Strattera和Pemoline）也已開發出來，它們有助於減輕ADHD的症狀，但是可能的副作用還有待評估。

採取行為治療和藥物治療雙管齊下的方式顯現良好的成效。行為技術包括教室中的選擇性強化、學習材料的結構化及擴大立即的回饋等。家庭治療法是值得考慮的一個選項。

通常在嬰兒期、兒童期或青少年期被初次診斷出的疾患

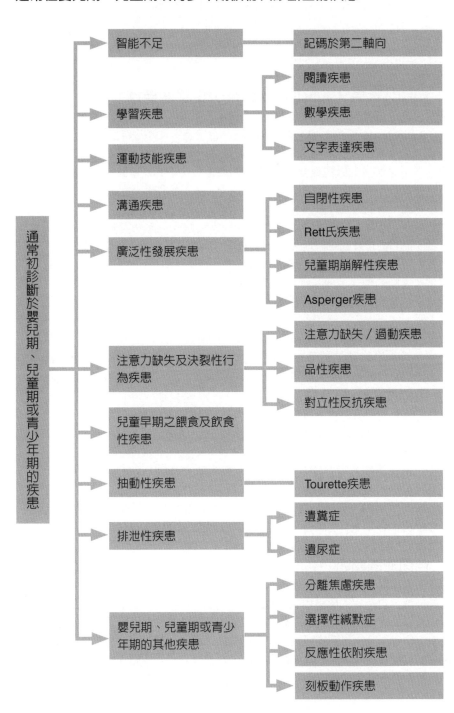

10-14 兒童期心理疾患－自閉症

　　廣泛性發展疾患（pervasive developmental disorders）是一組嚴重失能的病況，它們被認為是腦部的一些結構性差異所造成，通常在出生時就已顯現，隨著兒童的發育變得更為明顯。

（一）自閉性疾患（autistic disorder）的症狀描述

　　自閉性疾患即通稱的自閉症（autism），它涉及語言、知覺及運動發展的缺失，現實驗證（reality testing）的缺損，以及無法在社會情境中良好運作。

　　1. 社會缺失：自閉症的典型徵狀是疏離於他人。即使在生命的最早期階段，這樣嬰兒從不會挨靠在母親身旁、不喜歡被撫摸，不會伸出雙手要求擁抱，當被逗笑或餵食時不會發笑或注視對方。自閉症兒童甚至似乎不認識或不在乎自己的父母是誰。他們缺乏社會理解力，也沒有能力採取他人的態度。

　　2. 言語缺失：自閉症兒童模仿（擬聲）能力有所缺失，無法有效地透過模仿進行學習。他們經常會鸚鵡似地複述一些語句，持續不斷，卻未必了解其意義。

　　3. 自我刺激：自我刺激（self-stimulation）也是自閉症兒童的特性之一。它經常採取重複運動的型式，像是猛撞頭部、旋轉及擺動等，可能持續以小時計。自閉症幼童經常顯現對聽覺刺激的嫌惡反應，即使是父母的聲音也可能使得他們放聲大哭。

　　4. 維持同一性：自閉症兒童試圖簡化多樣化的刺激和排除他人的干擾。當環境中任何熟悉的事物被更動時，他們將會大發脾氣，直到熟悉的情境再度恢復為止。他們也會從事重複及儀式化的行為，像是把物件擺成直線或對稱的型態。

（二）自閉症的一些特性

　　各種社經階層的兒童都會受擾於自閉症，其發生率是每10,000名兒童中的30名到60名之間。自閉症通常在幼兒30個月大之前就可以鑑定出來，甚至在生命的前幾個星期就可約略猜測到。

　　自閉症兒童在認知或智力作業上的表現有很明顯的缺損，可能有多達半數是屬於智能不足。但是，他們在一些領域中卻展現驚人的能力。正如Dustin Hoffman在電影〈雨人〉中所演出的，該個案在年幼時即展現不尋常的「日曆推算」的能力，他能說出大部分國家的首都，也擁有驚人的記憶力，使得他在拉斯維加斯賭場贏得一大筆錢，這種情形被稱為自閉天才（autistic savant）。

（三）自閉症的起因

　　雙胞胎研究指出，同卵雙胞胎在自閉症上有較高的一致率。再者，根據家族和雙胞胎研究的結論，自閉症的風險中有80%到90%的變異數是歸之於遺傳因素。因此，它是遺傳成分極高的一種心理疾患，雖然我們對於基因傳遞的實際模式仍不清楚。

　　許多研究學者同意，自閉症可能涉及中樞神經系統的基礎障礙（先天缺陷），這損害了嬰兒的知覺、認知功能、處理輸入刺激、以及建立跟外界關係的能力。胎兒發育期間來自輻射能或其他狀況的一些腦部傷害，可能在自閉症的病原上扮演重大角色。

遠離人群是自閉症兒童典型的症狀

✚ 知識補充站

自閉症的治療

　　自閉症的藥物治療從末被證實有良好效果。因此，除非兒童的行為已達束手無策的階段，藥物才會被考慮使用。常被使用的藥物有haloperidol（Haldol，一種抗精神病藥物）和clonidine（一種抗高血壓的藥物），它們有助於降低症狀的嚴重程度。

　　在住院的期間，行為治療可被使用來消除自閉症兒童的自我傷害行為，協助他們掌握社會行為的基本原則，以及發展一些語言技能。

　　另有些方案是在兒童的家庭中密集地施行（每星期至少40個小時，長達兩年期間），除了安排一對一的教導情境，也需要徵召父母的協助。雖然效果不錯，但成本相當重大。

　　自閉症兒童的預後通常不佳，特別是在2歲之前就顯現症狀的兒童。這主要是因為他們難以把學得的行為及技巧類化到治療情境之外。

　　最後，當家庭中有一位自閉症兒童時，這經常為父母和其他子女帶來莫大的考驗和壓力－他們往往也是心理治療所訴諸的對象。

10-15 精神分裂症

　　精神分裂症（schizophrenic disorder）是一種嚴重型式的心理病態。病人的人格失去統合，思維和知覺發生扭曲，而且情緒極為平淡。我們一般所謂的「瘋子」、「精神錯亂」或「神經病」，真正意指的是精神分裂症。

（一）精神分裂症的症狀描述

1. 妄想：妄想（delusion）是指個人堅定抱持的錯誤信念。這些妄想顯得怪異、片段而缺乏系統性。儘管面對清楚的反面證據，病人依然堅持他不實或不合理的信念。妄想涉及思考內容的障礙，它發生在超過90%的精神分裂症患者。

2. 幻覺：幻覺（hallucination）是指在缺乏任何外界知覺刺激的情況下所產生的感官經驗。幻覺不同於錯覺（illusion），錯覺是指對於實際上存在的刺激的錯誤知覺。最常發生的是聽幻覺（高達75%的病人），病人聽到一些聲音不斷地評論或指引他的行為。

3. 紊亂的語言：妄想反映的是思想「內容」（content）的失常，至於紊亂語言則是反映思想「形式」（form）的失常。病人無法清楚說明自己的意思，無關的單字被拼湊成句子，顯得思維已失去邏輯，聯想極為鬆散或缺乏連貫性。

4. 混淆和僵直的行為：病人可能無法維持最起碼的個人衛生，或重度忽視個人的安全和健康。這也可能顯現在荒謬或不尋常的穿著打扮上，像是大熱天穿起外套、圍巾及手套。此外，他們可能顯現歪扭、怪異的姿態，或實際上缺乏任何動作及言語，長時間維持固定的姿勢，處於所謂「僵直茫然」的狀態。

　　對許多病人而言，精神分裂症近似於無期徒刑，沒有假釋出獄的可能性。精神分裂症的一生風險估計值是大約1%，通常初發生於青少年後期和成年早期。

（二）精神分裂症的起因

1. 遺傳因素

　　精神分裂症傾向於在家族中流傳。家族研究、領養研究及雙胞胎研究都指出一個共同結論：當個人罹患精神分裂症時，他的血緣親屬也有發展出該疾患的偏高風險；隨著血緣關係愈密切，罹病的風險就愈高。但是，即使共同擁有100%的基因，罹病的風險也未超過50%。因此，基因雖然占有一定角色，但環境條件也是必要的。這表示在精神分裂症的起因上，素質－壓力假設也是成立的，即遺傳因素置當事人於風險，但還要有環境壓力的侵犯，才會使潛在風險表明出來。

　　在生理層面上，神經發育失常（腦部損傷）、腦容量的減退（腦室的擴大）、額葉功能失調及多巴胺假說（dopamine hypothesis，多巴胺能神經元的過度活動所引致）都曾被提出作為精神分裂症的起因，但至今未能獲致決定性的結論。

2. 心理社會與文化的因素

　　不良的親子互動曾被視為起因，特別是雙重困境（double-bind，或雙重束縛）的觀念，但未能獲得實徵研究的支持。此外，都會生活（相較於鄉下環境）提高了罹患精神分裂症的風險，雖然我們還不清楚原因所在。

精神分裂症的亞型

亞型	主要症狀
妄想型	迫害妄想、誇大妄想或嫉妒妄想
錯亂型	冷漠的情緒，幼稚的行為，不連貫的語言
僵直型	姿勢僵硬，很少變換動作，或極度激昂狀態
末分化型	混合的一組症狀，有妄想、幻覺、紊亂的思想及怪異行為等現象
殘餘型	有過精神分裂症發作，現行只有一些輕微的症狀，如情感流露減少、聯想鬆弛等

罹患精神分裂症的一生風險（%）

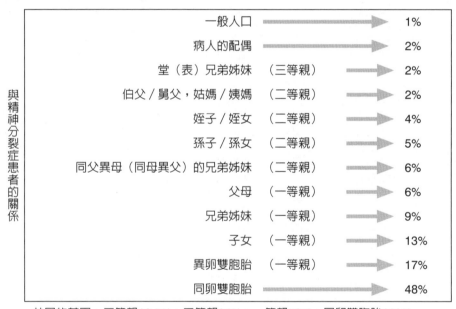

與精神分裂症患者的關係

一般人口	1%
病人的配偶	2%
堂（表）兄弟姊妹　（三等親）	2%
伯父／舅父，姑媽／姨媽　（二等親）	2%
姪子／姪女　（二等親）	4%
孫子／孫女　（二等親）	5%
同父異母（同母異父）的兄弟姊妹　（二等親）	6%
父母　（一等親）	6%
兄弟姊妹　（一等親）	9%
子女　（一等親）	13%
異卵雙胞胎　（一等親）	17%
同卵雙胞胎	48%

共同的基因：三等親12.5%；二等親25%；一等親50%；同卵雙胞胎100%

第11章
心理疾患的治療

11-1 治療的概念

當我們心理苦惱時，我們都曾跟親人或朋友傾吐自己的困擾。宣洩過後，我們發現自己好受多了。大部分治療師在傾聽時所依賴的也是接納、溫暖及同理心的態度，而且對於案主呈現的問題不加批判。

但是，心理治療還需要引進一些專業的措施。這樣的措施經過審慎規劃而有系統地建立在一些理論概念上，以便促進案主新的理解或改變案主不適應的行為。就在這個層面上，專業的治療才有別於非正式的協助關係。

（一）心理治療的定義

多年以來，心理治療的許多定義已被提出，最被普遍接受的一個綜合定義是：「心理治療是針對情緒本質問題的一種處置方式，受過訓練的人員有意地建立起跟病人的一種專業關係，其目標在於消除、矯正或緩解現存的症狀，調解紊亂的行為模式，以及促進正面的人格成長和開發。」

（二）什麼人提供心理治療？

當病人被轉介後，通常是由臨床心理師、精神科醫師及臨床社工師接手處理，這些專業人員在心理衛生單位中施行心理治療。精神科醫師的醫學訓練使得他們能夠開立精神促動藥物的處方，也能夠實施其他型式的醫療處置，如電痙攣治療法。至於臨床心理師主要是著手檢視和改變病人的行為型態及思考模式，以之處理病人的心理疾患。

（三）治療的目標

治療過程包括四個主要任務。首先是「診斷」（diagnose）病人發生什麼差錯，決定適當的精神醫療標籤。其次是提出可能的「病原」（etiology），檢定該疾患可能的起源。第三是從事「預後」（prognosis）的判斷，評估該疾患會呈現怎樣的進程。第四是開出處方，施行適切的治療（therapy），以便減輕或消除令人困擾的症狀。

達成這些任務後，治療師就能據以跟案主進行協議，雙方實際上訂定契約。這樣的契約通常包括像是預定矯治的行為或習慣，治療期間、會見頻率、所需費用、綜合處理形式，以及案主的責任等事項。

（四）實徵支持的治療

在臨床實施上，手冊化治療（manualized therapy，或稱指南式治療）近些年來受到大力提倡。它是指以標準化、手冊的格式呈現及描述心理治療的施行，具體指定每個治療階段所對應的原理、目標及技術。當治療法符合這個標準，而且在處理特定疾患（符合DSM-IV-TR的診斷準則）上具有效能時，就被稱為實徵支持的治療（empirically supported therapy）。現今，各種關於這樣治療法的名單會被例行地發表及更新（「美國心理學會臨床心理學分會」）。

然而，有些學者反對這樣做法。他們認為這些規格化的「實徵支持的治療」忽視了治療師變項和案主變項二者在治療結果上的重要性。

這一章中，我們將檢視幾種主要的治療方式，它們目前仍被健康醫療人員普遍採用，包括精神分析、行為矯正術、認知治療、人本－存在治療及藥物治療。

心理治療的結果受到一些變項的影響，包括案主的特性、治療師的素質和技巧、尋求緩解的問題，以及所使用的治療程序等。

➕ 知識補充站

行為改變的階段

不論實施怎樣的治療，案主的行為改變被視為一種過程，依序地通過一連串階段：

1. 前立意期（precontemplation）：案主沒有心作任何改變，他們尋求診療是因為外界壓力，如法院命令或家人要求。
2. 立意期（contemplation）：案主察覺問題的存在，但尚未投身於作出改變。
3. 準備期（preparation）：案主採取少許改變。
4. 行動期（action）：案主積極改變自己不適應的行為、情緒或所處環境。
5. 維持期（maintenance）：案主著手於預防故態復萌，保持已獲致的效益。
6. 終止期（termination）：案主已達成轉變，不再受到復發的威脅。

在治療實施中（如戒菸、減少飲酒、健身運動及癌症檢查行為等），治療師有必要辨識案主處於行為改變的哪個階段，然後採取針對性的措施，以促使案主逐步通過先前階段，順利進展到行動階段。

11-2 心理動力的治療

（一）精神分析治療（psychoanalytic therapy）

精神分析治療是佛洛依德所發展出來，它是一種密集而長期的分析技術，主要工作是理解病人如何使用壓抑作用以處理衝突。精神官能症狀被認為是在傳達潛意識的信息。因此，精神分析師的工作是協助病人把被壓抑的思想帶到意識層面上，以讓病人獲致關於當前症狀與被壓抑衝突之間關係的洞察力。

1. 自由聯想（free association）：當施行這項治療程序時，病人舒適地坐在椅子或躺在長椅上，讓自己的心思任意流動，說出湧上心頭的任何事情，不再稽查或過濾自己的思想，即使那些意念、情感或願望顯得多麼荒唐可笑、大膽冒犯、令人窘迫或與性題材有所關聯。自由聯想是用來探索病人的潛意識，以釋放出被壓抑的資料。此外，它也具有情緒解放的「宣洩作用」（catharsis）。

2. 夢之解析（analysis of dreams）：佛洛依德相信，夢境是關於病人潛意識動機的一種重要信息來源。在睡眠期間，個人的防衛會放鬆下來，象徵性的題材就得以浮現。夢的顯性內容（manifest content）是指睡醒後所能記得及陳述的情節。夢的潛性內容（latent content）則是尋求表達的真正動機，但因為不被接受而以偽裝的方式展現。精神分析師的工作就是檢視夢的內容，以找出病人潛伏或偽裝的動機，揭示夢的象徵意義。

3. 抗拒（resistance）：在治療期間，病人有時候會出現「抗拒」的現象，他們不願意談論一些想法、欲望或經驗。病人的抗拒是在防止痛苦的潛意識素材被帶到意識層面上。這些素材可能是關於個人的性經歷，或他針對父母的一些違逆、憤慨的感受。

   精神分析師應該重視病人所不願意談論的題材，因為這種抗拒（有時候是透過反覆遲到、取消約見及身體微恙等方式展現）是通往潛意識的一道關卡。精神分析的任務就是在打破抗拒，使得病人能夠面對那些痛苦的思想、欲望及經驗。

4. 移情作用（transference）：在精神分析的治療過程中，病人往往會對治療師發展出一些情感反應，他們對待治療師就彷彿對方代表自己童年時期的一些重要人物，這稱為移情。在這種情況下，病人童年時期的衝突和困擾在治療房間中重現。這提供了關於病人問題本質的重要線索。

（二）對於心理動力治療法的評價

因為著眼於人格的重建，精神分析是一種冗長而高成本的治療程序。這種治療需要花費很長時間（至少好幾年，每星期1次到5次的晤談），也需要病人擁有適度的內省能力、受過教育、言詞表達順暢、高度動機維持治療，以及有能力支付可觀的費用，難怪它被譏為只適合有錢又有閒的階級。

針對這些批評，新式的心理動力治療正試著使整個療程簡短些，也設法結合手冊的使用。「人際關係心理治療」（IPT）就是建立在這樣的理念上，它已被援引為實徵支持治療法的實例之一。

一、精神分析治療的四種基本技術

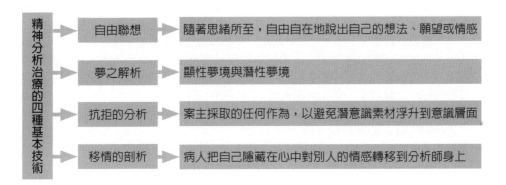

二、在自由聯想中，案主說出所有想到的事情，無論合理或不合理，道德
或不道德。

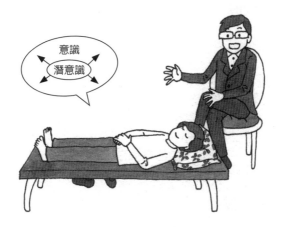

✚ 知識補充站

心理學家簡介－荷妮（Karen Horney, 1885-1952）

　　荷妮是新佛洛依德學派的主要代表，也是早期的女性主義者。她認為大多數父母無法針對幼兒的身心需求，設置有利於成長的理想環境，若不是對幼兒行為過度苛求，要不就過度放縱，這引致了兒童的基本焦慮（basic anxiety）。神經質性格（neurotic character）就是起因於個體在長期基本焦慮的心理壓力下，為了自身防衛而發展出的一些非理性的行為。

　　不同於佛洛依德提出陽具妒羨（penis envy），指出女性因為沒有陽具而自覺是「不完整的男人」。反而，荷妮指出男性對懷孕、母性、乳房及哺乳的妒羨才是男性潛意識的原動力之一。男性羨慕女性有生育的能力，所以男性對於物質成就及創造性作品的追求只是一種潛意識手段，作為他們在生殖領域內之自卑感的過度補償。

11-3 人本治療法（一）

　　人本治療法（humanistic therapy）是在第二次世界大戰後興起的一種重要治療取向。在一個被自我本位、機械化、電腦化、集體詐欺及魯鈍的官僚體系所支配的社會中，許多心理病態的個案是源於人際疏離、自我感喪失及孤寂等問題，使得個人無法在生活中找到有意義而真實的存在。人本論者主張，這類有關存在的問題不是透過「打撈深埋的記憶」或「矯正不適應行為」所能解決的。

　　人本治療法的基本假設是，個人擁有自由和責任二者以支配自己的行為，個人能夠省思自己的問題、從事抉擇及採取積極的行動。因此，案主應該為治療的方向和成果承擔起大部分責任，至於治療師只是充當諮商、引領及催促的角色。

（一）案主中心治療法（client-centered therapy）

　　羅傑斯創立案主中心治療法，他認為人性的基本動力在於自我實現。人類生來被賦予許多潛能，這些能力在適宜環境中自然能夠充分發展，但如果環境不良或沒得到適當引導，就會造成偏差行為。治療師的三種特性被認為最具關鍵作用：

1. 準確的同理心：治療師盡所能地設想案主的內在參考架構，從案主的視野觀看世界，設身處地地體驗案主的感受，然後反映給案主知道，以讓案主更為了解自己及接納自己。
2. 真誠一致：在治療關係中，治療師必須真誠相待，不虛掩，也不戴假面具。長期下來，案主將會對治療師這種誠實、不矯揉造作而表裡合一的態度有善意的回應。這能令案主安心，也能激勵一種個人價值感，從而開始面對自己的潛力。
3. 無條件的積極關懷：治療師必須不預設接納的條件，而是以案主現在的樣子接受他及理解他。但接納並不意味贊同案主，而只是關心他，視他為一個獨立的個體。此外，治療師不對案主的正面或負面特性作任何評斷。隨著案主重視治療師的積極關注，案主自身之內的積極自我關注將會被提升起來。

　　最後，案主中心治療法是一種非指導性的治療，治療師只是身為一位支持性的聆聽者，當案主傾訴時，治療師試著反映（有時候是重述）案主談話的內容或情緒，以之促進案主的自我覺知和自我接納。

　　隨著體驗到來自治療師的真誠、接納及同理心，這將導致案主在建立與他人關係上的變化，案主變得較為自動自發，也對於跟他人的互動更有信心。這將有助於他們信任自己的經驗，感受到他們生活的豐盈感，變得生理上更為放鬆，也更充分地體驗生活。

（二）存在治療法（existential therapy）

　　存在治療法是源於哲學上的存在主義與存在心理學，它處理的是一些重要的生活主題，如生存與死亡，自由、責任與抉擇，孤立與關愛，以及意義與虛無等。存在治療法不在於施行一些技術和方法；反而，它是對生存問題的一種態度抉擇。

　　存在治療法是源於歐洲哲學家的早期工作，像是齊克果論述了生活的焦慮和不確定性。尼采促進了存在思想在19世紀歐洲的普遍化，他強調的是主觀性和權力意志。胡賽爾提出現象學，主張以事物在人們的意識中被體驗的方式來探討事物。海德格指出，當人們發覺自己的存在並不是抉擇的結果，他們的存在只是別人丟擲給他們時，他們可能感到憂懼而苦惱。

人本治療法一覽表

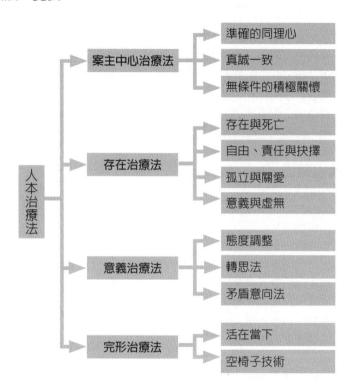

人本治療法
- 案主中心治療法
  - 準確的同理心
  - 真誠一致
  - 無條件的積極關懷
- 存在治療法
  - 存在與死亡
  - 自由、責任與抉擇
  - 孤立與關愛
  - 意義與虛無
- 意義治療法
  - 態度調整
  - 轉思法
  - 矛盾意向法
- 完形治療法
  - 活在當下
  - 空椅子技術

➕ 知識補充站

存在主義的基本信條

　　存在治療法是一種對待生命的態度、一種存有的方式，以及一種與自己、他人及環境互動的方式。存在主義有幾個基本信條：

1. 存在與本質：我們的存在是被授予的，但我們以之塑造些什麼（即我們的本質－essence），卻是由我們所決定。我們的抉擇就塑成了我們的本質。如同沙特（Sartre, 1905-1980，法國哲學家及小說家）所說的，「我就是我的抉擇」。
2. 意義與價值：意義意志（will-to-meaning）是人類的基本傾向，個體會致力於找到滿意的價值觀，然後以之引導自己的生活。
3. 存在焦慮與對抗虛無：不存在（nonbeing）或虛無（nothingness）的最終形式是死亡，它是所有人類無法逃避的命運。當意識到我們必然的死亡和它對我們生存的意涵時，這可能導致存在焦慮－對於自己是否正過著有意義而充實的生活的一種深刻關切。

11-4 人本治療法（二）

　　隨後，在像是杜斯妥也夫斯基、卡繆、沙特及卡夫卡等著名作家關於存在題材的論述下，存在主義的哲學觀念一時蔚爲風潮。

　　因爲存在治療法處理的是態度和主題的問題，所以它的目標是放在發現生命的目的和意義，充分體驗自己的存在，且能夠眞誠而踏實地關愛別人。存在諮商是一種生活藝術的訓練，隨著案主帶著興致、想像力、創造力、希望及愉悅來看待生活（而不是帶著憂懼、厭倦、憎怨及頑固的態度），治療便是發揮了功效，使得案主在生活中活潑而生動。

（三）意義治療法（logotherapy）

　　佛蘭克生於1905年的維也納，他經歷過納粹集中營的浩劫。根據對自己在集中營所受折磨及痛苦的沈思，他發現人們乃是無時不在尋求意義的存在，生命的價值就是在於意義的抉擇與體現。

　　在生活的許多時候，人們都應該被生命意義的問題困惑過。爲什麼我在這裡？我來自何處？我的生命有何意義？我生活中有什麼事物賦予我目的感？爲什麼我存在？佛蘭克指出，人類在他們生活中需要一種意義感。意義感也是價值觀據以發展的媒介─關於人們如何生活，以及希望如何生活。

　　但是相當吊詭的，如果一個人致力尋求生命的意義，他將尋找不到。意義是隨著一個人眞實生活並關懷他人而浮現。當人們過度聚焦於自己身上時，他們也將失去了對生命的視野。

　　意義治療法是試圖輔佐傳統的心理治療，而不是要取代它們。然而，當特定情緒困擾的本質似乎涉及對於生命的無意義或虛無感到苦悶時，意義治療法是值得推薦的特定治療。最後，許多意義治療師也使用蘇格拉底式的對話法（假裝向對方討教而暴露對方說法的謬誤），以協助案主發現他們生活的意義。

（四）完形治療法（Gestalt therapy）

　　波爾斯（Fritz Perls, 1893-1970）是完形治療法的創始人。「完形」（gestalt）在德語中是指「整體」（whole）的意思。完形治療法強調心靈與身體的合一，它把重點放在個人整合自己的思想、感受及行動的需求上。

　　完形治療的基本目標是透過覺知（awareness）以獲致個人的成長和統合。它特別適用於壓抑的人們，像是過度社會化或有完美主義傾向的人們。治療師經常採用「自我對話」（self-dialogues）的方式，也就是「空椅子」（empty chair）技術。它是讓案主在一張椅子上採取某一角色（如優勢者），然後在另一張椅子上扮演另一個角色（如劣勢者），隨著角色變換，他在兩張椅子間移動。治療師需要注意案主在這兩個角色中說些什麼或如何說出，進而反映給案主。這項技術是在協助病人接觸他可能一直否認的某些情感。最後，在完形治療法中，最重要的是使得案主接受對自己的行動和情感的責任。這些是屬於案主的工作，案主不能加以否決，不能加以規避，也不能歸咎及推諉於另一些人或事。

在空椅子技術中，案主面對一張空椅子，假裝他在生活中發生衝突的對象（如父母之一）就坐在那張椅子上，他對之說出隱藏在內心的思想及情感。隨後互換角色。

➕ 知識補充站

意義治療法的三項技術

　　佛蘭克認為，幫助一個自我耽溺的病人尋找焦慮和障礙的原因，只是使這個人更為自我中心。因此，意義治療師採用三種特定技術來協助人們超越自身，從一種有建設性的角度來看待自己的困擾。第一種是態度調整（attitude modulation），這是以較健全的動機來取代神經質的動機，即所謂「一個人的態度決定他的高度」。

　　第二種是轉思法（de-reflection），即案主對自己困擾的關注及憂慮被轉向其他層面。例如，案主有性表現方面的困難，他可能被要求集中注意力於伴侶的性愉悅上，暫時忽視自己的感受。

　　第三種是矛盾意向法（paradoxical intention），主要使用於強迫觀念症。這是在幫助案主發現，當他們嘗試去做他們所害怕的事情時，他們所擔憂的情況並沒有發生。這是在培養一種對自己的幽默感，從而發展出一種抽離於自己困擾的能力。

11-5 行為治療法（一）

　　行為治療法（behavior therapy）是在1950年代展開，它是建立在科學的行為原則上，主要以三方面的研究為依據：(1)巴卜洛夫的經典制約；(2)史基納的操作制約；及(3)班都拉的社會學習論。行為治療學家主張，就如正常行為一樣，偏常（病態）行為也是以相同方式獲得，即透過學習歷程。因此，行為治療就是指有系統地運用學習原理以提高良好行為的出現頻率及／或減低不良行為的出現頻率。

（一）敏感遞減法（systematic desensitization，也稱系統脫敏法）

　　敏感遞減法是由沃爾夫（Joseph Wolpe）所發展出來，它是應用反制約作用（counterconditioning）的原理而讓案主以放鬆的狀態來取代焦慮的情緒。它包括三個步驟，首先是建立「焦慮階層表」，案主檢定可能引起他焦慮的各種刺激情境，然後按照焦慮強度，從弱的刺激到強的刺激依序排列。

　　第二個步驟是放鬆訓練。案主學習以漸進方式讓肌肉深沉地放鬆下來。

　　第三個步驟是減除敏感。當處於放鬆狀態下，案主鮮明而生動地想像階層表上的刺激情境，從弱到強，直至想像最苦惱的刺激也不會感到不舒適時，治療才算成功。

　　敏感遞減法已被成功施行於多方面的困擾，特別是特定對象恐懼症、社交焦慮、公開演說焦慮及廣泛性焦慮疾患。

（二）暴露治療法（exposure therapy）

1. 泛濫法（flooding，或稱洪水法）：不採取逐步的程序，泛濫法以一步到位的方式讓案主暴露於他所感到害怕或焦慮之事物的心像中（mental image），持續體驗該事物的意象，直到焦慮逐漸減除。
2. 內爆法（implosion）：在內爆治療法中，所想像的畫面或情景被誇大，而且是不符合實際的，但是案主處身於安全環境中。隨著恐慌的內在爆發一再發生，卻沒有造成任何個人傷害，該情景不久就會失去引起焦慮的力量。

　　泛濫法和內爆法顯然都是運用經典制約學習中的消退（extinction）原理。

（三）真實情境的治療（in vivo exposure）

　　不論是敏感遞減法、氾濫法或內爆法，它們都是以想像的方式呈現引發焦慮的事件。但有些時候，行為治療師偏好使用真實情境。

　　「真實情境」的治療是指暴露程序是在案主所害怕的實際環境中施行，它也包括「逐步接近所恐懼的刺激」和「直接面對所恐懼的情境」兩種方式。這表示在取得案主的同意下，當案主有幽閉恐懼症時，他將實際上被關進黑暗的衣櫥中；當兒童不敢近水時，他將被丟進游泳池中－當然是在治療師陪伴身旁並擔保療效之下。

　　關於行為治療師在施行程序上，究竟採用想像或真實情境的方式，究竟採用漸進或強烈的方式，這不但取決於治療師對恐懼反應的評估，也取決於病人的偏好。通常，真實情境的方式要比想像的方式提供較快速的緩解，治療效果也可維持長久。

　　近些年來，臨床人員已採用虛擬實境（virtual reality）的方式以提供暴露治療。研究已顯示，虛擬實境的效果完全不輸給實際暴露，反而在時間和經費上更為節約。

行為治療法一覽表

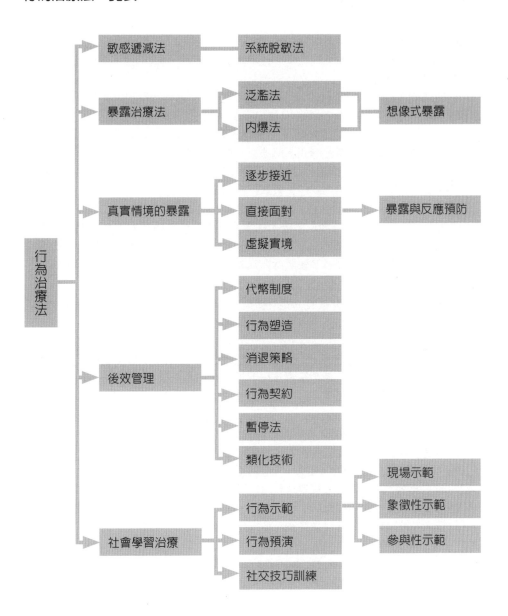

11-6 行為治療法（二）

（四）後效管理（contingency management）

後效管理是指運用操作制約的原理，透過強化以消除不合宜行為，或透過強化以引發及維持良好的行為。

1. 代幣制度（token economy）：它是精神療養院中經常採取的一套制度，當病人展現被清楚界定的良好行為時，行為技師就給予代幣。這些代幣稍後可用來交換一些獎賞或特權。透過這種「正強化策略」，病人各種有建設性的行為都可被有效建立起來，如幫忙端菜、拖地板、整理床舖及良性社交行為等。

2. 行為塑造（shaping）：這也是採用正強化程序，以連續漸進法建立案主的新行為。這項技術已被使用來處理兒童的行為問題。

3. 消退策略（extinction strategy）：為什麼有些兒童的不當舉動（如教室中的破壞行為）再三受到處罰，卻似乎變本加厲呢？很可能是因為處罰是他們能夠贏得別人注意力的唯一方式。在這種情況下，老師可以要求同學們對該學童的適宜行為提供注意力，同時對於破壞行為置之不顧，以便消除不當的行為模式。

（五）社會學習治療（social-learning therapy）

社會學習治療是安排情況讓案主觀察楷模（models）因為展現良好行為而受到獎賞，以便矯正案主的問題行為，這也稱為「替代學習」（vicarious learning）。

1. 行為示範（modeling）：行為示範有兩個重要部分，其一是學得楷模如何執行某種行為，其二是學得楷模執行該行為後發生什麼後果。至於示範技術則包括現場示範、象徵性示範、角色扮演及參與性示範等。示範與模仿（imitation）是許多行為治療法的重要幫手，它在消除案主的蛇類恐懼症上特別具有成效。

2. 行為預演（behavior rehearsal）：有些人的生活困擾是源於他們社交壓抑或缺乏果斷。他們需要接受社交技巧的訓練，以使他們的生活較具效能。許多人無法以清楚、直接而不具侵略性的方式敘述自己的想法或意願。
   為了協助案主克服這樣的困擾，「行為預演」可被派上用場。這種方法是在角色扮演的情況下，訓練案主有效地表達自己的意見，或以預先寫好的劇本讓案主扮演一種他在實際生活中畏縮不前的角色。除了果斷性之外，行為示範和行為預演的技術可被用來建立及增強其他互動技巧，諸如競賽、協議及約會等。

（六）行為醫學

許多行為技術已被用來協助醫學疾患的處理和預防，以及幫助人們遵從醫療囑咐。例如，肌肉放鬆和生理回饋二者有助於降低高血壓。另幾項技術則被用來教導及鼓勵人們從事有益健康的行為以預防心臟病、壓力及AIDS等。

最後，行為治療師採用各式各樣特定的技術，不僅是針對不同的病人，而且也是針對同一位病人（在整個治療過程的不同階段中）。因此，治療師在特定個案上往往採取好幾種處置方式（一種治療套裝），而不只是運用一種方法。

一、男性的戀物癖（性倒錯的一種）可能是他們較為依賴視覺刺激所致。這使得他們容易對非性刺激（如女性的腿部或高跟鞋）產生性聯想。這種現象是透過經典制約歷程而形成，可以採用行為技術加以矯治。

二、真實情境暴露法－治療師陪伴有懼高症的案主站在高樓頂端，以證明他所害怕的後果並未發生。

＋知識補充站

嫌惡治療法

　　所有治療法中最具爭議的一種是嫌惡治療法（aversion therapy）。它不是單一的治療法，而是許多不同的程序以矯正所謂的不良（不合宜）行為。人類有一些偏差行為是被誘惑性刺激所引發，嫌惡治療法就是採用反制約程序，使得這些刺激（如香菸、酒精、迷幻藥等）與另一些極度厭惡的刺激（如電擊、催吐劑等）配對呈現。不用多久，制約作用使得誘惑性刺激也將會引起同樣的負面反應（如疼痛、嘔吐），當事人就發展出嫌惡以取代他原先的欲望。

　　嫌惡治療法最常被用來協助病人發展良好的自我控制，像是對付酗酒、吸菸、過度飲食、病態賭博、藥物成癮及性倒錯等問題。但是，有些嫌惡技術較像是一種折磨，而不能被授予治療的尊稱。因此，最好是在其他療法都已失敗後，才考慮施行嫌惡技術。

11-7 認知治療法

　　認知治療法（cognitive therapy）試圖改變案主對重要生活經驗的思考方式，以之改變案主有問題的情緒和行為。我們通常認為，不愉快（壓力）事件直接引致情緒和行為的問題，但認知理論指出，所有行為（無論是不適應行為或其他行為）不是取決於事件本身，而是取決於當事人對那些事件的解讀（即佛家所謂的「一念天堂，一念地獄」）。這表示偏差行為和情緒困擾是源於當事人的認知內容（他思考些什麼）和認知歷程（他如何思考）發生了問題。

（一）理情治療法（rational-emotive therapy, RET）

　　理情治療法是由艾利斯（Albert Ellis）所發展出來。他認為許多人已學得一些不切實際的信念和完美主義的價值觀，這造成他們對自己抱持過多的期待，進而導致他們不合理性的行為舉止。這些核心的信念和價值可能是「要求」自己在每件事情上都能充分勝任；「必須」贏得每個人的關愛及讚許；「堅持」自己應該被公平對待；以及「一定」要為事情找到正確解答，否則無法容忍等。

　　理情治療師的任務是重建當事人的信念系統和自我評價，特別是關於不合理的「應該」、「必須」及「一定」，因為就是這些指令使得當事人無法擁有較為正面的自我價值感，也無法享有情緒滿足的生活。

　　為了突破案主封閉的心態和僵化的思考，治療師採取的技術是進行理性對質（rational confrontation），也就是偵察及反駁當事人不合理的信念。在對質之後，治療師設法引進另一些措施（如幽默感的培養或角色扮演等），以便合情合理的觀念能夠取代先前之教條式的思考。

（二）貝克的認知治療法

　　貝克（Aaron Beck）的認知治療法基本上是關於心理病態的一種訊息處理模式，它認為個人的困擾起源於以扭曲或偏差的方式處理外在事件或內在刺激。

　　為了矯正負面的認知基模，在治療的初始階段，案主被教導如何檢視自己的自動化思想，而且把思想內容和情緒反應記錄下來。然後，在治療師的協助之下，案主鑑定自己思想中的邏輯謬誤，且學習挑戰這些自動化思想的正當性。案主思想背後的認知偏誤可能包括：(1)二分法的思考（dichotomous thinking）；(2)選擇性摘錄（selective abstraction）；(3)武斷的推論（arbitrary inference）；(4)過度論斷及概判（overgeneralization）；(5)擴大或貶低（magnification or minimization）；(6)錯誤標示（mislabeling）；及(7)擬人化（personalization）等。

　　案主被鼓勵探索及矯正他們不實的信念或功能不良的基模，因為就是它們導致了案主的問題行為和自我挫敗的傾向。認知治療法的重點是放在案主處理訊息的方式上，因為它們可能維持了不適應的情感和行為。案主的認知扭曲受到質疑、檢驗及討論，以帶來較為正面的情感、思考及行為。

　　認知治療法已被證實是在處理憂鬱症上現行最有效的技術之一。它也已稍作修改而被應用於治療焦慮性疾患、飲食性疾患（肥胖）、人格疾患及物質濫用的病人。

認知或認知－行為治療法致力於矯正人們的認知扭曲和不實的信念。

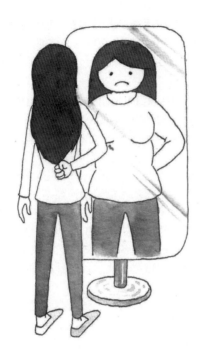

兩性平權治療法

　　當女性出現在神話學中，她們通常被描述為邪惡或不正當的。例如，在聖經中，亞當和夏娃必須離開伊甸園是因為夏娃吃了智慧樹上的蘋果，這使她成為原罪的來源。在中國神話學中，陰（yín）和陽（yáng）是指稱女性特質和男性特質。「陰」被描述為是自然界黑暗或邪惡的一面。

　　兩性平權治療法（feminist therapy）認識到男性和女性在整個生涯中以不同方式發展，也瞭解社會中的性別角色和權力不均所造成的衝擊。它視一些心理病態為個人發展和社會歧視的結果。

　　兩性平權治療法採取一些技術，這包括：(1)性別角色分析；(2)性別角色介入；(3)權力分析；(4)權力介入；(5)果斷訓練；(6)閱讀治療（bibliotherapy，閱讀跟所涉議題有關的文章及書籍）；(7)重新建構；及(8)平等的治療關係（兩性平權治療師試著與他們案主維持公開而明朗的關係，以便社會中權力不平等的現象不致於在治療關係中重現）。

　　雖然兩性平權治療師側重於女性議題，但較近期以來，他們也應用這樣的取向（再結合其他理論透視）於男性和兒童身上。

11-8 認知－行為治療法

認知－行為治療法結合認知和行為二者的觀點，前者強調的是改變不切實際的信念，後者強調的是後效強化在矯正行為上的角色。這種治療途徑有兩個重要的主題：(1)「認知歷程影響情緒、動機及行為」的理念；及(2)以實證主義（假設－檢驗）的態度運用認知與行為改變的技術。

（一）壓力免疫訓練（stress inoculation training，或壓力接種訓練）

壓力免疫訓練（SIT）是由麥西保（Donald Meicnenbaum, 1985, 1993）所發展出來。就像為了預防麻疹的接種一樣，注射少許病毒到一個人的生理系統中可以防止麻疹的發作；因此，如果讓人們有機會成功地應付相對較為輕微的壓力刺激，這將可使他們忍受更為強烈的恐懼或焦慮。麥西保劃分SIT為三個階段：

1. 概念形成期：案主被教導，認知和情緒如何製造、維持及增添壓力，而不是事件本身在引起壓力。因此，案主應該把注意力放在觀察他對壓力情境的自我陳述上（self-statements）。案主也被教導如何鑑定及應付潛在的威脅或壓力源。

2. 技巧獲得及預演期：案主被教導各種認知和行為的技巧，包括放鬆技術、認知重建（改變案主負面的自我陳述，代之以有建設性的內在對話）、心理預演及運用支援系統等。

3. 應用期：在真實情境中，從簡單趨於困難，實際應用所獲得的技巧。此外，復發的預防也是SIT的一部分。

雖然SIT可以針對一些特定的不適應行為，但它設計的原意是要類化到案主的其他行為上。以這種方式，隨著案主更能應付所發生之各式各樣的壓力事件時，他也將可培養出一種自我效能感。SIT已被使用來處理幾種臨床問題，包括強暴和性侵害創傷、創傷後壓力疾患及憤怒失控等。

（二）辯證行為治療法（dialectical behavior therapy, DBT）

辯證行為治療法是一種相對上新式的認知－行為治療法，特別針對於邊緣型人格疾患（BPD），或牽涉情緒障礙和衝動性的另一些臨床疾患。Linehan（1993）根據她的臨床經驗而發展出DBT，特別是處理被診斷為BPD而有自殺企圖的女性病人。

有些人天生就有容易神經質（心情起伏不定）的個性，這與「失去效能」的家庭環境交互作用之下，就導致了情緒障礙和自我傷害的行為。案主在DBT中接受四種技巧訓練：(1)全神貫注（mindfulness，專注於當下，不使注意力失焦，也不作評斷）；(2)情緒管理（emotional regulation，檢定情緒、理解情緒對自己及他人的效應、學會消除負面情緒狀態，以及從事將會增進正面情緒的行為）；(3)苦惱容忍力（distress tolerance，學會應付壓力情境及自我安撫）；(4)人際效能（interpersonal effectiveness，學會有效處理人際衝突，讓個人的欲望和需求得到合宜的滿足，以及對他人的不合理要求適切地說不）。

DBT已被顯示比起「常規治療」更為有效，包括在減低自我傷害行為、物質濫用及失控的性行為上。

認知與認知－行為治療法一覽表

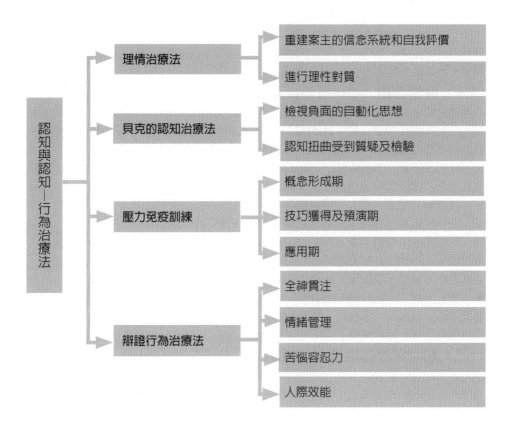

＋知識補充站

靜坐

　　儘管西方心理學家只著重一種意識狀態，亞洲哲學家則描述多種意識狀態，他們相信幻想、夢及知覺通常是扭曲的（虛幻），但可以透過靜坐（meditation）的覺知歷程加以觀察，以之破除迷妄。這有助於個人的啟迪及開化，或免除於心理苦惱。當催眠是指對個人的意識缺乏覺知時，靜坐卻是提供對個人意識的直接觀察。

　　研究已顯示，靜坐（如日本的坐禪和印度的瑜珈術）可以導致肌肉張力、血壓、大腦皮質活動、呼吸速率及體溫等生理變化。靜坐是訓練案主控制及貫注於自己的心智歷程，以便帶來心靈平靜和身體放鬆。

　　靜坐有助於減除焦慮，以及減低對密閉空間、考試或獨處等的恐懼。此外，靜坐在減除藥物與酒精服用，以及在協助失眠、氣喘和心臟病患者方面也有不錯效果。

11-9 團體治療

　　除了一位病人或案主跟一位治療師之間「一對一」的關係外，許多人現在是在團體背景中接受治療。團體治療的主要優點是它較具效率和較為經濟，容許少數心理健康專業人員協助多數案主。

（一）團體治療（group therapy）

　　團體治療之所以逐漸興盛，除了有些人不易於跟權威人士單獨相處外，這與它特有的一些團體動力學有關：(1)傳達訊息：個人接受建議和指導，不僅來自治療師，也來自其他團體成員；(2)灌輸希望：觀察他人已順利解決問題，有助於個人燃起希望；(3)打破多數人無知狀態（pluralistic ignorance）：個人從團體的分享經驗中發現他人也有同樣的困擾及症狀，當知道自己並不孤單時，這具有重要價值；(4)人際學習：從團體互動中，個人學得社交技巧、人際關係及衝突解決等；(5)利他行為：當個人能夠幫助其他團體成員時，這將會湧起一種自我價值感和勝任感；(6)原生家庭矯正性的重演：團體背景有助於案主理解及解決與家庭成員有關的問題；(7)宣洩：學習如何以開放的態度表達情感；及(8)團體凝聚力：透過團體接納而提升自尊。

　　團體在本質上充當真實世界的社會縮影。這方面已發展出精神分析團體治療、心理劇、交流分析（transactional analysis）、完形團體、認知－行為治療團體及時效團體治療（time-limited）等形式。團體治療已被證實在處理恐慌性疾患、社交恐懼症或飲食性疾患上具有良好效果。

（二）婚姻與家庭治療（marital and family therapy）

　　婚姻治療是試圖解決夫妻之間的問題，治療的焦點是放在改善溝通技巧和開發較具適應性的問題解決作風上。經由同時接見夫妻雙方，通常也會拍攝及重播他們互動情形的錄影帶，治療師協助夫妻了解他們互相以怎樣手法來支配、控制及混淆對方，包括以言語和非言語的方式。然後，每一方被教導如何強化對方的良好表現，以及撤除對不合意行為的強化。他們也被教導非指導性的傾聽技巧，以便協助對方澄清及表達自身的感受和想法。婚姻治療已被顯示有助於降低婚姻危機和維持婚姻完整。

　　家庭治療起始於發現許多案主在個別治療中有顯著改善，但是重返家庭之後卻又復發。它視家庭為一個整體單位，治療師的任務首先是理解典型的家庭互動模式和在家庭內起作用的各種影響力，如經濟狀況、權力階層、溝通管道及責任分配等。

　　然後，治療師發揮觸媒的作用以矯正成員之間的互動－原先的互動可能具有相互牽絆（過度涉入）、過當保護、僵化及不良的衝突解決技巧等特性。此外，後效契約的技術可能被引進。

　　今日，臨床實施的特色是各種「學派」界限的放寬，治療師通常願意探索以不同方式處理臨床問題，這被稱為多重樣式的治療（multimodal therapy）。現今大部分心理治療師會回答他們的治療途徑為「折衷取向」（eclectic），這表示他們嘗試借用及結合各種學派的概念及技術，取決於何者對於各別案主似乎最具效果。這種兼容並蓄的手法已成為現今心理治療的顯學。

大多數團體是由5位到10位案主所組成，他們至少每星期一次跟治療師會面，每次療程從90分鐘到2個鐘頭。

團體治療起作用的因素

團體治療的一些優點

- 傳達訊息
- 灌輸希望
- 打破多數人無知狀態
- 人際學習
- 利他行為的展現
- 有效行為的模仿
- 宣洩
- 團體凝聚力

＋知識補充站

社區支持性團體

　　近些年來，美國團體治療的一個特色是相互支援團體（mutual support groups）和自助團體（self-help groups）的風起雲湧。不論是酒精中毒者、吸毒者或有犯罪前科者，這些有共同問題的人們定期聚會，分享彼此的忠告及資訊，通常未接受專家的指導，由已度過危機的成員協助新成員，相互支持以克服他們的困擾。

　　「匿名戒酒協會」（Alcoholics Anonymous, AA）就是經典實例之一，它成立於1935年，首創把自助概念運用於社區團體背景中。但直到1960年代婦女意識提升團體（consciousness-raising groups）的興起，這種同舟共濟的精神才被帶到新的場域。今日，支持性團體處理四種基本的生活困擾：(1)成癮行為；(2)身體疾病和心理疾患；(3)生活變遷或其他危機；及(4)當事人因為親人或朋友的意外事故而深受打擊。近些年來，電腦網路已成為自助團體的另一種途徑。

11-10 生物醫學的治療（一）

如果我們把大腦比擬為一部電腦，當個人發生心理疾患時，這可能是大腦的軟體（編排行為的程式）發生差錯，也可能是大腦的硬體發生差錯。前面所提的「心理治療」側重於改變軟體，即改變人們所學得的不當行為。至於這一單元所討論的「生物醫學的治療」（biomedical therapy）則側重於改變硬體，即採取化學或物理的介入，以之改變大腦的運作功能。

（一）藥物治療

心理藥物學（psychopharmacology）是一門快速成長的領域，它專門探討藥物對個人的心理功能及行為的影響。許多疾患原本被認為束手無策，但是推陳出新的藥物似乎帶來了一些曙光。

1. 抗精神病藥物（antipsychotic drugs）：在1950年代之前，精神分裂症的前途相當黯淡，大部分病人被送到偏遠的精神病院加以監管，穿上約束衣或接受電休克治療，康復出院更是遙遙無期的事情。但是，戲劇性的改變在1950年代中期降臨，抗精神病藥物（如chlorpromazine和haloperidol）幾乎一夕之間逆轉精神病院的氣氛。

   傳統抗精神病藥物的作用是改善精神分裂症的一些正性症狀，如妄想、幻覺、社交退縮及間歇的躁動。它們之所以發生效用是經由降低大腦神經傳導物質多巴胺的活動。但是，這類藥物常見的副作用包括昏昏欲睡、口乾舌燥及遲發性自主運動障礙（tardive dyskinesia）。

   1980年代，第二代（或稱非典型）的抗精神病藥物問世（如clozapine和aripiprazole），除了直接降低多巴胺的活動外，它們也有助於提昇血清素的活動水平。這類藥物能夠有效地緩解精神分裂症的正性和負性二者症狀，也引起遠為少的錐體束外症狀。但是，這類藥物也避免不了一些副作用，像是體重增加和糖尿病的風險。這造成有些病人中斷藥物治療。當停止服藥後，大約3/4的病人在一年之內復發。抗精神病藥物並未排除精神分裂症的基礎病理，只是緩解而已。

2. 抗鬱劑（antidepressant）：抗鬱劑是指能夠提升病人低落的情緒，恢復到正常狀態，以解除憂鬱症狀的藥物。最先被發現的抗鬱劑是單胺氧化酶抑制劑（MAOIs）和三環類藥物（tricyclics），它們的作用是提高正腎上腺素和血清素的活動水平。

   但是，在臨床實施上，它們已被第二代的藥物所取代，諸如SSRIs（選擇性血清素回收抑制劑）。fluoxetine（Prozac，百憂解）是SSRI的一種，在1988年推出，現在是最廣泛被指定為處方的抗鬱劑。SSRIs的效果並未優於正統的三環類藥物，但因為只有較少的副作用，而且高劑量服用時不具致命性，所以較能為病人所忍受。

   今日，許多個案沒有臨床憂鬱狀態，但仍被開立百憂解的藥方，只因為當事人想要「改變性格」或「提升生活」（這種藥物會使人感到有活力、好交際及更具生產力），這已招致一些倫理上的爭議。

一、因為重大的不良副作用（如記憶
　和言語能力的受損），ECT通常
　是作為緊急的措施，只施加於有
　自殺傾向、嚴重營養不良，以及
　對藥物沒有反應的憂鬱症病人。

二、重複式穿顱磁性刺激術。

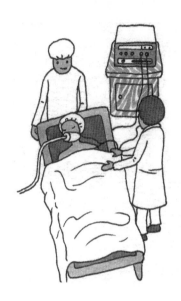

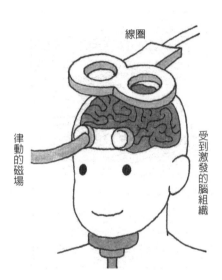

線圈

律動的磁場

受到激發的腦組織

11-11 生物醫學的治療（二）

　　SSRIs的副作用包括噁心、腹瀉、神經質、失眠及性功能障礙（如性興趣減退和高潮困難）。抗鬱藥物通常需要至少3到5個星期才能產生效果。此外，因為憂鬱症傾向於是一種重複發作的疾病，醫師建議病人最好是長久持續服藥，以便預防再發。

　　更新的一類藥物稱為SNRIs（血清素和正腎上腺素回收抑制劑），如venlafaxine（Effexor）。它們在處理重度憂鬱上比起SSRIs更具效果，但研究人員還在評估它們可能的副作用。

　　3. 鋰鹽（lithium salts）：鋰鹽已被證實在處理雙極性疾患上頗具效果。這可能是因為它影響電解質平衡，進而改變大腦許多神經傳導物質系統的活動。無論如何，高達70%到80%處於躁狂狀態的病人在服用鋰劑2到3個星期後有顯著改善。

　　4. 抗焦慮藥物（antianxiety drugs）：抗焦慮藥物是在減除焦慮、不安及緊張等症狀，人們經常服用的鎮靜劑或安眠藥便屬於這類藥物。它們產生效果也是經由調整大腦中神經傳導物質的活動水平。例如，廣泛性焦慮疾患以 benzodiazepines（如Valium或Xanax）處理最具療效，這類藥物的作用是提昇GABA的活動。

　　benzodiazepines很快就被消化道所吸收，因此很迅速就開始起作用。它們是處理急性焦慮和激動不安之首選的藥物。當較高劑量時，它們還能用來治療失眠。但是，病人可能產生心理依賴和生理依賴，也經常會發生耐藥性（drug tolerance）。最後，停止藥物服用可能導致戒斷症狀（withdrawal symptoms）。

（二）神經外科手術（neurosurgery）

　　這是指對腦組織施加外科手術以緩解心理疾患，包括損毀或阻斷大腦不同部位之間的連繫，或切除一小部分的腦組織。

　　最為所知的一種是額葉前部切除術（prefrontal lobotomy），它是切斷額葉與間腦互連的神經纖維。這項手術原本是針對躁動的精神分裂症病人，以及受擾於嚴重強迫症和焦慮症的病人。病人在手術後不再有強烈的情緒，也就不再感受到焦慮、罪疚或憤怒等。但是，病人的「人性」似乎被摧毀了，他們顯現一種不自然的「安靜」，像是情緒平淡、表情木然、舉動幼稚及對他人漠不關心等。

　　隨著抗精神病藥物的引進，神經外科手術在今日已很少被採用，只被作為最後訴諸的手段－當病人在5年期間對於所有其他型式的治療都沒有良好反應時。此外，現今的外科技術通常只是選擇性地破壞腦部微小的部位。

（三）電痙攣治療（electroconvulsive therapy, ECT）

　　ECT是指施加電擊於病人腦部以減輕精神疾患的病情，如精神分裂症、躁狂發作及最常見的重度憂鬱。ECT已被證實對於緩解重度憂鬱相當有效，療效也很快速。

　　近些年來，一種稱為「重複式穿顱磁性刺激術」（rTMS）的療法開始引進，它是在病人頭部放置一個金屬線圈，所發出的磁脈衝穿透頭皮和頭顱，有助於刺激腦細胞活化。研究已顯示，重度憂鬱症病人在接受rTMS治療幾星期後，病情明顯好轉，而又沒有ECT的不良副作用。

生物醫學的治療一覽表

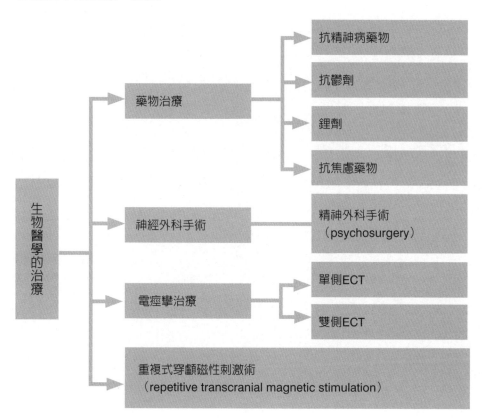

生物醫學的治療

藥物治療
- 抗精神病藥物
- 抗鬱劑
- 鋰劑
- 抗焦慮藥物

神經外科手術
- 精神外科手術（psychosurgery）

電痙攣治療
- 單側ECT
- 雙側ECT

重複式穿顱磁性刺激術（repetitive transcranial magnetic stimulation）

➕ 知識補充站

聯合的治療

　　以往年代，藥物治療和心理治療被認為是不相容的途徑，它們不應該被一同實施。但是，對許多心理疾患而言，藥物治療與心理治療的聯合現在在臨床實施上已是常態。

　　根據一項調查，55%的病人就他們的困擾接受藥物治療和心理治療二者。這種聯合的途徑反映了當今關於心理疾患的思潮，即抱持生物心理社會的觀點（biopsychosocial perspective）。

　　藥物可以結合廣泛的一些心理程序而被使用。例如，藥物可以協助病人從心理治療中更充分受益，或被用來降低病人的不順從行為。這方面研究的結論是，藥物治療提供案主從急劇苦楚中獲得快速而可靠的緩解，至於心理治療則是提供廣延而持久的行為變化。聯合治療保有它們各自的益處。

第12章
社會心理學

12-1 社會心理學的基本概念

社會心理學是心理學的分支之一。社會心理學除了考慮個體本身的特性，它還把個體與社會的各種關係考慮進去，試圖理解各種社會因素對個體及群體行為的影響。

（一）社會心理學的定義

社會心理學是研究個人的思想、感覺及行為如何受到真正、想像或象徵的他人所影響的一門科學。它採用科學方法以研究人與人之間相互依賴、互動及影響的過程。

（二）社會心理學的研究領域

社會心理學研究通常被分成三個領域，它們涵蓋了社會心理學大部分的研究課題：

1. 個體歷程（individual process）

這主要涉及與個體有關的心理及行為的研究。這個領域的研究課題包括：

(1) 成就動機與工作表現：個人的成就動機如何反映於他外在的行為？

(2) 態度與態度改變：個人的態度如何形成？如何加以改變？

(3) 歸因問題：個人如何判斷他人及自己行為的原因？

(4) 認知歷程與認知失調：當個人的行為與內在意願不符合時，這會產生怎樣的反應？這方面原理現在已被用來處理跟消費、決策及大眾傳播有關的問題。

(5) 個人知覺與自我意識：個人怎樣形成對他人的印象？個人如何察覺自己的形象、態度及價值觀？

(6) 社會和人格發展：各種後天因素和先天因素如何影響個人的社會和人格發展？

(7) 壓力和情緒問題：個人如何處理生活情境中的各種壓力源？

2. 人際互動（interpersonal interaction）

這主要涉及人與人的相互作用，研究的課題包括：

(1) 攻擊和助人行為：攻擊行為為什麼會產生？如何促進助人行為？

(2) 人際吸引與愛情：人際吸引是人際關係的基礎。愛情則是最親密的人際關係。

(3) 從眾與服從：人們在怎樣情況下會順從或服從他人的意見？

(4) 社會交易和社會影響：這是把人際關係和人際交往看成是一種社會交易。

(5) 非言語的交流：非言語的線索經常傳達個人的信念和情感。

(6) 性別角色和性別差異：男性和女性到底有什麼不同？性別差異的基礎是什麼？

3. 團體歷程（group process）

這是從宏觀環境與團體的角度研究人類心理及行為的問題。這方面課題包括：

(1) 跨文化的比較研究：個人主義與集體主義的文化如何影響人們的理念和舉動？

(2) 擁擠與環境心理學：心理學家關心人口快速增長所引發的人口爆炸，或地球資源過度消耗所引發的資源枯竭和環境污染等問題。

(3) 團體歷程與組織行為：團體生活是人類生活的基本方式。心理學家一直關心組織結構、團體決策及團體領導等問題。

(4) 種族偏見與和平心理學：種族偏見不僅造成不同族群間的衝突和仇恨，也對世界的和平及穩定構成了威脅。

社會心理學的研究題材一覽表

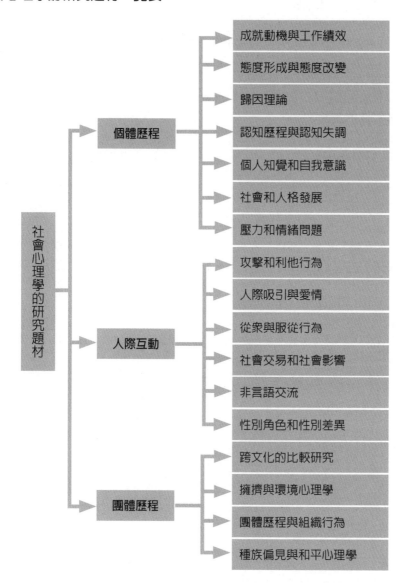

社會心理學的研究題材

個體歷程
- 成就動機與工作績效
- 態度形成與態度改變
- 歸因理論
- 認知歷程與認知失調
- 個人知覺和自我意識
- 社會和人格發展
- 壓力和情緒問題

人際互動
- 攻擊和利他行為
- 人際吸引與愛情
- 從眾與服從行為
- 社會交易和社會影響
- 非言語交流
- 性別角色和性別差異

團體歷程
- 跨文化的比較研究
- 擁擠與環境心理學
- 團體歷程與組織行為
- 種族偏見與和平心理學

✚ 知識補充站

各門學科間的分野

　　社會心理學和個人心理學都以個人為研究對象，但是個人心理學偏重在物理環境與個人心理歷程的關係，社會心理學則偏重在社會環境如何影響人際行為。社會學重視社會結構與群體行為模式的關係，它的主要分析層次是規範和角色。社會心理學則重視人與人的互動行為。

12-2 人際知覺

知覺（perception）是透過感覺器官經驗世界的歷程，人際知覺（personal perception）則是對人的特性形成判斷的過程。人際知覺的內容包括印象形成和推斷行為原因的認知歷程。

（一）印象形成（impression formation）

1. 印象評定的維度

研究學者採用語意分析法檢定出我們用於印象評定的三個基本維度：

(1) 評價（evaluation）：對他人或事物從「好－壞」方面加以評定。

(2) 力量（potency）：對他人或事物從「強－弱」方面加以評定。

(3) 活動性（activity）：對他人或事物從「主動－被動」方面加以評定。

一旦個人或事物被安置在這三個維度上，即使有再多的評定，也無法增加對這個人的訊息。此外，評價是最具區別性的維度，一旦個人在這個維度上被定位，那麼對這個人的其他知覺也基本上不會差太多。第一印象很重要，其中最具影響力的是評價，也就是你在多大程度上喜歡或討厭對方。評價是我們對他人形成印象的基礎。你一旦對某個人形成有利或不利的印象之後，你會把它延伸到其他方面。因此，第一印象並非總是正確的，但總是最鮮明而牢固的，它決定我們對他人的知覺。

2. 印象形成的過程

你在知覺他人的時候會獲得許多訊息，你如何把這些訊息整合起來以形成對他人的整體印象呢？

(1) 平均模型（averaging model）：這是指你以簡單平均的方式處理所獲得有關他人的訊息。例如，辛蒂在第一次約會中獲知傑克的5項個別特質，她也加以評價，它們是：聰明（+10），沉穩（+8），體貼（+6），不注重打扮（−5），矮小（−9）。那麼，辛蒂對傑克之整體印象的形成，首先是把她對傑克每項特質的評價加總起來，然後求取平均數，也就是整體印象＝(24−14)/5=2.00。

(2) 累加模型（additive model）：這是指對他人片斷訊息的整合方式是累加起來。例如，辛蒂很喜歡傑克（+6），後來又獲知關於傑克的一些正面訊息，如他適度謹慎（+1）。根據平均模型，她將較不喜歡他，因為平均數（+3.5）比原來低。但根據累加模型，她會更喜歡他，因為正面訊息加到現存的正性印象之上，數值會更大。哪一個模式正確呢？

(3) 加權平均模型（weighted average model）：為了兼容並蓄上述的矛盾結果，Anderson（1968）提出加權平均模型，它指出人們形成整體印象的方式是把所有特質加以平均，但對較重要的特質給予較大的權重。像是對科學家而言，智力因素的權重大；對演員來說，則是吸引力的權重大。相較於前兩個模型，加權平均模型能夠解釋的範圍更廣，它是我們對他人形成整體印象時最常使用的模型。

如何形成對他人的印象？

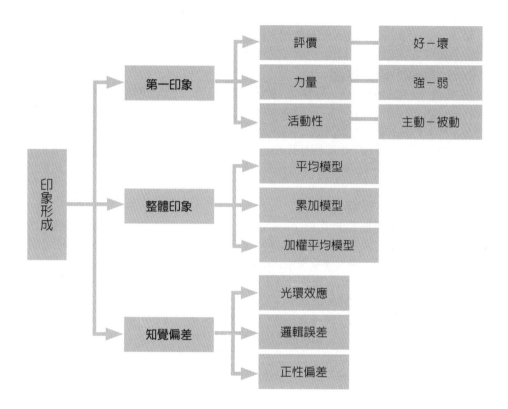

✚ 知識補充站

人際知覺中的偏差

在知覺他人的過程中，人們經常出現一些偏差（bias），這些偏差是知覺過程的特性，即知覺具有選擇性（selectivity），個人傾向於看到他「想要看的」。受到情緒、心理需求及期望的影響，個人會過濾所接觸的訊息。

1. 光環效應（halo effect）：這是指我們對當事人多種特質的評價往往受到他某一特質高分（或低分）印象的影響，而以偏概全地普遍偏高（或偏低）。例如，當一位學生的學業成績良好時，我們傾向於判斷他的操行成績也將不錯。漂亮的人被認為也將個性善良。

2. 邏輯誤差：我們常根據當事人的某一特質而推斷他也擁有另一些相關特質。例如，我們發現一個人很「沉靜」，就進一步預期他也將是「害羞」、「畏縮」及「敏感」。這樣的推測不符合邏輯的規則，只是個人對於人格特質組織型態的假設。

3. 正性偏差（positive bias）：這也稱慈悲效應（leniency effect），它是指當評價他人時，我們傾向於對他人的正面評價超過負面評價。這似乎是在不需成本的情況下，我們不會反對順手略施小惠於他人。

12-3 歸因理論－關於他人行為

　　歸因（attribution）是指人們推斷他人行為或態度之原因的過程。歸因理論則是探討人們如何應用訊息以解釋他人和自己行為發生的原因。

（一）海德的歸因理論

　　海德（Fritz Heider, 1958）被譽為「歸因理論之父」。他認為人們有兩種強烈的動機，一是建立對周遭環境一貫性理解的需要，另一是控制環境的需要。為了滿足這兩個需求，人們必須有能力預測他人將會如何行動。因此，每個人（不只是心理學家）都試圖解釋別人的行為，也都持有針對他人行為的理論。當人們從事因果分析時，主要目的是判斷行為的原因是出於個人因素（稱為內向歸因或性格歸因），抑或出於情境因素（稱為外向歸因或情境歸因）

（二）凱利的三維歸因理論

　　依循海德的思考路線，凱利（Harold Kelley, 1967）注意到，人們最常在不確定的情況下從事對事件的因果歸因。至於如何掌握不確定性，這是從多方面累積關於事件的訊息，也就是透過運用共變原則（covariation principle）。它是指每當某一行為發生時，某一因素就呈現，但每當該行為未發生時，該因素就不呈現的話，人們將會把該行為歸之於該因素所引起。

　　凱利提出三維歸因理論（cube theory），他表示當為行為尋求原因時，人們將會評估共變情形，運用當事人在三個維度上的訊息：

1. 共識性（consensus）訊息：指他的行為是否跟別人在該情境中的行為一樣？
2. 區別性（distinctiveness）訊息：指他的行為是否只對這項刺激才會展現，而不對其他對象作同樣的反應？
3. 一致性（consistency）訊息：他的行為是否在不同情境和時間中針對這項刺激一再重複出現？

　　凱利認為擁有了這些訊息，人們就可以對事件歸因（參考右頁圖表）。這三個維度的訊息各在所獲致的結論上扮演部分角色。

（三）歸因過程的失誤

　　根據上面的論述，你很容易以為人類是理性的動物。事實上，人們的歸因判斷經常是不合理性的。

基本歸因誤差（fundamental attribution error）

　　人們經常把他人的行為歸因於性格或態度等內在特質上，而且低估他們所處情境的重要性。這種傾向被稱為「基本歸因誤差」，它與兩方面的因素有關：(1)人們總是認為一個人應該為自己的行動結果負責，所以較傾向從內在因素來判斷行為的原因，忽略了外在因素對行為的影響；(2)在旁觀者（observer）的知覺場域中，當事者（actor）具有知覺突顯性（perceptual salience），所以人們把原因歸於當事者，而忽略了情境背景的作用。至於另一種常見的歸因失誤，我們放在「知識補充站」中。

為什麼湯姆在A教授的課堂上打瞌睡？

歸因維度	共識性訊息	區別性訊息	一致性訊息	結論
情境1	其他人沒打瞌睡	湯姆在別人課堂上也打瞌睡	湯姆以往也打瞌睡	湯姆懶惰
情境2	其他人也打瞌睡	湯姆在別人課堂上沒打瞌睡	湯姆以往也打瞌睡	教學品質不良
情境3	其他人沒打瞌睡	湯姆在別人課堂上沒打瞌睡	湯姆以往沒打瞌睡	湯姆太累了

在運動競賽中，優勝者和失敗者經常在解釋比賽結果時，做出極為不同的自利歸因。

＋知識補充站

自利偏誤（self-serving bias）

　　在另一些情況下，人們從事完全相反的事情，他們的歸因失誤是朝著對自己有利的方向。自利偏誤是指人們傾向於把自己的成就歸因於內在因素，如能力或努力等；卻是把自己的失敗歸之於外在因素。

　　我們可從象整飾（impression management）的角度來看待自利偏誤，它具有維護自尊的作用，也具有自我打扮的作用；也就是使我們覺得舒服些，或使我們看來體面些。當身為團體成員時，人們也容易把團體成功歸因於自己，而把團體失敗歸因於其他成員。

　　但自利偏誤也會產生不利的影響。對於麻將或撲克牌賭徒而言，如果他每次贏錢就歸之於自己的技巧，每次輸錢就歸之於運氣不佳，那麼他將很難從賭桌上脫身。

　　綜上所述，當你判斷他人行為時，你應該致力於避免基本歸因誤差。但是，當對自己的行為歸因時，你應該提防不利於自己的自利偏誤。

12-4 態度的形成與改變

（一）態度的定義

　　態度（attitude）是個體對某一特定事物、觀念或人物所持之穩定而持久的心理傾向，它是由認知、情感和行為傾向三個成分所組成。

1. 認知成分：它是指人們對特定對象的心理印象，包括有關的事實、知識及信念。
2. 情感成分：它是指人們對特定對象所持之正面或負面的評價，以及由此引發的情感，這是態度的核心所在。
3. 行為傾向成分：它是指人們對特定對象所預備採取的反應。但是態度只是一種行為傾向，它並不等於行為。

（二）態度的形成

　　學習理論主張，就跟其他行為習慣一樣，態度也是後天學得的。態度的學習有三種機制：

1. 聯結（association）：把特定態度與一些事物連繫在一起。
2. 強化（reinforcement）：受到獎勵有助於我們形成對一些事物的態度。
3. 模仿（imitation）：透過模仿楷模的態度而形成，如子女經常模仿父母的政治態度。

　　從不同的角度，另有些學者認為態度的形成與改變是經由三種不同歷程：

1. 服從：個人擔心受到懲罰或想要獲得預期的回報，因而採取符合他人要求的行為。
2. 認同：使自己的態度跟榜樣人物維持一致。
3. 內化：當態度與個人的價值體系保持一致時，個人容易形成這樣的態度。

（三）態度改變的理論

　　如何改變他人的態度？這對於政策宣傳、商業廣告及日常生活都具有現實的意義。

海德的平衡理論（balance theory）

　　海德（Heider, 1958）首先提出P-O-X理論以解釋人際關係。在P-O-X模型中，P代表一個人（如傑克），O代表另一個人（如他的女朋友艾瑪），X是介於P與O之間的態度對象（如一部電影）。就如右頁圖形所示，P、O、X之間關係呈現8種組合。如果傑克喜歡這部電影，艾瑪也喜歡這部電影，而且傑克喜歡艾瑪，這樣就是一個平衡的系統，誰也沒有必要改變態度。但是，在其他條件不變的情況下，如果艾瑪不喜歡這部電影，這時候的系統就不平衡了，就必須有人產生態度改變。至於態度改變的方向則是遵循「最少付出原則」。

　　海德之平衡理論的缺點是太過簡易，P、O、X之間關係只以喜歡或不喜歡的方向表示，但不能表示喜歡或不喜歡的強度。關於認知失調論，我們放在知識補充站中。

平衡理論的理論模型

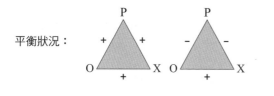
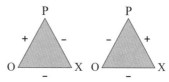

平衡狀況：

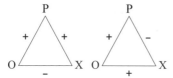
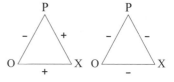

不平衡狀況：

透過改變不一致的認知，使我們的行為合理化。在作弊後，你將會設法說服自己：「拜託，作弊沒有那麼不道德，每個人只要有機會都會作弊」。

> **＋ 知識補充站**
>
> ### 費斯廷格的認知失調理論（cognitive dissonance theory）
>
> 費斯廷格（Festinger, 1957）表示，在一般情況下，人們的態度與行為是一致的。但是有時候，態度與行為也會出現不一致，如儘管你很不喜歡你的上司夸夸其談，但你發現自己還是設法恭維他。這種認知失調是一種不舒服狀態，個人將會感到緊張及不安。但是個人始終有維持心理平衡的傾向，因此他將會採取一些活動以減低自己的失調狀態，以便重獲心理平衡。
>
> 以吸菸為例，癮君子擁有二個彼此矛盾的認知項目。一是他知道「自己吸菸」，另一是他知道「吸菸會引致肺癌」。為了減低所產生的失調狀態，癮君子可能採取下列幾種活動之一：(1) 改變原先的信念（「吸菸致癌的證據不是那般顛撲不破」）；(2)改變他的行為（戒菸）；(3) 改變認知的重要性（「社交行為和保持體型比起擔心罹癌更為重要」）；(4)增添新的認知項目（「我改吸低焦油的香菸」）；(5)減少選擇感（「生活壓力太大，我只能靠吸菸來緩解，別無他法」）。所有這些活動都有助於減低或消除失調狀態，以避免長期的心理過度負荷。

12-5 人際吸引

　　人類是社會性的動物，個人與他人進行有意義的交往是人類社會生活的前提。人生的重要課題之一是如何建立良好的人際關係，以及如何改善不良的人際關係。

（一）人際吸引的基本原理

　　人們為什麼彼此吸引？這可能牽涉到兩方面因素，第一個因素與社會比較（social comparison）有關，即人們透過社會比較以獲得關於自己和周遭世界的訊息。第二個因素與社會交易（social exchange）有關，即人們透過社會交換以獲得心理與物質酬賞。但是，為什麼我們喜歡一些人而不喜歡另外一些人？

1. 強化原則：我們喜歡能給予我們獎賞的人，討厭給予我們懲罰的人。換句話說，我們喜歡對我們作正面評價的人，而討厭對我們作負面評價的人。
2. 社會交易：根據經濟學模式，如果在跟某個人的交往中，我們獲得的收益大於成本，我們就會跟他繼續交往下去，而且對這種交往的評價也較高。如果在交往中付出多而收益少，則交往有可能中斷。
3. 公平理論（equity theory）：這表示當交往雙方都認為付出與收益是公平時，才是最穩定及愉悅的關係。根據公平理論，當形成不公平的關係時（有一方覺得受益太多，或受益太少），雙方都會對這樣狀態感到不舒服，而湧起一股動機想要恢復關係的公平性。為什麼自覺受益太多的人要放棄既得利益？這是因為「公平性」是一種強有力的社會規範，它會迫使人際關係達到公平狀態－經由使得當事人感到不安及罪疚。

（二）影響人際吸引的因素

1. 個人特質：個人的某些特質決定他是否受人喜愛。「真誠」及「溫暖」被大學生評定為最重要的特質，而被評定為最低的特質是「說謊」及「欺騙」。
2. 外表吸引力：在其他條件相等的情況下，漂亮的人更易招人喜愛。
3. 相似性：人們傾向於喜歡在態度、價值觀、興趣、背景及性格等方向與自己相似的人。在人際吸引的主題上，具有重要影響力的相似性來自幾個方面：一是人口特徵的相似性，它包括性別、種族背景、宗教、社會階層及年齡等，即一般所謂的「物以類聚」。二是態度的相似性，即一般所謂的「志同道合」。三是外表的相似性，特別是在選擇婚姻對象上。
4. 互補性：「互補說」主張，人格特質的互補可能具有吸引作用，如害羞－外向，支配－順從，及聒絮－傾聽等，雙方正好成為天造地設的一對。
5. 熟悉性：熟悉性導致喜歡的現象，就是一般所謂的「曝光效應」（mere exposure）。一個人只要經常出現在你的眼前，就能增加你對他的喜歡程度。
6. 接近性（proximity）：時空接近性是人際吸引的要件之一，我們與之接觸及互動愈頻繁的人們，就愈容易成為我們的朋友或情侶。這就是一般所謂的「近水樓台先得月」或「遠親不如近鄰」。

人際吸引的通則

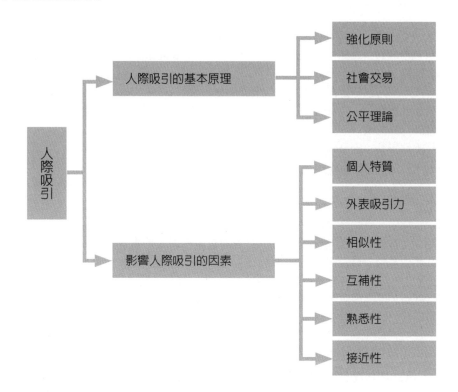

＋ 知識補充站

亞里斯多德說過，「美貌比一封介紹信更具推薦力」。我們社會總認為，有外表吸引力的人們在另一些方面也將表現良好。例如，外貌姣好者被認為通常也較成功、較聰明、較有趣、較會交際、較為獨立及較為自信。我們從日常用語的「美－好」、「醜－惡」就可看出人們對外在美所持的刻板印象。

外表之所以有那麼強烈的影響力，一是因為光環效應（halo effect），即一般所謂的「美就是好」。另一個因素是所謂的「漂亮的幅射效應」（radiating effect of beauty），即一般認為，如果讓別人看到你跟特別漂亮的人在一起，這能夠提高你的大眾形象，就像對方的光環籠罩著自己一樣。

在一項為大學生安排的「電腦約會」中，發現不論男性或女性，他們將會主動再跟對方約會的唯一決定因素是外表，也就是「美貌」的重要性遠勝於高IQ分數、良好社交技巧或適意的性格。

但對於外在美的偏好較是初始的現象。在選擇進一步的約會及婚姻對象方面，人們傾向於追求在外表吸引力上跟自己旗鼓相當的對象，以便更為擔保雙方關係的存續，這被稱為「匹配假說」（matching hypothesis）－人們認為長相接近的人擁有相同的社會交易價值。

12-6 從眾行為

在社會生活中，我們的心理和行為總是受到各種因素的影響。社會影響的最直接表現就是它對人類行為產生重要的決定作用。從眾（conformity）是指個體在真實或想像的團體壓力下改變行為及信念的傾向。

社會心理學家已檢定出可能導致從眾的兩種力量：

1. 資訊性影響（informational influence）：個人在現存情境中想要知道什麼才是適宜的行為方式。
2. 規範性影響（normative）：個人希望受到別人的喜歡、接納及讚許。

（一）Sherif的團體規範形成的研究：資訊性影響

「自動移動效應」（autokinetic effect）是指在暗室的牆壁上呈現一個靜止的小光點，但在同質場域的視野中，因為沒有參考點的存在，這個光點看起來像是會移動。在這項實驗中，受試者的任務是估計光點在空間中移動的方向及距離。

初始，受試者單獨從事判斷，他們報告的數值有很大差異。然後，他們被集合起來，在其他團體成員面前大聲說出自己的判斷，結果發現他們的估計值逐漸接近。最終，他們對光點移動方向及距離的判斷趨於一致。後來，受試者再度被單獨留在暗室中進行判斷，結果受試者繼續遵守他們先前共處時已形成的團體規範。

這說明我們的判斷會受到他人的影響，我們憑藉從他人之處得來的資訊以認清真實狀況。研究已顯示，人們在下列狀況中最可能因為資訊性影響而產生從眾行為：(1)當情況曖昧不明時；(2)當情況處於危機時；(3)當別人是專家時。

（二）Asch的線段判斷實驗：規範性影響

Asch的實驗是以男性大學生為受試者，當他來到實驗室的時候，看到6位與自己一樣的受試者已經就座，但實際上他們是實驗助手。全組成員圍著會議桌坐下後，主試者每次出示兩張卡片，一張為標準卡，另一張為比較卡。受試者的任務是大聲報告比較卡上哪一條線段與標準卡上的線段等長（參考右頁圖形）。

真正受試者總是被安排在倒數第一、二位作答，實驗助手已預定好在18次嘗試中有12次提出一致的不正確回答。這樣的安排是在製造一種不合物理事實的團體壓力。在這種眾口鑠金的情況下，真正受試者是否會屈服於眾人的錯誤判斷呢？

實驗結果顯示，真正受試者在37%的嘗試中屈服於說謊隊伍。此外，大約有30%受試者幾乎總是屈服於壓力，但也有25%始終堅持自己的正確判斷。

研究人員也探討團體成員的人數產生的影響。當實驗助手只有1人時，受試者通常露出不安表情，但未屈服於對方的錯誤判斷。但是當反對人數增至3、4個人時，受試者屈服的比例就升到32%。反過來說，當團體中有另外一人贊同這位真正受試者的判斷時，從眾效應將會大為減弱，屈服的比例只有原先的四分之一。

人們在下列情況中容易從眾：(1)當判斷任務的難度愈高，所呈現刺激愈為模糊不清時；(2)當團體對於成員頗具吸引力，而團體凝聚力也高時；(3)當個人認為其他成員都相當勝任，而自己相對居於劣勢時；(4)當個人反應將會被公開化時。

受試者被要求判斷右圖的三條線段中,哪一條的長度與左圖相同

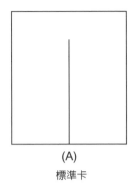
(A)
標準卡

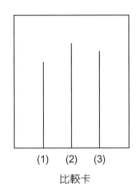
(1) (2) (3)
比較卡

在Asch的實驗中,居於圖形中央位置的是真正的受試者,他的左右都是實驗助手,他們故意報告不實的判斷。

＋知識補充站

認知失調的經典實驗

認知失調具有動機的作用,它促使你採取行動以減低不愉快感受。隨著失調幅度愈大,減低失調的動機就愈高。

在費斯廷格的這項實驗中,兩組大學生被要求單獨在小房間中執行一項枯燥而無聊的工作(如逐頁地翻書)。完成之後,兩組大學生分別獲得美金1元或20元的酬勞。他們然後再到另一個房間中,告訴下一位等待的受試者,說這項實驗的作業很有趣(說謊)。最後,這兩組大學生被要求在一個量表上評定該作業真正的有趣程度。

實驗結果顯示,拿到1元的受試者認為該作業有趣得多(相較於拿到20元的受試者)。這顯然是因為拿到20元的受試者利用高報酬來辯護自己的說謊行為,因此不太需要改變態度。他們在量表上依然評定那是無趣的作業,他們只是為了金錢才說謊。

但是1元太少了,不足以辯護說謊行為。這組受試者為了減低認知失調狀態,他們只好改變自己的態度,因此在量表上評定該作業還算有趣,他們會願意再做一次。

12-7 順從行為

在日常生活中，許多人試圖引起你的順從（compliance），也就是使你的行為變化符合他們的直接要求。特別是政治人物、父母、推銷員及教師，他們知道如何利用各種技巧以贏得他人的順從。

（一）互惠性（reciprocity）

在人與人的相處中，如果他人給予我們一些好處，我們也必須相應地給予對方一些好處。這種互惠規範維持了雙方在社會交易中的公平性，但同時也成為影響他人的一種手段。

推銷員經常利用互惠性原理來略施小惠，諸如「我好不容易碰到識貨的人，我願意給你折價100元」，或「這是一份免費樣品，我只送給跟我談得來的人」。這樣處境下，你如果不回報恩惠而購買該產品的話，你會覺得心理不舒坦。

另一種順從技巧稱為「門前技巧」（door-in-the-face，或以退為進法）。這裡，你先試著提出一個很大的要求（「你是否願意每星期2個小時，為期2年擔任醫院的志工？」），在對方拒絕之後，你隨之提出一個遠為小的要求（「你是否願意陪伴孤兒院幼童到動物園遊玩一次？」），這時候對方很可能就答應了。

這個技巧也是訴求於互惠規範（支配人際互動的基本法則之一）。當你從重大要求讓步下來時，你已施惠於對方。現在，對方必須做些事情作為回報。

在折扣技巧（that's not all）中，你先提出一個價格，但在對方答覆之前，你提高你的提議的恩惠性，像是降低價格、增加數量或添加贈品，以便施小惠而得大利。

（二）涉入性（commitment）

這裡的原則是，如果能夠讓對方涉身於一些較小讓步的話（例如，在請願書上簽名），隨後就有很大機會能讓對方答應做更大的讓步（例如，在自家草坪上豎立一個大招牌）。這通常被稱為「腳在門檻內技巧」（foot-in-the-door，或得寸進尺法）。推銷員普遍相信，只要腳跨進了顧客的門內，讓對方答應購買產品就不成問題了。

（三）稀少性（scarcity）

人們喜歡擁有一些別人沒有的東西。推銷員相當清楚如何應用這個「物以稀為貴」的原理於市場行銷上：「這是僅存的最後一件，我沒有把握你是否應該等到明天」；「我還有另一位顧客打算回來購買，你最好趕快做個決定」。這個稀少性（限量）的策略使你感受到壓力，如果你不立即購買的話，你正失去一次千載難逢的機會。

（四）低飛球（low-balling）

這是指在討價還價的過程中，賣方先將姿勢降低，提出一個能使買方願意接受的價格，當買方感到滿意而決定購買時，賣方突然以某一藉口為由（如算錯價錢，或經理不同意）而提高價格。買方的欲望已被撩撥起來，往往就答應了。這種做法就像是棒球賽時故意投低球的策略。

引致順從行為的策略

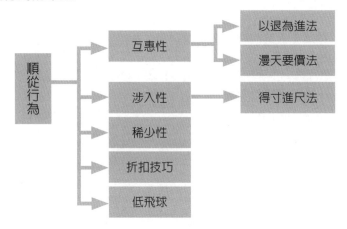

「腳在門檻內效應」－你先請對方簽署反核的聲明書，他隨後很可能就會答應你參加反核的遊行。

12-8 服從行為

　　什麼原因使得成千上萬的納粹黨員願意聽從希特勒的命令，把好幾百萬的猶太人、吉普賽人送進毒氣室？你可能會認為：「那是因為他們心中埋伏邪惡的種子，使得他們展現邪惡行為。我擁有正常的人格，我才不會那樣做」。

（一）Milgram的實驗情境

　　服從（obedience）是指在他人的直接命令之下執行某種行為的傾向。在Milgram的實驗中，主試者告訴志願參加的大學生，他們參與的是關於「記憶與學習」的科學研究，也就是探討「處罰對記憶的影響」。因此，當被抽到「老師」的角色時，他們必須對另一個角色「學生」的每次錯誤施加處罰，也就是實施電擊，電擊強度還必須逐步升高。主試者穿著白色外衣，擔任正當的權威人物，他提出規則，分配角色。但總是安排真正受試者充當「老師」的角色，「學生」是由一位實驗助手所扮演，他大約50歲，微胖，看起來神情愉悅而態度溫和。

　　電壓範圍從15伏到450伏。「學生」在字詞配對上每犯一次錯誤，處罰的電壓就增加15伏。實驗進行不久，隔壁房間中的「學生」就開始犯錯（根據預排的劇本）。當電壓升到150伏的時候，「學生」開始求饒；升到200多伏時，他堅持自己再也無法承受任何電擊；到了300多伏時，他已聲嘶力竭，吶喊自己立即被釋放；再接下去，他只剩下痛苦的呻吟聲。但每當「老師」有所遲疑時，主試者就告訴他，「你沒有選擇，規則就是規則，你必須繼續進行。」

（二）繼續電擊或拒絕電擊

　　當拿這個問題就教於40位精神科醫師時，他們估計只有不到4%的受試者會在300伏之後繼續服從命令，只有大約0.1%的人（即心理不正常的人，如虐待狂）才會盲目服從而繼續施加到450伏。

　　但這些精神科醫師都錯了。實驗結果顯示，平均而言，受試者很少在300伏之前停下來，他們平均的電擊強度是360伏，而有67%的人施加到450伏的最高強度。儘管大多數受試者口頭上表示抗議，他們行為上卻沒有不服從。

（三）人們為什麼服從權威？

　　精神科醫師們顯然犯了基本歸因的誤差，他們高估性格因素的重要性，卻沒有考慮到情境的力量可能扭曲個人道德判斷，以及減弱他的抗拒意志。

　　Milgram後來又操弄另一些實驗條件（參考右頁圖表），他發現服從效應大致上是出於情境變項，而不是出於性格變項。

　　那麼，為什麼人們在這些情境中服從權威？我們前面提到的資訊性影響（人們希望自己是正確的）和規範性影響（人們希望自己被喜歡）是兩個重要原因。人們之所以服從他人的要求是為了贏得社會的接納及贊許。此外，當處於曖昧不明的情境中，人們傾向於採納專家或威信人士的意見作為行為準則。

　　Milgram的實驗說明了「邪惡的平凡性」。惡行不是所謂「邪惡的人」的專利，任何人當面臨強勢的情境力量時，也都不免屈服於人類潛在的脆弱性。

Milgram的實驗情境

(A)
「老師」（真正受試者）和陪伴在旁的實驗人員（權威人士）。

(B)
實驗中所使用的電擊儀器。

(C)
「學生」（實驗助手）被綁在椅子上，電極安置在他手腕上。

Milgram操弄一些實驗條件

實驗變項：

1. 學生自己要求被電擊。
2. 權威人士充當受害人－由一位普通男子發號命令。
3. 兩位權威人士發出相反的命令。
4. 受試者自由選擇電擊強度。
5. 有兩位同伴不服從。
6. 由一位普通男子發號命令。
7. 受試者與權威人士（主試者）距離很遠。
8. 受試者必須抓著學生的手壓在電擊板上。
9. 受試者與學生處於同一房間中。
10. 機關背景。
11. 受試者只聽到學生的口頭抗議。
12. 受試者與受害人之間距離很遠。
13. 以女性為受試者。
14. 兩位權威人士－其中一位充當受害人。
15. 受試者充當媒介，只是協助另一個人實際施加電擊。
16. 有一位同伴居先示範服從行為。

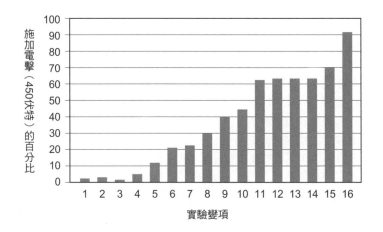

12-9 親社會行為

親社會行為（prosocial behavior）是指任何能夠增進他人利益的行為，諸如合作、助人、奉獻及利他行為等。

（一）利他與助人行為的理論解釋

1. 社會生物學（sociobiology）：美國和日本的大學生被要求考慮一些情節：有三個人處身於險境，他們只能選擇拯救其中一個人。研究結果顯現了親屬效應，即隨著親屬關係愈為接近（基因的重疊性愈高），受試者就愈可能對之伸出援手。這就是所謂的「親屬選擇」（kin selection）－我們增加基因傳遞的機會，不僅只透過生兒育女的方式，也是透過確保親屬的生存。

   為什麼人們有時候會冒著生命危險援救陌生人呢？社會生物學家訴之於「互利」（reciprocal altruism）的概念，即人們展現利他行為是因為他們期待別人也將會對他們展現利他行為。因此，互利的期待授予利他行為具有生存價值。

2. 社會交換理論（social exchange theory）：人們的社會行為表現是基於一種利益交換原則。我們會考慮所涉的成本面（時間損失、受傷可能、法律責任及長期負擔等）和利益面（提高自尊、目擊者的贊許、減輕心理痛苦、獲得獎金及揚名社會等），在衡量得失後，我們才決定是否助人。這種理論不承認利他主義的存在，人們是出於自利而助人，當付出超過獲利時就沒有助人行為。

3. 學習理論的觀點：兒童在成長過程中學得關於利他及助人行為的規範（主要是經由強化和模仿的原理），然後把它融入自己的生活中。

（二）情境對親社會行為的影響

1964年的一個夜晚，紐約市的一位女性在快抵達公寓時遭到歹徒的襲擊，當時她的38位鄰居聽到了呼救聲，有些人在窗戶後全程目睹慘劇。但在長達30分鐘的時間內，竟無人伸出援手，連報警電話也沒有打。許多新聞評論視之為一種道德腐敗，認為這些旁觀者如此「冷漠」及「鐵石心腸」，簡直不可思議。

但是根據社會心理學家Latane和Darley的研究，剛好是旁觀者的人數使得人們沒有伸出援手。當發生緊急情況時，旁觀者介入的可能性視他認為在場的旁觀者人數而定。假如現場只有一人，這個人很可能見義勇為，立即救助；假如現場有好幾個人，他通常假定別人「將會」或「應該」伸出援手，因而他就退避下來，不願捲入麻煩。這種現象被稱為「責任擴散」（diffusion of responsibility）。

旁觀者為什麼沒有伸出援手？除了責任擴散，研究學者繼續探討另一些原因。他們發現援助的舉動涉及五個步驟：(1)注意到事件－人們在匆忙之中（時間壓力）較不會注意周遭事物，使得助人的可能性降低；(2)把事件解讀為緊急情況－為了決定當前情境是否為緊急狀況，你通常會先察看他人的反應，如果他人只是聳聳肩就忙自己的事，你通常也會依樣畫葫蘆；(3)承擔責任－你確認「做些什麼」是屬於你的責任；(4)知道如何救助－你必須決定適當的援助方式；(5)決定進行援助－你也必須衡量助人的代價，援助成本不可過高。如果通不過這五個步驟，旁觀者將不會介入。

責任擴散的現象

12-10 攻擊行為

（一）攻擊行為概述

攻擊行為（aggression）是指任何意圖造成他人心理或身體傷害的行為。它是心理學家最為關注的人類社會行為之一。

1. 憤怒與攻擊行為：每個人都有「憤怒」的經驗，憤怒經常是攻擊行為產生的根源。「遭受他人侵犯或干涉」是引起憤怒最常見原因。對於他人的侵犯，人們往往採取「以牙還牙」的方式加以報復，而這又使得攻擊行為因為交互報復而擴大。

2. 挫折與攻擊行為：挫折（frustration）是指任何妨礙個體獲得快樂或達到預期目標的外在情況。早期的學者提出「挫折－攻擊假說」，它把挫折和攻擊看作是互為因果，也就是挫折必然導致攻擊，攻擊也必然有挫折為前提。

   但後來的研究發現，挫折是引起攻擊的一個可能條件，但不是唯一的條件。當我們感受到挫折是無意而不是有意的時候，我們並不會有攻擊行為。

3. 歸因的影響：某一事件之所以會引起憤怒或攻擊行為，關鍵在於受害人必須知覺到這種侵犯或挫折是他人有意造成的傷害。因此，人們對他人行為的歸因將會影響是否展現攻擊。

4. 攻擊行為的學習：學習理論主張，攻擊行為可經由學習而獲得，強化和模仿是兩種主要的學習歷程。班都拉（1961）關於觀察學習的實驗指出，兒童可以通過觀察他人從事攻擊行為之後受到獎勵或懲罰而學會攻擊行為。

（二）與攻擊行為有關的因素

1. 氣溫與攻擊行為：研究學者發現，在特定的氣溫範圍內，暴力事件的發生與氣溫呈現線性關係。這也就是說，在攝氏38度到41度之下，隨著氣溫的升高，人們的暴力傾向增強。但是在超過這個溫度之後，因為人們外出的機會下降，所以暴力行為發生的機會也較少。

2. 酒精與攻擊行為：許多研究證實，過量飲酒的人易於被激怒，從而表現出偏高的攻擊傾向。一般認為這是酒精為攻擊行為提供了直接的生化刺激，使得飲酒者處於偏高的生理激發狀態，這就是俗話所說的「酒壯人膽」。但大多數研究指出，這是因為酒精降低了人們對攻擊行為的控制，即所謂的去抑制作用（disinhibition）。

3. 攻擊性線索與攻擊行為：研究學者發現，當情境中呈現與攻擊有關的一些線索，如刀、槍、棍等武器，這往往會成為攻擊行為發生的起因，或會助長人際衝突的嚴重性，這種現象被稱為武器效應（weapon effect）。

4. 去個性化與攻擊行為：去個性化（deindividuation）是指當處身於群眾之中，個體的自我認同被團體認同所取代，個體難以意識到自己的價值觀和行為準則，從而做出平時不敢做的反社會行為，如結夥犯罪或街頭暴動。這種現象的產生與三個方面的因素有關，即匿名性、責任分擔及自我意識弱化。

在班都拉（1961, 1963）的經典實驗中，兒童首先觀看楷模的攻擊行為，隨後他們也學會展現同樣的行為。

根據挫折－攻擊假說，當發生塞車而牛步前進時，這產生的挫折經常引發攻擊行為，諸如大按喇叭或拳腳相向。

＋ 知識補充站

懲罰攻擊有助於減少攻擊行為嗎？

　　許多父母相信「不打不成器」，它表示如果你的小孩有攻擊傾向，你只要施加體罰，他很快就學會不能欺凌弱小。同樣的，如果我們社會增加對攻擊的懲罰，像是刑期加長或訴諸死刑，這樣能減少暴力犯罪嗎？

　　因為嚴格懲罰（體罰）本身就是一種攻擊，那麼懲罰者實際上是在示範攻擊行為，它可能引起受罰者模仿這個舉動。因此，體罰從來無法達到它原先預定的效果－「教導壞孩子變好」。

　　在成人的暴力犯罪方面，所謂的嚴刑峻法似乎也不具嚇阻效果。許多國家對蓄意謀殺判處死刑，但它們的謀殺犯比例並未低於那些沒有死刑的國家。同樣的，美國至2013年為止有18個州廢除死刑，但這些州並未發生死刑犯罪突增的情形。

　　在現今的人類社會，死刑存廢的價值論戰，沒有絕對的對或錯。它只是一場受害者的公道與加害者的人道之間的角力。

12-11 偏見

偏見（prejudice）是指個人對於他人或團體所學得的一套態度，它包括負面情感（不喜歡或害怕）、負面信念（刻板印象），以及規避、控制或排拒該團體成員的行為意圖（歧視）。

（一）偏見的起源

1. 團體衝突理論：團體衝突（group conflict）理論指出，為了爭奪有限的資源，如工作或石油等，團體之間就產生了偏見。當人們認為自己有權獲得某些利益，卻沒有得到，他們如果拿自己跟獲得該利益的團體相互比較，這時便會產生相對剝奪感，進而引發對立與偏見。

2. 社會學習理論：偏見是學得的，在這過程中，父母的榜樣作用和新聞媒體的宣傳效果極為重要。兒童的種族偏見和政治傾向大部分來自父母。

3. 社會分類（social categorization）：這是指人們傾向於把社會世界劃分為內團體和外團體。內團體（in-groups）是個人認定自己所歸屬的團體；外團體（out-groups）是個人不認同的團體。個人自尊將會造成「內團體偏差」，也就是評價自己所屬團體優於其他團體。當對方被界定為是外團體的成員時，幾乎立即成為敵對情感和不公平待遇的對象。

（二）偏見的影響

1. 偏見對知覺的影響：個人不正確的信念當抗拒改變時（即使面對確鑿的證據），就具備了偏見的條件。例如，許多人表示黑人都是懶惰蟲，卻無視於自己身邊就有許多勤奮的黑人同事，這便是偏見。偏見就像戴上了一副濾光眼鏡，它將會影響你如何知覺及對待一些人們。

2. 偏見對他人行為的影響：我們對他人的偏見也影響他人實際的行為表現。個人的偏見不僅影響自己的行為，也會影響對方的行為。換句話說，你對對方的預期會使得對方按照你的預期表現行為，這便是所謂的「自證預言」。

3. 責怪受難者：對很少受到歧視對待的人們而言，他們再怎樣努力想像，也很難了解身為偏見對象的感受。當這樣的同理心缺席時，就很難避免落入責怪受難者的陷阱。例如，他們往往認為弱勢族群之所以失業是因為「他們太懶惰」。

（三）消除偏見的方法

1. 社會化：兒童和青少年的偏見主要是透過社會化歷程而形成。因此，為了減少或消除偏見，我們應該調控這一過程，注意父母和媒體所施加的不當影響。

2. 受教育程度：有時候，人們的偏見是起源於自己的無知和狹隘。接受教育有助於化解個人偏頗的信念。

3. 直接接觸：敵對團體之間的直接接觸有助於減少它們之間存在的偏見，這被稱為「接觸假說」（contact hypothesis）。但這樣的接觸需要有幾個條件，包括相互依賴、追求共同目標、同等地位、親近的接觸、頻繁接觸，以及平等的社會規範。

消除偏見只靠敵對團體間的直接接觸是不夠的，它應該是在追求共同命運的前提下培養人際互動。

＋ 知識補充站
一、拼圖技術（jigsaw technique）

這是指製造條件以使得學生們必須互相依賴（而不是彼此競爭）才能學得所指定的教材。在「拼圖技術」中，先前敵對的白人、拉丁美洲裔及黑人學童被編為一個共同命運的小組。然後，整體教材（如南非曼德拉總統的一生）被分成好幾個段落，每個組員必須先研讀自己分到的段落（如曼德拉的牢獄生涯），再把內容告訴其他組員，這是他們能夠獲知全部內容的唯一方法。最後，學生的成績是依據整個團體的表現來評鑑。

透過這個拼圖歷程，學生們開始留意別人，學會彼此尊重。他們具體表現真正的種族融合，也更有能力從別人的觀點來看待世界－相較於傳統教學法的學童。它成功地打破原先教室中內團體對抗外團體的觀念，使得學生們培養出同屬於一個團體的認知。

＋ 知識補充站
二、刻板印象的效應

刻板印象（stereotype）是指對一群人們的概判，以便把同樣的特徵指派給某一團體的所有成員，它是形成偏見的主要原因。刻板印象不以親身經驗為依據，也不以事實資料為基礎，只是憑藉一些人云亦云的間接資料就做出武斷的評定。一般認為猶太人吝嗇、黑人懶惰、日本人狡猾等，便是以偏概全的刻板印象所致。

假使一般都認為某一團體是無可救藥地愚笨、不可教育，且只適合卑微的工作，那麼何必要為他們浪費教育資源呢？因此，這些成員得不到適當教育，三十年之後，你會發現什麼？除了少數例外，大部分成員都擔任卑微的工作。這時候，那些偏見者又會振振有詞：「你看吧！我一直都是對的，還好我們沒有把寶貴的教育資源浪費在那些人身上。」這是自證預言在社會層面上的再度發揮。

12-12 團體影響

團體生活是人類生活的基本方式。外界的社會壓力對人們行為產生重大影響。這些社會影響（social influence）是如何起作用呢？

（一）社會助長作用（social facilitation）

1. 定義：社會助長作用是指人們在他人旁觀的情況下，他們的工作表現比起自己單獨進行時來得好。Triplett（1898）的研究是社會心理學最早的實驗之一，他要求兒童把釣魚線捲在線軸上，結果發現兒童在別人面前的捲線速度快於他們單獨執行時。

   後來的研究讓受試者完成一些作業，如簡單乘法或圈字母等，也發現同樣的現象。此外，社會助長作用不僅發生在人類身上，研究人員發現，當螞蟻一起時，每隻螞蟻的平均挖土量是單獨挖土時的三倍。蟑螂的爬行速度也有類似現象。

2. 關於社會助長作用的解釋：首先，他人在場（mere presence）使得個人產生不確定性，因此提升生理激發（arousal），這進一步促進個人的表現。

   其次，評價擔憂理論（evaluation apprehension）指出，他人在場使得個人察覺別人正在對自己進行評價，但因為擔憂無法得到別人的正面評價，所以產生生理激發。

   第三，分心衝突模式（distraction-conflict model）指出，當個人執行一項作業時，他人或新奇刺激的出現會造成分心，使得個人在注意作業還是注意新奇刺激之間產生了衝突，這種衝突引起生理激發，從而導致社會助長作用。這一模式解釋了噪音、閃光等刺激對作業表現的促進或損害作用。

（二）社會性懈怠（social loafing）

1. 定義與研究：當處身於團體中，因為個體表現未被單獨加以評價，而是以整體被看待，這經常造成個體表現的下降，就稱為「社會性懈怠」。這種現象可比如「三個和尚沒水喝」。當眾人推動一部卡車時，眾人集成的合力，普遍較小於個人單獨作業時所施力的總和。再者，隨著團體人數愈多，個人發出的力道就愈小。

2. 關於社會性懈怠的解釋：在團體情境中，因為個體認識到自己的努力會被埋沒在人群中，所以對自己行為的責任感降低，從而付出較少努力，導致作業表現下降－這顯然是另一種形式的「責任分散」。

（三）社會助長作用和社會性懈怠的擅長領域

團體情境有時候對個體的作業表現起助長作用，但有時候卻引發社會性懈怠，你如何判斷呢？簡單來說，你必須知道在情境中運作的兩個重要變項：(1)作業的簡單性和複雜性；(2)個體評價的可能性。

如果你的努力會被評價，他人在場引起生理激發，這將導致社會助長作用，使得簡單作業表現更好，但複雜作業表現更差。如果他人在場，但你的努力無法被評價（你只是機器裡的小螺絲釘），你可能感到較為鬆懈，這將導致社會性懈怠，使得簡單作業表現更差，但複雜作業表現更好。

社會助長作用與社會性懈怠

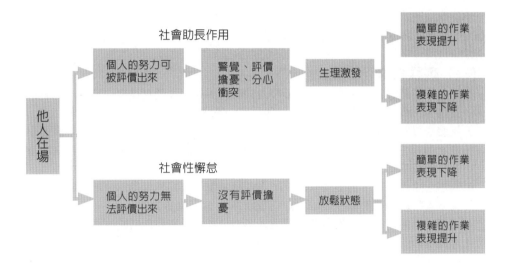

12-13 團體決策

　　當從事決策時，三個臭皮匠眞的勝過一個諸葛亮嗎？許多人認爲答案是肯定的，這也是美國司法制度設立陪審團的基本假設。但實際上，團體決策（group decision）未必能達成最佳決策，主要是團體思維和團體極化所致。

(一) 團體思維（groupthink）

1. 定義：團體思維是指在一個高凝聚力的團體內部，人們在從事決策時，因爲過度追求一致性，從而導致不良的決策品質。美國入侵古巴豬玀灣即爲一例。

2. 團體思維的先決條件：社會心理學家Janis（1982）指出，團體思維較容易發生在下列條件下：高凝聚力的團體，團體與外界隔絕，強勢的領導，而且缺乏系統化的決策歷程。

3. 團體思維的症狀：這主要表現在認爲團體是擊不敗的；自認爲團體代表正義的一方；製造對立團體的刻板印象；自我約束；以及從衆壓力。

4. 團體思維的後果：這對團體決策造成了不良影響，主要包括處理資訊上發生選擇性地偏差；未考慮所偏好方案的風險；以及未準備替代方案等。

5. 如何克服團體思維：Janis認爲這應該從五個方面著手：(1)領導者應該保持中立，鼓勵每一個成員踴躍發言；(2)在團體所有成員表達了意見之後，領導者才能提出自己的期待；(3)他應該邀請不屬於團體的專家參與團體討論，以便對成員的意見提出批評；(4)最好先把團體分成一些小組獨立討論，然後再一起討論它們的不同提議；(5)最好採取不記名投票，或要求團體成員匿名寫下他們的意見，以避免成員的自我監督及自我審查。

(二) 團體極化（group polarization）

1. 定義與研究：這是指團體討論促使成員的決策更趨於極端的現象。如果人們原本傾向冒險，團體極化作用使得他們更爲冒險；如果人們原本傾向謹慎，團體極化作用使得他們更爲謹慎。舉例而言，A棋手的實力遠不如B棋手，在交手過程中，A棋手想走一步欺敵的險棋，如果欺敵成功，他可以打敗B棋手，但如果被發現，他會一敗塗地。你認爲有多少成功機率，你才會建議A棋手走這步險棋。研究發現，當單獨決定時，個人表示至少要有30%的成功機會，A棋手才應該採取冒險的策略。但是經過團體討論後，他們表示只要有10%的機會，A棋手就應該勇往直前，這稱爲風險偏移（risky shift）。後來的研究發現，如果人們原本傾向保守，那麼團體討論會使他們變得更爲保守，稱之爲謹慎偏移（cautious shift）。這二者合稱爲團體極化作用。

2. 團體極化發生的原因：根據社會比較理論，在團體討論過程中，個人跟其他成員進行比較，發現有些人比自己的意見更極端。因爲希望獲得正面評價（規範性影響），因而改變立場，朝更極端的方向移動。
　　根據說服性論證假說（persuasive argument hypothesis），當團體討論時，個人因爲獲知其他成員提出的訊息（資訊性影響），從而更爲肯定自己原本的態度。

團體思維的特徵描述

團體思維的前提：

1. 高凝聚力的團體－成員之間關係密切。
2. 高同質性的團體－隔離於外界影響力。
3. 領導者相當強勢－指導式的領導。
4. 高壓力－團體成員認為團體受到外在威脅，造成決策的急迫性勝過正確性。
5. 不良的決策程序－缺乏一套標準化程序來對所有選項從正反兩面加以考慮。

團體思維的徵候：

1. 無懈可擊的錯覺－團體是不敗的。
2. 道德的錯覺－「上帝站在我們這邊」。
3. 從眾壓力－對於提出異議者加以批評或迫使順從。
4. 自我約束－不提出反對意見，避免打擊團體士氣。
5. 對於外團體的刻板觀念－對方是不值得尊重的。
6. 表面上毫無異議－在公開場合表現出全體一致的意見。
7. 禁衛軍現象－保護領導者，不使之接觸反對意見。

團體思維的後果：

1. 沒有充分考慮所有可行方案
2. 未考慮所採行之方案的風險
3. 未能擬訂應變計畫－替代方案

✚ 知識補充站

團體思維的歷史實例

Janis根據對真實世界事件（主要是美國突襲古巴豬玀灣）的剖析，提出了他極具影響力的團體決策理論，它指出團體的凝聚力可能成為清晰思維和良好決策的絆腳石。那麼，美國歷史上還有些政府決策也是受害於團體思維呢？

一般認為，美國近代史上的下列事作也都多少顯露了團體思維的許多徵候及結果：(1)美國於1941年遭到日本偷襲珍珠港；(2)杜魯門總統於1950年入侵北韓；(3)強生總統於1960年中期決定升高越戰；(4)尼克森總統和幕僚決定隱瞞水門案件；(5)美國太空總署於1986年的「挑戰者」太空梭爆炸事件；及(6)美國認定伊拉克隱藏大規模毀滅性武器。這些都被視為是不良的政府決策。

12-14 衝突與合作

　　在二戰後的冷戰期間，美國和前蘇聯處於武力競賽的狀態。但如果雙方都同意裁武，減少核彈的數量，兩國可能雙贏。如果雙方繼續投入預算，擴充軍備，兩國可能雙輸。當然，最後也可能一方以強大武力優勢取勝，另一方就被迫投降。

（一）囚犯困境（prisoner's dilemma）

　　社會心理學家設計一種情境，用以研究在利益衝突的情況下，人們如何選擇競手或合作。

　　甲、乙兩名嫌犯遭到逮捕，檢察官懷疑他們共同犯下重大刑案，但是目前所有的證據只能起訴闖空門。因此，檢察官把兩名被告隔離偵訊，告知他們有兩個選擇，即認罪或不認罪。如果他們二人都不認罪，只能以持械闖空門判刑3年。如果他們二人都認罪，檢察官會要求法官從寬量刑，各判10年徒刑。但如果這兩個人有一個人認罪，另一個不認罪，認罪者將被釋放，而不認罪者將被處以重刑30年（參考右頁圖表）。

　　在這個模型中，如果甲嫌犯認為他的同伴會認罪，那麼他自己也必須認罪，否則會被判重刑。最好的結果是他們都不要認罪，從而雙方都被判較輕的刑期。因此，如果這兩名嫌犯互相信任，他們應該不認罪。但是甲嫌犯選擇不認罪，卻又擔心對方會不會不合作而出賣了自己。他應該冒這個險嗎？

　　美國和前蘇聯原則上應該彼此信任而決定裁武，以把龐大軍事經費用於解決內政問題。但每一方又擔心自己合作，對方卻趁機坐大勢力。這導致了一連串的競爭舉動，最後沒有人是贏家，只有衝突不斷升高。

　　在囚犯困境遊戲中，只讓受試者玩一次，絕大多數都會選擇競爭的反應。如果玩很多次，也讓彼此知道對方的選擇，那麼許多受試者採取的是「一報還一報」的策略，也就是對方合作時就合作，對方競爭時就競爭。研究也發現，競爭幾乎絕對會引發競爭，但是合作卻未必會導致合作。

（二）貨運賽局（trucking game）

　　在這項實驗中，受試者想像自己在經營一家貨運公司，任務是盡快把貨物從起點送到終點。兩家公司（甲或乙）最直接的路線是一條只容一輛貨車通過的單行道，這置兩家公司於直接衝突。另外，每家公司各有一條自己單獨使用的路線，但是路途太長了（參考右頁圖形）。最後，甲乙雙方在這條單行道上各有一道柵門，任憑自己遙控，以阻擋對方貨車通過。

　　實驗結果顯示，儘管受試者相當清楚，他們採取的最佳策略是雙方相互合作，輪流通過捷徑。但是受試者之間卻很少合作，通常是互相爭奪單行道的使用權，並且當對方使用捷徑時，經常關閉自己所控制的柵門，結果造成雙方都是輸家。

　　研究人員還發現，當雙方使用威脅時，雙方的各自和總計收益最少。只有一方有權使用威脅時，有權的一方收益稍微大些，但總計收益較少。只有在雙方都採取合作的情況下，各自和總計收益都最大。

　　這聽起來也很熟悉，就像是過去幾十年間，美國和前蘇聯步入漸次升高的核武競爭，每一方都以毀滅來威脅對方，最後陷於僵局。

　　最後，研究還發現，生活在集體主義文化（如亞洲文化）的人們較傾向於合作，生活在個人主義文化（如西方文化，美國是一個強調自由競爭與個人成就的社會）的人們較傾向於競爭。

囚犯困境的基本模型

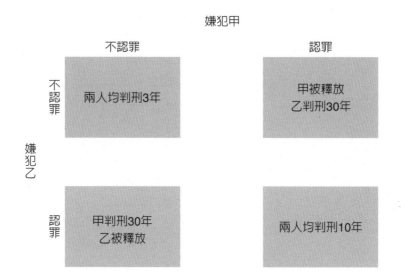

嫌犯甲

	不認罪	認罪
不認罪	兩人均判刑3年	甲被釋放 乙判刑30年
認罪	甲判刑30年 乙被釋放	兩人均判刑10年

嫌犯乙

貨運賽局的路線圖

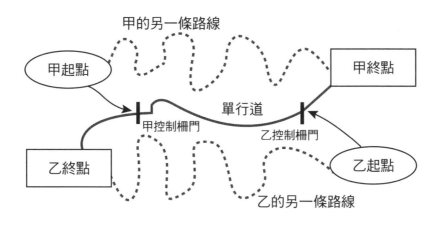

甲的另一條路線

甲起點

甲終點

單行道

甲控制柵門

乙控制柵門

乙終點

乙起點

乙的另一條路線

家圖書館出版品預行編目資料

圖解心理學／游恒山著. -- 二版. -- 臺北
市：五南圖書出版股份有限公司，2024.10
面； 公分
ISBN 978-626-393-680-5（平裝）

1.CST: 心理學

170   113012026

1BZN

圖解心理學

作　　者 ―	游恒山（337.2）
企劃主編 ―	王俐文
責任編輯 ―	金明芬
封面設計 ―	封怡彤
出 版 者 ―	五南圖書出版股份有限公司
發 行 人 ―	楊榮川
總 經 理 ―	楊士清
總 編 輯 ―	楊秀麗
地　　址：	106臺北市大安區和平東路二段339號4樓
電　　話：	(02)2705-5066　傳　真：(02)2706-6100
網　　址：	https://www.wunan.com.tw
電子郵件：	wunan@wunan.com.tw
劃撥帳號：	01068953
戶　　名：	五南圖書出版股份有限公司
法律顧問	林勝安律師
出版日期	2014年 7 月初版一刷（共四刷）
	2024年10月二版一刷
定　　價	新臺幣380元

經典永恆・名著常在

五十週年的獻禮——經典名著文庫

五南，五十年了，半個世紀，人生旅程的一大半，走過來了。

思索著，邁向百年的未來歷程，能為知識界、文化學術界作些什麼？

在速食文化的生態下，有什麼值得讓人雋永品味的？

歷代經典・當今名著，經過時間的洗禮，千錘百鍊，流傳至今，光芒耀人；

不僅使我們能領悟前人的智慧，同時也增深加廣我們思考的深度與視野。

我們決心投入巨資，有計畫的系統梳選，成立「經典名著文庫」，

希望收入古今中外思想性的、充滿睿智與獨見的經典、名著。

這是一項理想性的、永續性的巨大出版工程。

不在意讀者的眾寡，只考慮它的學術價值，力求完整展現先哲思想的軌跡；

為知識界開啟一片智慧之窗，營造一座百花綻放的世界文明公園，

任君遨遊、取菁吸蜜、嘉惠學子！